Runzel-Ich

SUSANNE FRÖHLICH ist erfolgreiche Fernseh- und Rundfunkmoderatorin. Ihre Sachbücher und Romane wurden alle zu Bestsellern und in viele Sprachen übersetzt. Zuletzt erschienen: »Moppel-Ich« sowie die Romane »Familienpackung« und »Treuepunkte«. Sie lebt mit ihrem Mann und zwei Kindern im Taunus.

CONSTANZE KLEIS studierte Erziehungswissenschaften. Als freie Journalistin arbeitet die Frankfurterin für Zeitschriften wie »myself«, »Freundin«, »Bolero« und »Cosmopolitan«. Bekannt ist sie besonders durch ihre Glossen zu den Themen Partnerschaft und Psychologie sowie ihr Buch »Ballgefühle. Wie Fußball uns den Mann erklärt«.

Susanne Fröhlich
& Constanze Kleis

Runzel-Ich

Wer schön sein will …

Weltbild

Besuchen Sie uns im Internet:
www.weltbild.de

Genehmigte Lizenzausgabe
für Verlagsgruppe Weltbild GmbH,
Steinerne Furt, 86167 Augsburg
Copyright © 2007 by Krüger Verlag, ein Unternehmen
der S. Fischer Verlag GmbH, Frankfurt am Main
Umschlaggestaltung: Johannes Frick, Augsburg
Umschlagmotiv: © Gaby Gerster
Gesamtherstellung: CPI Moravia Books s.r.o., Pohorelice
Printed in the EU
ISBN 978-3-8289-9091-3

2011 2010 2009 2008
Die letzte Jahreszahl gibt die aktuelle Lizenzausgabe an.

Das Altern hat sicher Vorteile.
Uns fällt nur gerade keiner ein.

Inhalt

Wer schön sein will …

Was sehen Sie, wenn Sie morgens in den Spiegel schauen? Vermutlich dasselbe wie wir: Die wirklich ultimativ letzte Aufforderung, Schadensbegrenzung zu betreiben. Gleichermaßen zeitraubende wie unwichtige Dinge – etwa Kinder, Haushalt, Beruf, Sex – aufzugeben, um sich endlich hauptberuflich der wesentlichen Aufgabe der Frau zu widmen: schön sein, jung bleiben. Da stehen wir dann vorm Allibert und müssen uns noch vorm ersten Kaffee ein paar sehr unfreundliche Fragen gefallen lassen: Ob wir noch gut genug aussehen, um beim Sex das Licht anlassen zu dürfen? Wie *dieses* lange Haar an *diese* Stelle kommt? Ob das noch Fältchen sind oder schon Plissee? Warum uns die Oberarme irgendwie fatal an Flughörnchen erinnern? Und ob uns mittlerweile vielleicht nur noch der Preis unserer Konservierungsmittel von eingelegten Gurken unterscheidet?

Typisch Runzel-Ich. Dieser kleine gemeine Selbstzweifel, der mit den Jahren immer größer wird. Einen täglich daran erinnert, dass es sich mit den weiblichen Schauwerten wie mit der Insel Sylt verhält: sie werden ständig weniger, während sich dafür die Notstandsgebiete am eigenen Körper ausdehnen wie die schwarzen Löcher im All. Einziger Trost: Man ist nicht allein. Sogar die Barbie No. 1 – die Plastik-Eva der Beauty-Schöpfungsgeschichte – wurde jüngst ein Opfer des Runzel-Ich. Sie erzielte bei einer Auktion nur die Hälfte des zu erwartenden Preises, bloß weil ihre Beine mit den Jahren etwas fleckig geworden waren. Und wenn Barbie schon an Wert verliert, was erwartet dann uns und unsere Besenreiser? Eine Notschlachtung vielleicht? Bloß weil wir nicht aussehen wie Cameron Diaz und unsere Brüste keinen eigenen PR-Berater beschäftigen, wie die von Pamela Anderson? Weil wir irgendwann so viel überschüssige Haut im Gesicht, am Bauch und an den Oberschenkeln haben werden, dass man damit die Polstergarnitur im Wohnzimmer neu beziehen kann, uns Haare an Stellen wachsen, an denen nicht mal der Feldhase welche hat und wir uns um die Augen in Paul Kuhn verwandeln?

Glücklicherweise gibt es ungefähr 1001 Mittelchen, die einem beim Verschönern und Instandhalten helfen wollen. Eine große Aufgabe, und deshalb scheint es nur fair zu sein, wenn all die kleinen Helfer fast so viel kosten wie das Studium der Kinder. Für beinahe jeden Quadratzentimeter Haut liefert uns die Kosmetikindustrie ein eigenes Produkt, und damit verfügt jetzt jeder Körperteil auch über ein eigenes schlechtes Gewissen. Zusammen genommen ein Fischer-Chor der Schönheitsanklagen, kümmert man sich nicht um alle so, wie es auf dem Beipackzettel steht. Nicht zu vergessen die Segnungen der Schönheitschirurgie. Sollte man nicht – wo man doch kann? Früher hat das Abziehen von Haut bei lebendigem Leib einen immerhin zum Märtyrer qualifiziert. Ganze Gotteshäuser wurden zur Belohnung nach einem benannt, man bekam jahrtausendelang Kerzen dafür gestiftet. Heute soll man nach einer ähnlichen Prozedur – dem kompletten Facelift – allerdings nur aussehen, als hätte man eigentlich gar nichts gemacht, als sich mal eben einen Tupfer Nivea auf die rosige Haut gegeben. Ein Irrsinn, den die Schauspielerin Rosalind Russell in dem Film »Die Frauen«, nach Stunden im Day-Spa und schweißtreibender Körperertüchtigung erschöpft am Reck hängend, so kommentiert: »Wenn mich noch einmal ein Mann fragt, was ich eigentlich den ganzen Tag so treibe, bringe ich ihn um!«

Der Weg zur Hölle ist für Frauen mit der ängstlichen Frage gepflastert: »Sehe ich gut aus?« Ohne genau zu wissen, was das gut Aussehen eigentlich bedeuten soll. Gibt es beispielsweise ein absolutes Beauty-Existenzminimum? Für die Liebe? Für den Beruf? Um glücklich zu sein? Ist Schönheit das, was Chanel und Clinique uns als Fernziel vorgeben? Was man aus Sabine Christiansen gemacht hat? Welche ästhetischen Mindeststandards muss man erfüllen, um selbstbewusst ins Freibad gehen zu können, ohne Furcht, dass die Ästhetik-Polizei über Lautsprecher verkündet, Frau Fröhlich und Frau Kleis mögen sich doch bitte etwas überwerfen? Möglichst lang, möglichst mit Kapuze! Darf man alt werden und auch so aussehen? Kann man ab 40 noch Spaghetti-Tops tragen oder muss man sie wie Elisabeth Hurley seinen Nichten schenken, weil das fünfte Gebot des Alterns lautet: »Du darfst nicht schulterfrei tragen, egal, wie heiß es ist.« Und: Wie sorgt man bei Männern für vermehrten Speichelfluss, ohne dafür kochen zu müssen?

Man könnte natürlich cremen bis zum Umfallen. Den nächsten Chirurgen aufsuchen, um nachher so auszusehen, als wäre man in einem Windkanal schockgefroren. Einen 40 Jahre älteren Mann heiraten, weil der Kontrast so schön jung macht. Windelkurze Miniröcke tragen. Oder sich den Cheerleadern des Alterns, der Trostliteratur anschließen, die im Älterwerden, also in Hängebrüsten, Truthahnhälsen, Blasensenkung und Gekräusel um den Mund sehr viel Gutes entdeckt. Die schreibt »Endlich 50!«, was ungefähr ist als würde man sagen: »Hurra! Endlich Fußpilz!« oder »Toll! George W. Bush auf Lebenszeit wiedergewählt!«

Da gibt's Besseres. Wer schön sein will, kann jetzt lesen: Vom Leben mit dem Runzel-Ich, (fast) ohne Panik-Attacken, über das, was wirklich wirkt und über das, vor dem wir uns tatsächlich fürchten sollten. Was Schönheit ist, wozu man sie braucht. Natürlich geht es auch um männliche Alterserscheinungen und das, was Männer – abgesehen von einem phantastischen Hautwiderstand und Brüsten, die zu ihnen aufblicken – an jungen Frauen finden. Und natürlich werden wir das schonungslose Protokoll unseres Pflegealltags preisgeben. Schönheitspflege – das geht schließlich nur im Selbstversuch. Frauen probieren ja immer wieder gern einfach alles aus, was das Gelbe vom Ei und das Blaue vom Himmel verspricht (ja, auch die Sachen, für die man eigentlich sein Abitur zurückgeben müsste). Außerdem werden Sie hier erfahren, warum wir alle ein bisschen Anouschka sind und weshalb der weibliche Oberschenkel der Helmut Kohl der Körperteile ist. Vorab schon mal ein Tipp – vielleicht der wichtigste: mit der Pflege und dem Jungbleiben verhält es sich wie mit Männern: Die schönsten Ergebnisse erzielt man oft, wenn man sich entspannt zurücklehnt. Allerdings kann es nicht schaden, wenn man dabei eine Feuchtigkeitsmaske aufträgt und ein Buch zur Hand hat. Am besten natürlich dieses!

Ansichtssachen

Natürlich haben wir uns überlegt, ob wir bei unserem Aussehen überhaupt über Schönheit schreiben dürfen. Ob man dafür nicht Heidi Klum sein oder wenigstens einmal an einer Miss-Germany-Wahl teilgenommen haben muss. Alles andere wäre ja, als würde ein Veganer über den Geschmack eines Steaks referieren oder Minister Seehofer über Monogamie. Als beispielsweise die britische Bestsellerautorin Zadie Smith ihren Erfolgsroman »On Beauty« veröffentlichte, schrieb ein Kritiker, ihr sei das erlaubt, sie wäre ja selbst eine Schönheit. Es scheint, als könne man als durchschnittlich attraktiver Mensch nicht mitreden. Einerseits. Andererseits sollte einen eigentlich schon das Streben nach Schönheit für das Thema qualifizieren. Denn kaum jemand beschäftigt sich mehr mit gutem Aussehen als derjenige, bei dem sich Wunsch und Wirklichkeit täglich weiter voneinander entfernen. Außerdem würden der Weltliteratur sowie der *Spiegel*-Bestsellerliste etwa 80 Prozent ihrer herrlichsten Werke fehlen, hätte man all jene Autoren vom Beschreiben und Beurteilen weiblicher Schönheit ausgeschlossen, die nicht wenigstens als George-Clooney-Double hätten auftreten können. Allerdings scheinen für Männer auch beim

Thema »Schönheit« sowieso mal wieder andere Regeln zu gelten. Die können aussehen wie ein Hamster im Regen und dürfen trotzdem gewichtige Urteile über die Optik von Frauen abgeben. Womit wir schon bei der ersten von vielen Ungerechtigkeiten wären, die das Thema »Schönheit« so zuverlässig begleiten wie der Lotsenfisch den Hai. Schönheit mag zwar super aussehen – besonders im Abendkleid. Aber charakterlich kann sie es mühelos mit Peter Hartz und Robert Hoyzer aufnehmen.

Die Gemeinheit beginnt schon bei der Verteilung. Da haben einige wenige von uns bereits bei ihrer Geburt den Gen-Jackpot in der Tasche, respektive im Strampler, können also eigentlich noch nicht viel für eine Zukunft als strahlende Schönheit getan haben. Außer, man glaubt an ein Leben vor der Geburt und daran, dass Schönheit die Belohnung ist für ein Leben voller guter Taten. Dann müsste etwa Mutter Teresa Germany's Next Topmodel und Marcus Schenkenberg die Wiedergeburt von Mahatma Gandhi sein. Das würde einem wenigstens leidlich den Container an Vorschusslorbeeren erklären, mit denen Schönen das Leben versüßt wird. Dass das so ist behauptet die Attraktivitätsforschung. Hübsche Kinder bekämen demnach von Anfang an mehr Aufmerksamkeit, bessere Noten und geringere Strafen von Eltern und Lehrern als weniger ansehnliche. Später können sie bei der Partnerwahl aus dem Vollen schöpfen, haben größere Chancen im Berufsleben, steigen schneller auf und werden besser bezahlt. Bei einer

Befragung von 1300 amerikanischen und britischen Personalchefs gaben ganze 93 Prozent an, dass sie – haben sie die Wahl – lieber die Frau mit den längeren Beinen als die mit den besseren Abschlüssen einstellen. Sollten die schnöde Abgelehnten den Entscheider dafür eine Nacht lang anspucken wollen, hätten sie auch da die schlechteren Karten. Richter urteilen nämlich härter über nicht so attraktive Menschen. Auch sie sind – wenn auch unbewusst – der Überzeugung, dass ein schöner Mensch nie ganz schlecht sein kann.

So deprimierend für uns allenfalls durchschnittlich Aussehende geht es weiter. Egal, in welchem Lebensbereich – ständig bekommt man vorgeführt, dass innere Werte nicht sonderlich zählen, wenn sich gerade ein paar beeindruckende Äußerlichkeiten im Raum aufhalten. Welche Kriterien dafür erfüllt sein müssen, darüber ist man sich international einmal selten einig: volles Haar, lange Beine, große Augen, volle Lippen, geschwungene Augenbrauen, hohe Wangenknochen, eine schlanke, aber weibliche Figur, ein kleines Kinn, ein symmetrisches Gesicht und vor allem eine glatte, faltenlose, jugendfrische Haut. Entsprechend wurde bei Befragungen das perfekte Alter – sozusagen der Schönheitshöhepunkt – mit 24,8 Jahren angegeben[1].

Fassen wir also zusammen: Schönheit ist selten, sie ist jung und sie ist schlank. Das heißt: Sie ist all das, was die überwältigende Mehrheit von uns nie sein wird. Trotzdem stellen wir uns auf denselben Prüfstand mit den paar handverlesenen

Superschönen, als müsste die Ausnahme die Regel bestimmen. Das ist so, als würde Florian Silbereisen mit David Letterman oder Jeanette Biedermann mit Madonna konkurrieren, aber – so Richard Robins, Psychologieprofessor an der University of California in Davis – bei Schönheit kann uns kein Maßstab zu groß sein: »Wenn Frauen ihre Attraktivität beurteilen, dann vergleichen sie sich mit den idealisierten Standards der Schönheit, also beispielsweise mit Models. Wenn sich Menschen dagegen im Hinblick auf ihre Intelligenz selbst bewerten, dann vergleichen sie sich nicht mit Einstein, sondern wählen einen sehr viel näher liegenden Standard.«[2] Es mag unter anderem daran liegen, dass in Frauenmagazinen nicht die schönsten Gehirne, die zehn neuesten Denk-Ansätze oder die 30 besten Hirn-Workouts präsentiert werden und Männer nicht sagen: »Also Ihr Beitrag zum Noether-Theorem macht mich aber so was von scharf!« Überhaupt geht es beim Thema Schönheit so was von gar nicht um Vernunft oder überhaupt um das, was sich im Kopf abspielt. Vielmehr drehe sich alles darum, was sich weiter unten tut, sagen Evolutionsbiologen. Demnach sind die typischen Merkmale von Schönheit Synonyme für Fruchtbarkeit, Gesundheit und damit für einen hochinteressanten Genpool. Eine Art Fortpflanzungstrophäe, ein Garant dafür, dass die eigenen Gene weiter bestehen werden, und deshalb lautet die Begehrens-Formel seit Jahrtausenden: Je schöner die Frau, umso überzeugender der Grund für Männer, das ganze Gebalze, Gebaggere, die Blumen am Valentinstag und Fragen wie »Weshalb genau liebst du mich eigentlich?« auf sich zu nehmen. Winkt doch reicher Lohn: Einmal die Aussicht, etwas außerordentlich Seltenes, den Maybach unter den Frauen – wahre Schönheit – zu besitzen, und zum anderen die Gewissheit, dass sich die Gen-Investition – also der Sex – auch wirklich lohnt, wenn man sich von seiner Beauty einen 1a-Nachwuchs versprechen darf.

Für die Frau sei es dagegen nicht so wichtig, wie der Mann aussieht. Durch Geburt und die Verantwortung für die Aufzucht der Kinder war sie seit Jahrtausenden abhängig von einem Ernährer und Beschützer. Und da Attraktivität schon damals in der Urhorde weder Brötchen verdiente noch Säbelzahntiger in die Flucht schlug, hätten sich die Frauen beim Mann eben auf die nützlichen Merkmale – Stärke, Verantwortungsbewusstsein, Dominanz und Bausparvertrag – kapriziert. Kurz: Schönheit ist der Lockstoff, der Männer dazu bringt, den für die Fortpflanzung nötigen Aufwand auf sich zu nehmen. Frauen wiederum versetzt sie in die glückliche Lage, sich den vor allem finanziell potentesten Kerl, den mit dem dicken Konto und den Macherqualitäten auszusuchen, um für sich und die Kinder fortan ausgesorgt zu haben. Nicht umsonst lautet ein einschlägiger Witz: »Frage: Was sind die Idealmaße beim Mann? Antwort: 80-40-80. 80 Jahre alt, 40 Grad Fieber und 80 Millionen Vermögen.«

Bis hierhin könnte man sich locker schon lindgrün geärgert haben darüber, wie ungerecht das

Leben ist. Und um die Farbe des Neides noch ein wenig zu vertiefen, bis man glatt als Lurch durchgeht, noch eine weitere Schönheits-Horrormeldung: Sie wird angeblich immer wichtiger. In unserer mobilen Gesellschaft, in der keiner mehr Zeit hat, enge Beziehungen zu knüpfen und andere Menschen richtig – also auch inwendig – kennenzulernen, muss man auf schnelle und damit äußerliche Eindrücke vertrauen. Deshalb nimmt die Tendenz zu, andere nach Figur, Kleidung, Frisur und Make-up zu bewerten. Ganz einfach, weil das am schnellsten geht. Beispiel Speed-Dating, wo man gerade mal sieben Minuten lang die Gelegenheit bekommt, einem potenziellen Partner auf den Zahn zu fühlen, und somit all die leider ausscheiden, die ein wenig länger brauchen, um Wirkung zu entfalten. Auch im Job, wo erwartet wird, dass wir in unserem Leben mehrere Berufe haben und jederzeit die Koffer packen, um für eine neue Stelle in eine andere Stadt zu ziehen, bleibt immer weniger Gelegenheit, dorthin zu schauen, wo es um eine andere Form von Schönheit geht: die inwendige.

Die tägliche Reizüberflutung tut ihr Übriges. Sie erfordert ja irgendein System, nach dem wir Interessantes von Uninteressantem trennen, entscheiden, welches Programm wir schauen, welches Buch wir kaufen, in welchen Film wir gehen, und da stehen sichtbar hervorragende Merkmale ganz vorn. So werden wir darauf trainiert, unseren Bewertungsschwerpunkt auf die Optik zu legen. Selbst in Bereichen, in denen es traditionell schon immer mehr auf den Inhalt ankam als anderswo: in der Kultur, im Jazz, im Theater oder in der Oper hat man den Eindruck, dass die Akteurinnen dort nach Body-Mass-Index, Jahrgang und Körbchengröße ausgewählt werden, weil man sie so besser und schneller in die ohnehin ständig kürzer werdende öffentliche Aufmerksamkeitsspanne rücken kann.

Legenden wie Janis Joplin, Patti Smith oder Chrissi Hynde hätten deshalb heute wohl kaum eine Chance und müssten sich im Gegenteil noch von Dieter Bohlen fragen lassen: »Warst du in der Kirche? Du siehst so durchgeorgelt aus?« Es sei denn, sie würden sich eben mal die Haare gründlich aufhellen, die Nase richten lassen, ihr Dekolleté so erweitern, dass man praktisch schon sieht, ob sie einen Slip anhaben oder nicht. Um dann doch nur wieder auszusehen wie alle anderen. Denn der Versuch, sich von den paar Kriterien für gutes Aussehen wenigstens die anzueignen, die man kaufen kann, schafft ein erstaunliches Phänomen: Dass die, die sich von der Menge der Durchschnittsgesichter abheben wollen, indem sie die markantesten Schönheitsmerkmale nachahmen, einen neuen Durchschnittstypus schaffen: den der durchgeblondeten Beauty oft unbestimmten Alters, die so schmal ist, dass man sie in einem Briefumschlag verschicken kann, ohne Porto für Übergewicht zu bezahlen.

Wie groß die Ähnlichkeiten gerade bei dem Versuch werden, eine Ausnahme zu sein, schildert die *New York Times*-Autorin Alex Kuczynski in

ihrem Buch »Beauty Junkies«: »Während des Os-
car-Wochenendes war ich einmal Gast auf einer
Gartenparty. Als ich so über den Rasen blickte, fiel
mir auf, dass es einige große Frauen gab, die vermutlich weniger als 52 Kilo wogen, mit schmalen
Hüften und großen, aufgesetzten Brüsten. Sie hatten alle glatte blonde Haare. Sie hatten alle volle
Lippen und große, weiße Zähne. Sie hatten alle
große, offene Augen. Sie hatten alle schmale, gerade Nasen. Ihre Kleider waren eine Symphonie in
Creme und Beige. Wenn sie zusammengestanden
hätten, hätten sie ausgesehen wie eine Gruppe
Background-Sängerinnen aus den 60er Jahren,
bloß dass sie in Donna Karan gekleidet waren. Ein
leitender Studio-Angestellter ging zu einer der
Frauen und fasste sie am Ellenbogen. Zeit zu gehen, honey, sagte er. Sie wandte ihm ihr Gesicht zu
und da merkte er, dass sie nicht seine Frau war.
Aber ihre Silhouette war der seiner Frau absolut
ähnlich, ihre Brüste hatten denselben Winkel, ihre
Lippen dasselbe Schmollen, ihre Nase endete im
gleichen Ski-Flugschanzen-Schwung über derselben sanften Oberlippenrille, die Kleidung ent-
sprach der üblichen Neiman-Marcus-Uniform. Es
war unmöglich, sie aus einer Entfernung von zehn
Metern auseinander zu halten.«[3] Besser also, man
fängt an, Namensschilder zu tragen, wenn man
vorhat, in Konkurrenz mit den Jetset-Beautys dieser Welt zu treten.

Man sieht es ihr nicht an – aber Schönheit birgt
doch eine ganze Menge Unannehmlichkeit. Und
nicht nur die, dass es so mühsam ist, sie zu kon-

servieren. Fairerweise muss man sagen, dass es jene noch fast härter trifft, die sich eigentlich entspannt zurücklehnen könnten, weil sie als offiziell anerkannte Beautys gelten und internationale Schönheitsstandards setzen. Nicht bloß, weil sie ständig fürchten müssen, beim Schwächeln, etwa mit Pickeln, ungeschminkt, mit Speckrand über der Jeans oder strähnigen Haaren abgelichtet zu werden. Auch sie stehen nicht den ganzen Tag vorm Spiegel und freuen sich ein Loch in den Bauch. Sie grämen sich. Genau wie all die anderen. Angelina Jolie sagt von sich: »Ich finde mich nicht hübsch, nicht annähernd vollkommen. Im Gegenteil: Ich sehe doch ziemlich eigenartig aus!« Auch andere beklagen Mängelzonen so groß wie das Ozonloch. Claudia Schiffer findet ihre Knie hässlich und ihre Lippen zu groß, Kate Moss ihren Hintern zu dick und Jessica Simpson bricht wahrscheinlich in Tränen aus, wenn man »Beine« sagt, weil die ihren so kurz sind wie die von Danny de Vito, und sie deshalb vermutlich auch in High-Heels schlafen geht.

Selbst die Allerjüngsten und Dünnsten und Schönsten können von vollkommener Selbstzufriedenheit nur träumen. Zumal sie mit einer neuen Herausforderung zu kämpfen haben, die der Musiksender VIVA »Starlicious Makeover« nennt und mit der Nennung der 101 besten Beispiele zur olympischen Disziplin erhebt: der Zwang, sich durch Gewichtsabnahme, Schönheits-OPs und Haarfarbe ständig so radikal zu verändern, dass man wie Brittany Murphy im zarten Alter von 29 schon mehr Image-Korrekturen hinter sich hat als der Volkswagen. Aber wenn Brittany Murphy schon alles war, was will sie dann noch werden? Außer verzweifelt? Und natürlich älter!

Und was sollen wir denn da sagen, wenn sich sogar Frauen wie Naomi Campbell, Cameron Diaz oder Kirsten Dunst mit Selbstzweifeln quälen? Auch, weil sie ja eigentlich nicht so aussehen wie sie aussehen, beziehungsweise wie man sie von Fotos oder Filmen kennt. Dank digitaler Technik haben sie ein zweites Gesicht, eines, das unabhängig ist von weiblichen Mangelerscheinungen wie Fältchen, fleckige Haut, schmale Lippen. Wie die Verwandlung von einer attraktiven in eine atemberaubende Schönheit am Computer funktioniert, hat die Firma Dove anlässlich ihrer »Initiative für wahre Schönheit« gezeigt. In einem Video bekommt man im Zeitraffer vorgeführt, wie eine ganz attraktive, aber nicht außergewöhnlich schöne junge Frau mithilfe von einem ganzen Heer von Beauty-Experten und den Wundern der Computerbildbearbeitung in eine umwerfende Schönheit verwandelt wird. Die Intention: vor allem jungen Frauen einmal vorzuführen, dass man sich genauso gut wünschen könnte, die kleine Fee Tinkerbell aus »Peter Pan«, »Alice im Wunderland« oder ein Stück Brot zu sein wie eine der überirdisch glatten und leuchtenden Ikonen.

Wie weit diese Vortäuschung von Perfektion fortgeschritten ist, zeigte sich im Film »Sky Captain«, wo dank Technik die Vergänglichkeit überwunden ist und selbst Tote, wie der Schauspieler

Sir Laurence Olivier, wiederauferstehen können. Gwyneth Paltrow in der Rolle der Reporterin Polly Perkins wirkt hier, als gebe es sie wirklich, die ewige Jugend und die überirdische Schönheit. Auch in der Werbung wird natürlich gemogelt, dass es nur so kracht, und die Schönheit aus Einzelteilen zusammengesetzt, als wäre man in Frankensteins Hobbykeller. Die langen Beine aus der Strumpfhosen-Werbung – am Computer gedehnt. Die zarte Hand, mit der Steffi Graf in der Nudel-Reklame einst eine Teigware drehte – von einem Hand-Model ausgeliehen.

Das wirft schlussendlich die Frage auf, ob unsere ganzen Beauty-Vorbilder – ähnlich wie »Die Frauen von Stepford« – vielleicht nicht ohnehin längst durch digitale Kopien ersetzt wurden, während die Originale irgendwo ein Leben frei von Schönheitszwängen führen? Speckig, faltig, ungeschminkt und mit strähnigen Haaren. Während wir uns an den künstlich erzeugten Vorbildern abarbeiten oder mit ähnlichen Verbesserungsarbeiten am Bild kontern. Kurz: Schönheit ist die Pest. Und Schönseinwollen die Cholera.

Die Ideale werden immer extremer und damit auch die Methoden, ihnen näher zu kommen, und der Preis, den man bereit ist, dafür zu zahlen. In den USA wird längst mehr Geld für Schönheit ausgegeben als für Bildung oder soziale Dienstleistungen.[4] Und für ein garantiertes Idealgewicht würden Frauen laut einer Umfrage ganze fünf Jahre ihres Lebens opfern. Schönheit ist Maßstab für fast alles und damit beschert sie Frauen eine Achillesferse, so groß, dass sie eigentlich schon fast eine eigene Umlaufbahn für sich in Anspruch nehmen könnte. Will man uns gründlich den Tag versauen oder uns dazu bringen, unsere Depressionen mit teuren Fruchtsäurepeelings und Antifaltencremes zu ertränken, braucht man uns einfach nur Bilder von Schöneren zu zeigen. Meistens genügen aber schon Sätze wie: »Du siehst heute so elend aus?« Oder: »Hast du schlecht geschlafen?«, um Selbstwertkrisen heraufzubeschwören, die länger dauern als Fidel Castros berüchtigte Reden.

Welchen Stellenwert Aussehen bei Frauen hat und dass die Frage »Wie sehe ich aus?« alle anderen Fähigkeiten, Talente, Begabungen und Qualifikationen sofort in den Schatten stellt, zeigte ein eindrückliches Experiment, das die Zeitschrift *Psychologie Heute* in ihrer Ausgabe vom September 2006 veröffentlichte: »Die Teilnehmer wurden gebeten, mathematische Aufgaben zu lösen. Es gab keine Unterschiede in den Leistungen von Männern und Frauen – allerdings nur, wenn beide Gruppen vollständig bekleidet waren. Als eine Gruppe von Versuchspersonen ihre Aufgabe jedoch im Badeanzug lösen sollte, schnitten die Frauen deutlich schlechter ab als ihre männlichen Kollegen.«[5] Daraus lernen wir zwei Dinge: erstens niemals halb nackt die Steuer machen und zweitens, dass Frauen sofort weit hinter ihren Möglichkeiten zurückbleiben, wenn sie sich ständig fragen, ob die Frisur sitzt und jemand wohl gerade die Wurzel aus der Summe ihrer Cellulitedellen an den Oberschenkeln zieht.

Echte Souveränität (nicht zu verwechseln mit überdeckter Verzweiflung – »Mich will ja doch keiner, also streng ich mich gar nicht erst an ...«) beim Thema Attraktivität ist so selten wie Integrität in der Politik, und ebenso rar sind die Momente, in denen man einmal wirklich vollkommen zufrieden mit sich und seinem Aussehen ist. Meist findet dieser seltene Moment ohnehin dann statt, wenn man gerade ganz allein abends vor dem Badezimmerspiegel steht, wenn also gerade keiner guckt (vielleicht *weil* keiner guckt). Zu den großen Beauty-Momenten im Leben einer Frau zählt sicher auch, wenn man nach einer aufwändigen Vorher-Nachher-Aktion, wie sie einige Frauenmagazine präsentieren, fotografiert wird. Dann hat aber auch ein Team von etwa sieben Beauty-Spezialisten intensiver an einem gearbeitet als Leonardo da Vinci an der Mona Lisa.

Allein ist es jedenfalls kaum zu schaffen, sich seinem Idealzustand wenigstens in Sichtweite zu nähern. Wir wollen ja oft nicht nur die Aussehens-Mängel ausgleichen, wir wollen uns gleichzeitig auch noch ständig verwandeln können, immer ein anderer Typ sein. Je nach dem, was gerade angesagt ist: mädchenhaft wie Cameron Diaz oder elegant wie Elisabeth Hurley. Das Ganze gilt es dann möglichst lange zu konservieren und dabei noch so zu wirken, als wäre die ganze Pracht eigentlich überhaupt keine Arbeit und in bloß fünf Minuten im Badezimmer mal eben nebenbei entstanden und sei das Ergebnis von einem bisschen Wasser, Seife und Nivea-Creme. Weil irgendwie die irrige

Ansicht regiert, man dürfe den ganzen Aufwand, die Mühen, die Arbeit nicht sehen.

Spätestens jetzt muss mal die Frage gestellt werden: Haben wir nichts Besseres zu tun? Wir könnten uns doch – statt wie hypnotisiert in den Spiegel zu schauen und ein paar neue Falten mit Trauerbeflaggung willkommen zu heißen – mal genauer ansehen, wie das mit der Schönheit im wirklichen Leben funktioniert. Dabei lässt sich nämlich mühelos feststellen, dass Schönheit überschätzt wird. Besonders von Frauen. Dafür gibt es sechs ganz einleuchtende Gründe:

1. Schön ist vieles. Natürlich herrscht eine gewisse Einigkeit darüber, dass etwa Sharon Stone eine schöne Frau ist und auch Julia Roberts ganz manierlich aussieht. Genauso würden die meisten sagen, dass ihnen Vanillepudding schmeckt und sie Kutteln ziemlich gewöhnungsbedürftig finden. Dennoch gibt es sicher sehr viele, denen Kutteln durchaus munden. Meint: Bei dem, was weltweit als Schönheitsstandard gilt, handelt es sich lediglich um einen Durchschnittswert. Daneben gibt es fast ebenso viele Vorlieben, die nicht darin erfasst sind, weil sie nicht in die üblichen Schablonen passen. Der Philosoph Renéé Descartes beispielsweise hatte eine Vorliebe für schielende Frauen. Und der Schriftsteller Henry James schrieb über die 49-jährige Kollegin George Eliot: »Sie ist phantastisch hässlich. Sie hat eine niedrige Stirn, trübe graue Augen, eine riesige Hakennase, einen zu großen Mund voller unregelmäßiger Zähne … Nun wohnt dieser unendlichen Hässlichkeit aber eine übermächtige Schönheit inne, die in ganz seltenen Minuten heimlich hervortritt und den Verstand bestrickt, sodass man sich am Ende, wie ich, in sie verliebt.«

Für jede Abweichung von der Beauty-Norm gibt es eben einen, der gerade das hinreißend findet, und selbst dort, wo nichts als Durchschnittlichkeit oder gar Hässlichkeit herrscht, wird heiß geliebt und glühend verehrt. Weil es bei der Liebe – jedenfalls bei der, die etwas länger währt – noch auf ein paar andere Dinge ankommt: auf Kindheitserlebnisse, Erziehung, Einstellungen, Humor, Fürsorglichkeit, Interesse. Und weil Männer gar keine so großen Schönheitsfanatiker sind. Jedenfalls die netten, die, die sich von einer Frau noch mehr erhoffen, als dass sie farblich zu den Autositzen passt. Für diese Männer brauchen wir nicht zu überlegen, ob die auberginenfarbenen Schuhe auch wirklich zum grauen Kleid passen. Die sind weder so detailversessen noch in der Lage, feine, aber wichtige Nuancen, wie etwa die zwischen »sommerblond« und »weizenblond« überhaupt zur Kenntnis zu nehmen. Fragen Sie mal einen Mann, was Sie beim ersten Date getragen haben, welche Schuhe Sie anhatten und welche Ohrringe. Er wird Sie fragen: »Hattest du überhaupt etwas an?« Das männliche Anspruchsniveau orientiert sich eben nicht an *Vogue* oder *Elle*. Studien zeigen etwa, dass sie unter »schlank« das verstehen, was bei Frauen bereits als »fett« gilt, und »gutes Aussehen« eher ein angenehmes Rundumereignis und kein Sammelsurium von Beauty-Spitzenwerten ist. Aussehen rangiert übrigens bei Umfragen auch nicht an erster Stelle auf der Liste der Anforderungsprofile, sondern kommt nach Treue, Zärtlichkeit und ein paar anderen inneren Werten. Jedenfalls, wenn es um die Wünsche an eine zukünftige Langzeit-Partnerin geht. Bei Kontakten, die sich auf Besenkammern, Teppichlager, Büroschreibtische oder Autorücksitze beschränken, sind einige Männer dann oft sogar noch weniger wählerisch und begnügen sich im Prinzip mit dem Nachweis primärer weiblicher Geschlechtsorgane.

2. Das Argument, weibliche Attraktivität sei der Köder, mit dem Frauen Männer dazu bringen, mit ihnen Nachwuchs zu produzieren und das Ergebnis dauerhaft durchzufüttern, trägt nicht. Erstens pflanzen sich auch Hässliche fort, zweitens ist bei einer Scheidungsquote von mehr als 50 Prozent diese Form der Existenzsicherung so gut wie ökonomisches Harakiri – jedenfalls für Frauen. So ist diese These eigentlich eine mediale Supernova: Sie leuchtet zwar immer noch kräftig in Artikeln und Sendungen auf, ist aber praktisch schon tot. Es gibt mittlerweile 1000 andere Möglichkeiten für Frauen, an Geld zu kommen, als durch Heirat. Umgekehrt sind immer weniger Männer in der Lage und/oder willens, eine Familie allein zu ernähren. Und die wenigen, die es könnten, auf die ist in der Regel – das legen jedenfalls die Artikel in der *Bunten* nahe – noch weniger Verlass. Ein Teil der Notwendigkeit, gut auszusehen um gut unterzukommen, entfällt einfach. Wozu also seine Zeit damit verschwenden, hauptberuflich schön zu sein? Der

jahrtausendealte Handel – Versorgung gegen Attraktivität – ist im Verschwinden begriffen. Kein Wunder, wenn auch Männer zunehmend unter Aussehensdruck geraten. Wir dagegen könnten uns ein wenig entspannen.

3. Schönheit macht nicht glücklich. Klingt genauso überzeugend wie: »Geld ist auch nicht alles!« oder »Es kommt auf die inneren Werte an.« Stimmt aber trotzdem. Bestätigt auch *Psychologie Heute:* »Schöne Menschen mögen gelegentlich gewisse Vorteile genießen, aber alle Studien zeigen, dass sie unterm Strich nicht glücklicher sind als andere.«[6] Und dass Schöne, trotz der vielen Vorteile, die sie genießen, nicht etwas selbstbewusster sind oder mehr Selbstachtung besitzen. Zuviel Misstrauen ist im Spiel – Fragen wie: »Bin ich nur wegen meines Aussehens befördert worden? Wozu habe ich dann eigentlich studiert?« Oder: »Liebt er mich vielleicht nur wegen meines Aussehens? Und wenn: Was mache ich, wenn eine kommt, die schöner ist? Muss ich mir dann einen anderen Mann suchen?« Oder: »Findet der jetzt mich interessant oder mehr mein Dekolleté?«

Schöne neigen zum Argwohn. Vielleicht, weil Glück eine Überwindungsprämie ist und man Attribute, die man einfach so geschenkt bekam, nicht so genießen kann wie einen mühsam trainierten Knackpo? Schönsein ist keine Leistung, und dafür geschätzt zu werden nicht gerade das, was man sich als Anerkennung wünscht. Und dann das Runzel-Ich – das trifft schöne Frauen wie Lana Turner noch ein bisschen härter als diejenigen unter uns, die beim Genefischen nicht so gut aufgepasst haben, vermutlich, weil gerade die Gene von Keanu Reeves vorbeiliefen. Die Hollywoodschöne sagte jedenfalls: »Große Schönheit ist angenehm, solange man jung ist. Wenn man älter wird, gibt es für ehemalige Schönheiten viel mehr Probleme als für Frauen, die nicht so schön gewesen sind.«

4. Schönheit langweilt. »Schönheit wirkt auf den ersten Blick angenehm, aber wem fällt sie auf, wenn sie drei Tage im Haus ist?«, fragte George Bernard Shaw. Und tatsächlich zählen auf der langen Beziehungsstrecke ganz andere Dinge als die Form der Nase oder der Zustand der Oberschenkel, sonst läge ja die Scheidungsquote von Los Angeles auf dem Niveau einer Mormonengemeinde und Prinz Charles wäre noch mit Prinzessin Di verheiratet. Eigenschaften wie Intelligenz, Charme, Humor, Fürsorglichkeit sind erfahrungsgemäß ein wenig abendfüllender als eine glatte Haut. Das soll nicht heißen, dass nicht auch Schöne über diese Charaktermerkmale verfügen können. Es meint nur, dass, je länger zwei zusammen sind und je mehr zwei sich mögen, umso mehr die Bedeutung von Äußerlichkeiten in den Hintergrund tritt. Wie weit man umgekehrt kommt, wenn man hauptberuflich bloß »sexy« ist, zeigt das Beispiel der »Aufmerksamkeitskapitalistinnen«, wie Joan Kristin Bleicher, Professorin für Medienwissenschaften an der Universität Hamburg, die beiden Medienphänomene Kader Loth und Djamila Rowe nennt.[7] Die beiden Frauen werden gerade wegen der Übertreibung weiblicher Schönheitsideale niemals über das Stadium hinauskommen, lediglich wegen ihrer körperlichen Attraktionen – neue Brust, neue Nacktfotos, neue Lippen – abgefilmt zu werden. Auf Textbeiträge wird die Öffentlichkeit weiterhin dankend verzichten.

5. Schönheit wird benutzt. Wir sind Kanzler, machen häufiger Abitur, haben die besseren Abschlüsse als Männer. »Es geht voran!«, würden die einen sagen und sich schon auf den vermutlich nicht mehr allzu fernen Tag freuen, an dem wir auch endlich mal Papst oder Trainer bei Bayern München sind. Die anderen warnen »Frauen verlieren ihre Weiblichkeit!«, und das ist Höchststrafe. Kaum etwas wird gerade von jüngeren Frauen mehr gefürchtet als Sätze wie »Du bist ja gar keine richtige Frau, du bist ja fast schon ein Aktenkoffer« oder »Hast du keine Angst, dass du zu dominant wirkst und die Männer abschreckst?«

Trotz aller Erfolge und dem ganzen Stress, der sie begleitet, wollen Frauen deshalb auch noch unbedingt so aussehen, als wären sie gerade mal eben aus der Sommerfrische zurückgekehrt und hätten nicht 10 Stunden am Schreibtisch verbracht. Es ist ihre Entschuldigung dafür, dass sie sich so weit aus der Küche hinausgewagt haben, und ein Beruhigungsmittel für die Männerwelt: »Seht her, ich mach zwar, was ihr macht (und meistens noch ein bisschen mehr), aber deshalb seid ihr nicht völlig nutzlos. Ich brauche euch und euren wohlwollenden Blick doch trotzdem!« Deshalb auch all die despektierlichen Männer-Urteile über Frauen, die offenbar nicht allzu viel darüber nachdenken, wie sie Männern noch ein bisschen mehr gefallen könnten. Schon in Zeiten der Frauenbewegung hat man die Feministinnen nicht wegen ihrer Thesen angegriffen, sondern immer versucht, sie über ihr Aussehen fertig zu machen. All die Debatten über Angela Merkels Frisur, Mimik, Figur sind deshalb nichts als Zeugnisse über das Ausmaß der männlichen Beunruhigung. Und zwar über Frauen, die sich nicht der Mühe unterziehen, ihre kostbare Zeit damit zuzubringen, sich in einen Männertraum zu verwandeln.

6. Schönheit ist schön. Sie ist eine Herausforderung. Eine Freude. Es macht Spaß, sich zu verändern, an sich zu arbeiten, zu merken, dass man einen guten Eindruck macht. Aber Schönheit hat auch deutliche Grenzen. Dafür gibt es zahllose Beispiele. Eines davon ist Marilyn Monroe. Sie soll einmal erzählt haben: »Als ich acht war, bin ich auf einen Baum geklettert, und vier Jungs haben mir runtergeholfen. Da war klar, dass ich Macht hatte.« Diese Macht hat eine weltberühmte Ikone aus ihr gemacht. Eine, die sich das Leben nahm, weil sie so einsam war. Manchmal hört man, dass dies sowieso die einzige Methode ist, Schönheit zu konservieren: in der Erinnerung, ohne den Makel des Älterwerdens und den direkten Vergleich zwischen jetzt und früher. Aber der Nachteil dabei ist eben, dass man dafür sehr früh sterben muss und nichts anderes im Leben haben darf als sein Aussehen. Jetzt können Sie also getrost wieder ihre normale Gesichtsfarbe annehmen!

Interview mit der Beauty-Journalistin Linda Norton (Name ist geändert):

Wie schön ist »schön« im Kosmos der Frauenmagazine?

Nicht herausragend oder atemberaubend schön. In den meisten Magazinen wird eher ein im klassischen Sinne weibliches Schönheitsideal präsentiert. Die Frauen sollen hübsch und gepflegt aussehen, modisch, aber nicht zu modisch, gut geschminkt, aber nicht übertrieben. Man will sich nicht allzu weit von der Leserin entfernen. Das Ideal soll erreichbar sein, aber weit genug entfernt, um die Leserin zu motivieren aktiv zu werden.

Und einzukaufen?

Ja.

Wie groß ist das Bedürfnis, diese Kluft zu überwinden?

Sehr groß. Das merkt man immer bei den Bewerbungen um die Vorher-Nachher-Aktionen. Die treffen waschkörbeweise ein.

Mit sehr traurigen Styling-Geschichten?

Gar nicht. Es sind eher so die ganz normalen Frauen-Alltags-Miseren. Viele Frauen, die eine Erneuerung wünschen, sind in einer Umbruchsituation, also vielleicht gerade Mutter geworden, oder sie haben eine längere Babypause hinter sich und keine Lust mehr, weiterhin ihr Leben in Jogginghosen zu verbringen. Manche sind einfach auch nur neugierig, was noch in ihnen steckt, oder stehen dem ganzen Beauty-Angebot einfach nur hilflos gegenüber und wünschen ein wenig Anleitung.

Das ist eine ziemlich verantwortungsvolle Aufgabe, das Aussehen eines anderen Menschen zu verändern?

Ja, da wird ein unglaubliches Vertrauen in die Redakteurinnen, Stylistinnen und Visagistinnen der Frauenmagazine gesetzt. Eigentlich schon fast rührend, aber es ist gerechtfertigt. Da wird schon hochprofessionell gearbeitet. Aber es ist ja nicht nur der Reiz der Verwandlung, einmal ganz anders auszusehen, um den es geht. Es ist für viele auch spannend, einmal in der Zeitung abgebildet zu sein.

Ist die Verwandlung auch innerlich oder bringt man umgekehrt einfach etwas nach außen, das vielleicht vorher schon da war?

Das ist ganz individuell. Bei manchen bringt man wirklich etwas raus, das schon immer da war. Bei anderen ist diese Verwandlung eine Art Maskerade. Eine sehr schöne Maskerade zwar, aber ohne nachhaltigen Effekt. Oft ist das dann schon innerhalb von zwei Tagen wieder passé. Besonders wenn der Ehemann dann sagt: »Wie siehst du denn aus?«

Dann ist es egal, ob die neue Frisur 1000 Mal besser aussieht als das, was die Frau vorher auf dem Kopf hatte.

Es kommt also auch sehr auf das Umfeld an, was als »schön« oder auch als optischer Fortschritt empfunden wird?

Wenn das Umfeld eher konservativ ist und entsprechend verhalten auf Neuerungen reagiert, egal, wie gut die aussehen, dann kehren die Frauen sehr schnell wieder zu ihrem gewohnten Styling zurück.

Das liegt vielleicht auch daran, dass beispielsweise die Kleider, in die die Frauen gesteckt werden, nicht gerade aus dem Hennes-und-Mauritz-Preissegment stammen?

Das ist sicher ein Problem: sich weiterhin genauso edel und elegant kleiden zu können, wie das beim Shooting der Fall ist.

Gibt es Beauty-Bereiche, wo sich bei den Kandidatinnen besonders viel Nachholbedarf offenbart?

Die Allermeisten wünschen sich eine neue Haarfarbe oder jedenfalls eine Steigerung des Gewohnten. Die Blonden wollen blonder, die Dunklen dunkler werden. Ein neuer Haarschnitt steht an erster Stelle der Veränderungswünsche.

Mit der Frisur kann man am meisten verändern?

Das ist auch der Grund, weshalb meistens keine Frauen mit extrem kurzen Haaren ausgewählt werden. Auch wer zu dick ist, zu alt, aber auch zu jung, fällt raus. Ausgenommen, man hat eine spezielle Typenberatung für eine dieser Gruppen als Thema. Das klingt zunächst hart, aber es ist einfach so, dass der Vorher-Nachher-Effekt bei den Frauen am größten ist, die zwischen 30 und 40 Jahre alt sind, etwas längere Haare haben und eine Konfektionsgröße zwischen 38 und 42.

Wie viele Leute sind bei einem solchen Shooting mit einer Frau beschäftigt?

Meist werden ja mehrere Frauen eingeladen. Dann beschäftigen sich: der Fotograf und sein Assistent, die Produzentin, die Stylistin, ein Haare/Make-up-Experte und ein Friseur und dann meist noch deren Assistenten. Das ist schon eine Menge.

Die man daheim ja leider nicht zur Verfügung hat, ebenso wie das geniale Licht, das beim Fotografieren so vorteilhaft wirkt.

Ich fürchte, zu Hause wird das wirklich ein wenig kompliziert, sich in denselben Zustand zu bringen, in dem man bei dem Shooting war. Vermutlich sind die Frisur und die neue Haarfarbe oder die Strähnen das Beste, das die Frau mitnimmt. Und natürlich die Erinnerung an einen tollen Tag, an dem man absolut im Mittelpunkt gestanden hat. Das allein kann ja schon einen Kick geben und einen vielleicht ein wenig verändern.

Was ist mit der Kosmetik? Mit den Schminktipps, die man da doch sicher bekommt?

Die Frauen schreiben wirklich alles auf, jedes Produkt, und sie lassen sich alles genau erklären. Aber allein für den Lidschatten nimmt der Profi vier, fünf verschiedene Abschattierungen – das macht man zu Hause einfach nicht. Zumal wenn, wie gesagt, das Zuhause offenbar ohnehin keinen gesteigerten Wert darauf legt, dass man sich diese Mühe macht.

Ist es so kompliziert, gut auszusehen?

Wir sprechen hier einfach von zwei verschiedenen Attraktivitäts-Varianten. Für das Magazin muss natürlich der Kontrast zwischen vorher und nachher eindrücklich sein. Man hat ein tolles Thema, verstärkt die Leserinnen-Blatt-Bindung und zeigt Beauty-Kompetenz. Für den Frauenalltag aber sind die Kontraste zu stark, der Aufwand zu groß.

Da wäre dann aber der Effekt vielleicht nicht so spektakulär?

Ja, der Wow-Effekt ist größer, wenn man die großen Veränderungen vornimmt. Die Frauen werden deshalb auch oft eher sexy zurechtgemacht, in Rock und Schuhen mit hohen Absätzen. Das sieht sicher toll aus. Aber für jemand, der ansonsten nur Jeans und T-Shirt trägt, ist das nicht alltagstauglich. Vor allem Ehemänner reagieren da oft nicht sonderlich begeistert, wenn sie morgens einen Kumpeltyp verabschieden und abends eine Femme fatale nach Hause kommt.

Das bedeutet aber auch, dass Kosmetik sehr begrenzt ist in ihrer Wirksamkeit? Dass man doch einfach nicht aus seiner Haut kann?

Man kann sich sicher gut verkleiden. Aber nicht die ganze Zeit. Wenn das nicht authentisch ist, funktioniert das nicht. Man fühlt sich unwohl, und das teilt sich auch nach außen mit. Und eigentlich geht es letztlich auch gar nicht darum, ein komplett neuer Mensch zu werden. Ich glaube, die Frauen brauchen das in Wirklichkeit gar nicht, die wollten einfach nur mal was Tolles erleben.

Kosmetik und Styling bewirken also keine Wunder?

Das Beste, das man mit Kosmetik machen kann, ist, den eigenen Typ zu unterstützen, und man müsste umfassender daran arbeiten, viel mehr darauf eingehen, wie die Frau lebt, wie sie so ist. Dann würde man die Schauwerte hervorheben, dazu genügt meist ein wenig brauner Lidschatten, Wimperntusche, eine gute Abdeckung. Man würde zeigen, wie man mit kleinen, aber lebenspraxisnahen Effekten arbeitet, sodass etwa der Mann nachher sagt: Mensch, das sieht ganz natürlich aus, aber irgendwie hübscher. Aber in einem Magazin macht das natürlich nicht viel her, sondern wirkt im Gegenteil total langweilig. Deshalb trägt man dort viel dicker auf.

Gibt es so etwas wie »kleiner Aufwand, große Wirkung«?

Das gibt es: Augenbrauen sind zum Beispiel wahnsinnig wichtig. Das ist oft auch das Erste, was bei den Frauen in Form gebracht wird. Oft herrscht Wildwuchs, aber noch häufiger sind die Brauen asymmetrisch oder zu dünn gezupft. Manche machen sich einen richtig großen Bogen und sehen damit aus, als würden sie unablässig staunen. Das muss oft gemacht werden. Aber darüber wird meist gar nichts geschrieben, weil auch das langweilig ist. Stattdessen steht dann da, was für ein toller Lidschatten benutzt wurde, obwohl die Stylisten meist mit ganz anderen Produkten arbeiten, als in der Beschreibung steht.

Gibt es sonst typische Schminksünden?

Eher nicht. Die meisten Frauen, die zu diesen Stylings kommen, schminken sich gar nicht. Entweder wissen sie nicht, wie sie es machen sollen, oder sie haben einfach keine Zeit, weil sie beispielsweise kleine Kinder haben.

Wenn man dann mal zu den Glücklichen gehört,

die ihr Make-up gefunden haben – kann man dem für alle Zeiten treu bleiben?

Das ändert sich. Nicht allein wegen der Mode. Vor allem wegen des Alters. Wenn man 20 ist und das entsprechende Gesicht hat, kann man mit einem dicken Lidstrich aussehen wie Liz Taylor zu ihren schönsten Zeiten. 25 Jahre später wirkt man mit genau dem gleichen Lidstrich wie ein Transvestit. Die Leinwand verändert sich einfach. Und was die meisten Frauen nicht bedenken: Wenn man älter wird, muss man sich nicht mehr, sondern im Gegenteil weniger schminken, wenn man jünger wirken will. Da kommt es dann vor allem auf eine gute Abdeckung an, auf ein gutes Make-up mit Lichtreflexen.

Ist billig da genauso gut wie teuer?

Bei der pflegenden Kosmetik würde ich sagen: nein. Sicher gibt es da auch günstigere, die so gut ist wie die schlechtere teure. Aber im Prinzip lohnt es sich schon, da etwas mehr zu investieren. Bei der dekorativen Kosmetik, meine ich, gibt es kaum Unterschiede. Außer, dass so ein teurer Lippenstift beispielsweise natürlich viel schöner verpackt ist und toller aussieht. Ansonsten würde ich sagen, dass man dafür nicht so viel Geld auszugeben braucht. Große Ausnahme: Make-up. Da habe ich festgestellt, sind die teuren einfach besser, haben die schöneren Farben, die bessere Konsistenz. Ich weiß auch nicht genau, warum das so ist …

Die Basisausstattung für Ihren eigenen Kosmetik-Beutel?

Einiges: Da wäre vor allem ein Kompaktpuder (mit integriertem Spiegel), der perfekt zum Hautton passt. Der ist besonders im Sommer unverzichtbar. Fettig glänzende Haut ist nämlich extrem unvorteilhaft. Dann: pflegendes und ganz zart tönendes Lipgloss, ein brauner Puderlidschatten, ein brauner Mascara. Und natürlich der aktuelle Lieblings-Lippenstift. Wenn ich mal wieder längere Haare habe, kommen noch paar kleine Haarklämmerchen und ein weiches Haargummi dazu. Auch sehr zu empfehlen: ein Concealerstift zum Abdecken von Rötungen, Augenringen und Unreinheiten. Und für den Fall, dass ich mal mein Make-up korrigieren oder ganz erneuern muss oder einfach etwas Erfrischendes brauche, habe ich ein kleines Päckchen feuchter und milder Reinigungstücher fürs Gesicht dabei.

Worauf können Sie persönlich gut verzichten?

Auf spezielle Pre-Make-up-Cremes, die unter der Foundation aufgetragen werden, damit die länger hält. Hilft nicht wirklich viel. Auch diese Wimperntusche-Doppel, bei denen man verschiedene Lagen und verschiedene Materialien aufträgt, sind mir zu umständlich. Dreimal gut tuschen und die Wimpern zwischendurch immer gut trocknen lassen, bringt mindestens genauso viel. Genauso überflüssig sind tausend verschiedene Pinsel. Es reicht

mir völlig, einen für losen Puder, einen für Puder-
rouge und einen für Puderlidschatten zu haben.
Vor allem aber brauche ich weder einen Lippenpin-
sel noch einen Lipliner. Eine extreme Kontur sieht
immer starr und unnatürlich akkurat aus. Und ganz
schlimm ist es, wenn sich der Lippenstift beim Essen und Trinken auflöst und nur noch die Lippen-
umrandung übrig ist. Ich trage nur Lippenstift auf
– und zwar in der Mitte intensiver und nach außen
lasse ich die Farbe etwas schwächer werden. Das
Ganze leicht abtupfen. Fertig!

10 Barbies für die Frau ab 40

Wechseljahr-Barbie. Wird rot und sondert Schweiß ab, wenn man ihr auf den Bauch drückt. Wird mit einem Tischventilator und Taschentüchern geliefert.

Haarwuchs-Barbie: Am Kinn und auf den Brüsten wachsen ihr Haare. Im Set: Pinzette und Vergrößerungsspiegel.

Scheidungs-Barbie. Kostet etwas mehr als die anderen, weil in ihrem Lieferumfang Kens Haus, Kens Wagen und sein Boot enthalten sind.

Diät-Barbie. Verfügt über einen eingebauten Kalorienrechner und weint, wenn man ihr »Guten Appetit« wünscht.

Esoterik-Barbie: Wird mit Kristallen, Tarot-Karten und Pendeln geliefert. Mit dem Kauf dieser Barbie hat man drei Bestellungen beim Universum frei.

Bildungs-Barbie: Wird nur gemeinsam mit einem *ZEIT*-Abo verkauft, bei Vorlage einer Bildungs-Barbie gewährt Studiosus-Reisen einen zehnprozentigen Preisnachlass.

Forever-Young-Barbie: Sagt: »Joggen ist mein Leben«, wenn man ihr auf den Sixpack drückt. Wird mit einem Zehner-Solarium-Abo und Funktionskleidung ausgeliefert. Sollte wegen großer Ähnlichkeit mit getrocknetem Pansen nicht mit Hunden allein gelassen werden.

Instyle-Barbie: Die Luxus-Variante, kommt mit Ernährungsberaterin, Personal Trainer, Visagistin, Hormonexperten, Liebhaber, Stylistin, mit der Privatnummer von Karl Lagerfeld und mit drei Gesichtern zum Wechseln. Auf Wunsch auch im Louis-Vuitton-Logoprint.

Girly-Barbie: Kommt mit Extensions, einem Nail-Set, einer Liste aller Orsay-Filialen Deutschlands, einer Tokio-Hotel-CD und einer Dose Tippex, um das Geburtsdatum auf dem Personalausweis ein wenig zu retuschieren.

Öko-Barbie: Baut sich innerhalb von vier Jahren komplett selbst ab. Besteht aus rein pflanzlichen Farbstoffen und kann mit Kressesamen bestreut viel zur täglichen Nährstoff-Bilanz beitragen. Wird im Jutesack geliefert.

Wir sind eine Baustelle

Wir sagen's lieber gleich: Dieses Kapitel ist nichts für Feiglinge. Frauen mit schwachen Nerven, also solche, die schon beim Anblick einer nahezu unsichtbaren Falte links unterhalb ihres Auges – wenn man ganz nahe dran ist und eine Lupe zur Hand hat – in Tränen ausbrechen oder einen Termin beim Schönheitschirurgen vereinbaren, sollten das hier lieber auslassen und sich stattdessen überlegen, wie sie morgen ihre Nägel lackieren. Es könnte nämlich sein, dass sie nach der Lektüre nachts schweißgebadet aufwachen, weil sie im Traum von einem Oberarm verfolgt wurden, der obenrum so schlabbrig aussah, als hätte sich ein veritabler Oktopus dort festgekrallt, und dabei sang: »Ich gehör zu dir, wie dein Name an der Türrr!«

Sagten wir ein Traum? Es ist die beinharte Realität! Früher oder später kriegen sie uns: all die Schönheitsheimsuchungen, vor denen uns die Kosmetikkonzerne – »Ab 30 beginnt die Haut zu altern!« – schon jahrzehntelang warnen. Nicht, dass es überhaupt jemals einen Zeitpunkt in einem Frauenleben gibt, an dem wir uns ekstatisch betrachten. Es scheint im Gegenteil Naturgesetz zu sein, dass wir uns sogar im vermeintlichen Idealzustand der

Jugend von unserer erhofften Bestform so weit entfernt fühlen wie George W. Bush von einem klaren Gedanken. Dann wollen wir wie Britney Spears aussehen oder wie Jennifer Lopez und schreiben an Dr. Sommer, dass mit *den* Oberschenkeln einfach kein menschenwürdiges Leben möglich ist. Um 30 Jahre später so sehnsüchtig an diese Oberschenkel zu denken, als wären sie das Paradies.

Sie ahnen es schon: Man wird niemals zufrieden sein. Jedenfalls, solange Männer nicht sagen: »Ich habe da gerade einen neuen Krähenfuß an dir entdeckt, lass uns eine Flasche Schampus aufmachen!« Und Frauen nicht aufhören, Jugend und Attraktivität als Identitätsnachweis zu betrachten. Und so befindet man sich als Frau in einem ähnlich erfreulichen Zustand wie Sisyphos. Bloß dass der nur einen Stein zu rollen hatte, wir dagegen mehr als ein Dutzend Körperteile im Auge behalten sollen. Denn als Großes und Ganzes betrachten wir uns schon lange nicht mehr. Vielmehr als Puzzle aus lauter Pflegeeinheiten, die jeweils andere »Anforderungen« an die Schönheitspflege stellen und mit jeweils unterschiedlichen Methoden und Produkten behandelt werden wollen. Wobei jeder einzelne Körperteil sofort beleidigt ist, wenn man kurz seine Aufmerksamkeit einem anderen zuwendet. Hat man beispielsweise endlich mal das Dekolleté leidlich so streichelzart wie es in der Werbung immer versprochen wurde, haben die Brüste darunter in der Zwischenzeit garantiert mehr von ihrer jugendlichen Spannkraft verloren als Udo Jürgens. Und während wir noch damit beschäftigt sind, unsere Orangenhaut am Oberschenkel wegzucremen, bilden sich oberhalb des Knies schon wieder kleine Wülste. Vielleicht, damit es nicht so viel Sonne abbekommt oder der Regen abgehalten wird? Egal. Es sieht hässlich aus und führt uns zu der bitteren Erkenntnis, dass Körperteile extrem undankbar sind und man sie dafür nicht mal mit Missachtung strafen kann. Weil wir uns genau die nicht leisten können. Wenn es stimmt, was der Autor Adolf Reitz behauptete, dass Gesichter Landkarten des Lebens sind, dann gilt es zu verhindern, dass sich die liebliche Toskana in eine Luftaufnahme der Head- und McDonald-Inseln, einer subantarktischen Inselgruppe verwandelt. Selbst Haare können altern und was die Zeit aus den Oberarmen macht, dafür sollte es eigentlich einen eigenen Paragraphen im Bürgerlichen Strafgesetzbuch geben.

Ohnmächtig müssen wir beispielsweise dabei zuschauen, wie sich nicht nur das Universum ausdehnt, sondern auch Nase und Ohren. Manchmal so stark, dass sie schon eine eigene Galaxie bilden. Beeindruckend, wie man an den Beinen so viel rote und blaue Linien bekommt, dass man aussieht wie das U-Bahn-Netz von Berlin. Fast schon guinnessbuchrekordverdächtig, dass man im Gesicht mehr unterschiedliche Falten haben kann, als VW Autotypen auf den Markt bringt. Wir wissen es, wir haben sie alle:

– Aktinische Falten. Die entstehen durch zuviel Sonne und/oder Solarium und verwandeln die Haut in ein Relief des Nildeltas.

– Mimische Falten. Ja, das sind die, von denen es immer heißt, sie seien gelebtes Leben und jede erzähle eine Geschichte, vom Lachen, vom Zorn, von Traurigkeit und von konzentrierter Arbeit. Gut, wenn es sich um einen Kurzgeschichtenband handelt, ist nichts dagegen einzuwenden. Problematischer wird es, wenn praktisch alle Karl-May-Bände dort abgebildet sind.

– Schwerkraft-Falten. Alles strebt nach unten. Auch unser Gesicht. Besonders die Backen und der Hals sind anfällig für die Erdanziehung und lassen sich gern hängen. Dabei können wir noch froh sein, dass sie sich nicht für den Mond interessieren und sich alle vier Wochen verändern.

– Krähenfüße. Fängt als kleine, sympathische Falte an, die belegt, dass wir in unserem Leben schon mal was zu lachen hatten. Das könnte uns aber vergehen, weil das jahrelange Zusammenkneifen der Augen beim Amüsement letztlich dazu führt, dass wir unter den Augen irgendwann aussehen, als wäre dort die Europameisterschaft der Krähen-Standardtänze ausgetragen worden.

– Periorale Falten. Das ist das Gekräusel um den Mund. Bei Raucherinnen stellt es sich etwas früher ein – die Aussicht, irgendwann einmal eine Art Mimik-Ado-Gardine um den Mund zu tragen, bleibt aber letztlich keiner von uns erspart.

– Glabellafalten. Senkrechte Falten zwischen den Augenbrauen, auch Zornesfalten oder Konzentrationsfalten genannt. Manchmal so tief, dass man Grubenlampen braucht, um sie einigermaßen auszuleuchten. Zum Beispiel um festzustellen, ob sich dort schon Tropfsteinhöhlen gebildet haben.

- Kinnfalten. Ein Hautarzt im Internet nennt sie auch »pflastersteinartige« Falten. Klingt, als müssten wir zukünftig bei der Teilnahme an Demonstrationen vorsichtig sein, um mit so einer Falte nicht als Randalierer zu gelten. Und sieht aus, als müssten wir aufpassen, dass sich dort keine Mauersegler niederlassen. Platz genug hätten sie in der XXL-Fuge zwischen Hals und Kinn.

- Nasolabialfalten – Das sind die zwischen Nasen- und Mundwinkel. Sie entstehen, weil die Wangen sich hängen lassen, die Nase aber stoisch an ihrem Platz bleibt. O.k., wäre schlimmer, beides würde absinken. Man muss auch mal dankbar sein können.

- Stirnfalten. Quer- und senkrechtlaufende Falten der Stirn. Nachweis reger Denktätigkeit. Schließlich muss man bis zu 200000 Mal die Stirn runzeln, bis so eine Falte entsteht. Die wirkt manchmal wie ein gerade gepflügter Kartoffelacker, auf dem allerdings weiter nichts gedeiht als Selbstzweifel. Die allerdings besonders prächtig.

Wäre mal schön, man hätte überall im Leben so viel Auswahl wie bei den Falten und die Gewissheit, sich nicht entscheiden zu brauchen, weil man dies eine Mal garantiert alles bekommt. Dabei ist das nur die kurze Version dessen, was die Zeit aus uns macht. Sozusagen der Trailer zum Hauptfilm. Der umfasst mehr Szenen als »Kleopatra« – die ungekürzte Fassung, wenn man sich wirklich einmal alle Körperteile – wie von den Frauenmagazinen und der Kosmetikindustrie angeregt – einzeln und als potenzielle Notstandsgebiete betrachtet. Ihren Ist-Zustand und ihre Zukunftsaussichten. Die sind in etwa so rosig wie die der Sylter Düne. Beim Übergang vom rosigen Pfirsich zum Trockenobst verlieren Frauen nämlich die Kittsubstanzen zwischen den Zellen, sodass aus Fältchen Falten werden und sich manche Gesichtspartie in etwas verwandelt, das eine Hauptrolle in »Halloween« verdient hätte. Dazu baut sich im Laufe der Jahre Knochenmasse ab und der Stoffwechsel verlangsamt sich so, dass wir ab 40 praktisch nicht mal »Fett« denken können, ohne zuzunehmen. Soweit die grobe Übersicht. Hier die Einzelheiten:

Post an die Pflegestationen:

Liebe Augen,
zunächst mal Chapeau: Dafür, wie zuverlässig ihr uns über das informiert, was um und an uns passiert. Ihr tragt auf keinen Fall die Schuld, wenn wir einfach nicht sehen wollen, wie wir uns figürlich immer mehr Ottfried Fischer nähern (und vielleicht auch irgendwann einmal hilflos an einer Autobahn liegen, weil wir allein nicht mehr hoch-

kommen) oder wieder mal nicht rechtzeitig erkannt haben, dass das Kleid mindestens zwei Nummern zu klein ist, und wir, statt euch zu vertrauen, auf die Verkäuferin – »Wie für Sie gemacht« – gehört haben.

Ihr liefert aber nicht nur Fakten. Ihr schafft auch welche. Immerhin sind die Augen eines der wichtigsten Kriterien unserer Außenwirkung. Vermutlich ein Grund, weshalb der wenig originelle Klassiker »Du hast wunderschöne Augen!« noch immer die Pole-Position unter den Komplimenten hält, und sicher der einzige Grund, warum der Mascara gleich nach dem Lippenstift zu den Stars unter den Kosmetikartikeln zählt. Weil wir wohl wissen, dass die Augen den Eindruck eines Menschen dominieren und damit auch und vor allem die zwischenmenschliche Annäherung ganz hübsch forcieren. So haben britische und deutsche Wissenschaftler herausgefunden, dass der direkte Blick ins Auge bei der Aufnahme und Bewertung sozialer Kontakte eine Hauptrolle spielt, sogar eine spezielle Großhirn-Region namens »ventrales Striatum« aktiviert. Außerdem seid ihr totale Quasselstrippen. Sozusagen der Thomas Gottschalk unter den Wahrnehmungsorganen. Poetischer ausgedrückt: Spiegel der Seele. Allerdings wünscht man sich manchmal, ihr wärt nicht so geschwätzig.

»Botschaften werden vom Auge weitergegeben«, schrieb die Schriftstellerin Anäis Nin. Leider auch die Altersangabe. Augen plaudern sofort weiter, welchen Geburtstag wir gerade feiern. Gut, manchmal kommen sie mit dem Zählen nicht nach oder sind ihrer Zeit etwas voraus. Aber im Großen und Ganzen liegen sie meist richtig. Mit Tränensäcken, in denen man das Reisegepäck für 14 Tage Skiurlaub unterbringen könnte, mit Krähenfüßen und dem, was in der Alterns-Trostliteratur gern als »Lachfalten« sträflich verharmlost wird, ganz so, als würde man Rumsfeld eine Friedenstaube nennen.

Ihr Augen verengt euch irgendwie zu kleinen Sehschlitzen, gedrückt von zunehmend hängenden Augenlidern, die schwer wie Federbetten auf euch liegen und manchmal sogar komplett die Aussicht verstellen. Alles um euch herum erschlafft, hängt, sinkt. Die Konturen verwischen ebenso wie der Lidschatten. Der einzige Vorteil: Man braucht nur noch die unteren Oberlider zu schminken, weil die die Farbe automatisch nach oben abgeben. Man sieht andauernd so müde aus, als hätte man seit zwei Wochen nicht mehr geschlafen. Da wir euch Augen kaum noch richtig aufbekommen, erspart ihr uns das ganze Elend. Wir können es uns aber denken. Vor allem, weil wir andauernd gefragt werden, ob wir uns nicht eben mal kurz hinlegen wollen. Sogar am Telefon. Wir könnten heulen, würden wir nicht sowieso schon so aussehen, als hätten wir das längst ausgiebig getan.

Liebe Oberarme,
an sich seid ihr ja eher unauffällig. Sozusagen der Sparkassenangestellte unter den Körperteilen. Seit

53

»Psycho« wissen wir jedoch: Das sind oft die schlimmsten. Natürlich packen die Oberarme nicht eines Tages eine Machete aus ihrem C&A-Anzug, um alle zu meucheln, die sie an ihre Mutter erinnern. Aber auch sie verwandeln sich mindestens so überraschend wie Norman Bates und nichts und niemand kann eine Frau wirklich auf das vorbereiten, was ihr von der Achsel bis zum Ellenbogen wächst. Gerade weil ihr, Oberarme, total harmlos als Randerscheinung unserer Pflege-Wahrnehmung beginnt. Ein bisschen Bodylotion genügt. Ab und zu ein Peeling und das war's. Mehr wollt ihr offenbar nicht. Und selbst, wenn ihr schon in jungen Jahren etwas üppig seid, so seid ihr immerhin straff, erfüllt also das Plansoll »Ansehnlichkeit«. Irgendwann allerdings, fast so, als wärt ihr beleidigt, dass wir euch nicht auch ein bisschen geschminkt oder wenigstens einmal über euch geheult haben wie über andere Körperteile, etwa unseren fetten Bauch, da fangt ihr an, schwierig zu werden. Eines Tages schauen wir mal wieder zu euch herüber und sehen etwas, das gestern garantiert noch nicht da war und verdammte Ähnlichkeit mit einem beidseitigen Segel hat, sodass wir aussehen wie geschminkte Flughörnchen in Frauenkleidern (falls Sie meinen, dass dazu Pelz fehlt, dann schauen Sie mal unter »Haare« nach). Natürlich können wir etwas dagegen unternehmen, ab 40 als Drag-Hörnchen durchs Leben zu gehen. Zum Beispiel Hanteltraining statt Schlafen. Das strafft bestimmt. Und müde wirken wir ja sowieso schon – siehe »Augen«.

Liebe Brüste,

was findet ihr nur an den Ellenbogen, dass ihr sie unbedingt treffen wollt? Dass ihr stetig nach unten strebt, als würde Orlando Blum dort mit offenen Armen auf euch warten und ihr weder durch Straffungscremes noch durch Liegestütze von eurem Plan abzuhalten seid. Ihr habt euch doch immer so wohlgefühlt in Gesellschaft der Oberarme! Ihr habt so lange so zuversichtlich nach vorne geschaut, dass wir dachten, das würde immer so bleiben! Das wollt ihr jetzt alles wegen der Ellenbogen aufgeben? Lasst euch sagen: Es lohnt sich nicht. Die sind wie alle Ellenbogen. Kennt man einen, kennt man beide. Am Anfang mögen sie einem aus der Distanz noch glamourös erscheinen. Nach ein paar Wochen jedoch lassen auch sie ständig die Klobrille unten, sitzen die ganze Zeit vor dem Fernseher und behaupten, nicht fürs Geschirrspülen geschaffen zu sein.

Aber wir sehen schon: Ihr wollt nicht hören und sackt immer weiter ab. Bis man nicht mehr nur einen Bleistift, sondern gleich einen ganzen Schreibtisch unter euch festklemmen kann. Uns könnte es ja im Prinzip egal sein, wo ihr hin wollt. Von uns aus dürft ihr sogar euer Herz für den Bauchnabel entdecken (allerdings müssten wir dann bei den Knien anfangen, strenger zu sein). Wir würden uns da nicht weiter einmischen, wäre ein straffer Busen für Frauen nicht so etwas wie ein Empfehlungsschreiben, der Inbegriff von Weiblichkeit, Schönheit, Attraktivität. Ohne einen manierlichen Busen ist kein menschenwürdiges Leben möglich, jedenfalls nach dem, was man sich nachmittags in den Talkshows erzählt. Demnach hängt unser Glück gleich unter unserem Kinn: zu einem mindestens ebenso großen Teil an unserer Körbchengröße wie an unserem Notendurchschnitt. Dabei lautet die Formel: je größer, desto besser. Obwohl wir persönlich daran zweifeln, dass irgendwo auf der Welt Frauen existieren, die es großartig finden, von ihren eigenen Brüsten gebeugt durchs Leben zu gehen, sich von Doppel-D, respektive E, die Bandscheiben ruinieren zu lassen, stets auf dem Rücken zu schlafen, sich beim Sport davor in Acht nehmen zu müssen, vom eigenen Busen k.o. geschlagen zu werden und ständig Männern zu begegnen, die mit ihren Brüsten sprechen, statt mit ihnen.

Ginge es nach uns, wäre etwa 85B vollkommen ausreichend. Handlich und trotzdem immer für ein schönes Dekolleté zu haben. Da aber der Busen offenbar vor allem eine Botschaft an die Männer ist – der Verhaltensforscher Desmond Morris spricht gar vom »Busensignal« –, erregt ein 85B bei manchen Männern offenbar kaum mehr Aufmerksamkeit als ein »Schatz, würdest du bitte mal die Kinder ins Bett bringen!«. Wohingegen so ein Doppel-D vermutlich die Entsprechung für »Entweder du bringst jetzt die Kinder ins Bett oder ich zünde dein Auto an!« darstellt. Wir vermuten mal, dass man solche auch nur mit Morddrohungen dazu bringt, getragene Socken in den Wäschekorb zu geben und sich mal selbst ein Brot zu machen. Dennoch – das muss man mal sagen – gehören Männer, die Frauen nach Körbchengröße auswählen, offenbar zu den beliebten Trophäen. Wie sonst ist es zu erklären, was die Zeitschrift *Brigitte* vermeldet: »Während vor wenigen Jahren noch B die gefragteste Körbchengröße war, ist inzwischen C das Maß der Dinge. Das entspricht einer Implantatgröße zwischen 200 und 300 ccm (also etwa einem Paket Butter auf jeder Seite). Gerade sehr junge Frauen fühlen sich oft mit kleinem Busen nicht weiblich genug. Schon 15-Jährige wollen sich unters Messer legen – manchmal sogar mit Einverständnis der Eltern. Aus diesem Grund hat das Europäische Parlament letztes Jahr die Empfehlung ausgesprochen, das Mindestalter für Brustvergrößerungen zukünftig bei 18 Jahren festzulegen.«[8] Auch das Hessische Landessozialgericht musste 2006 einmal streng werden und feststellen, dass kleine Brüste keine Krankheit sind und »Frauen, die psychisch unter einem kleinen Busen leiden, deshalb keinen Anspruch auf Kostenerstattung für eine Brustvergrößerung haben«. Die werden dem Gericht vielleicht einmal dankbar sein. So ab 45. Dann zeigt sich nämlich, dass gerade die kleinen die größte Ausdauer haben, dem tödlichen Charme der Ellenbogen zu trotzen.

Liebe Knie,
das hätten wir euch nicht zugetraut! Wurdet ihr doch vom Fernsehsender VOX zum »Körperteil Nr. 1« geadelt. Das ist fast so, als würde man Veronica Ferres für einen Oscar nominieren, das lässt uns erschüttert zurück. Haben wir uns also jahre-

lang vergebens um Gesicht, Busen und Po gekümmert? Zeit, Energie, Selbstzweifel, Make-up und Bürstenmassagen an die falschen Stellen verschwendet? Können wir uns so geirrt haben? Sind da draußen vielleicht schon Ehen wegen euch gescheitert und One-Night-Stands in die Binsen gegangen, weil das Objekt der Begierde gesagt hat: »Also nee, tut mir leid. Aber bei *den* Knien vergeht einem doch alles!«? Gut, auch ihr könnt etwas eure Fasson verlieren, könnt knubbelig, fett, faltig und so knöchrig sein, dass man mit euch – wenigstens untenrum – ein Marionettentheater aufführen könnte. Dennoch hatten wir euch bislang nicht auf dem Pflegeplan. Aber ein Frauenmagazin weiß glücklicherweise Rat und was man für euch tun kann, damit wir nicht ständig wegen massiver Knie-Krisen in Hosen rumlaufen müssen und euch stolz in der Öffentlichkeit präsentieren können: »Durch eine konsequente Pflege können Sie viel für schöne Knie tun.« Und außerdem soll es nicht schlecht sein, wenn wir euch regelmäßig beugen.

Gott sei Dank gibt es auch schon Knie-Idole. Solche wie Frauke Ludowig, deren Knie sich eine Frau im Internet sehnlichst wünscht. Sie fragt: »Weiß jemand, wie man solche Knie bekommt?« Wir würden es mal mit einem Wunschzettel an den Weihnachtsmann versuchen. Wer weiß: Vielleicht liegen sie ja das nächste Mal auf dem Gabentisch! Aber bitte deutlich schreiben. Nicht dass da plötzlich die Knie von Paris Hilton liegen. Die sind anscheinend nicht zu empfehlen, wie eine andere Frau im Internet meinte: »Und wenn *ich* die Knie von einer der beiden Hilton-Zicken hätte, würde ich mir einen Strick dazu wünschen!« Dem ist nichts hinzuzufügen. Außer, dass wir auch weiterhin knie-kurz tragen werden. Einer muss ja hier die Nerven behalten.

Lieber Mund,

so viel Aufmerksamkeit wie du genießt sonst nur das Liebesleben von Brad Pitt und Angelina Jolie. Schon Romeo betete bei seiner Liebsten »die schönen Lippen, die von Küssen träumen« an, und Flaubert sagte: »Zwei schöne Lippen sind mehr wert als alle Beredsamkeit der Welt.« Meint: Egal, was eine Frau sagt, wichtig ist nicht, was es ist, sondern wie das aussieht, aus dem es herauskommt. Jedenfalls für einen Mann. Kein Wunder, wenn der Lippenstift sozusagen zur Basis-Ausstattung eines jeden Schminkbeutels gehört. Immerhin 2,5 Millionen Euro gehen allein bei Douglas jährlich über den Ladentisch, um dich, Mund, passend zu deiner Hauptrolle am erotischen Geschehen auszustatten. Laut einer Umfrage sollst du nämlich die Top-Ten der erogenen Zonen anführen. Das erklärt, weshalb wir uns dir gegenüber oft so streng wie eine Eislaufmutti betragen und andauernd mit deiner Verfassung hadern. Du könntest größer, sinnlicher, praller, auf jeden Fall voller sein und von jenem schönen Rot, das wir aus dem Märchen Schneewittchen kennen. (Du weißt schon: weiß wie Schnee, rot wie Blut, schwarz wie Ebenholz.) Stattdessen wirkst du oft verkniffen, dünnlippig, farblos oder blass. Und wenn die Chinesen sagen:

»Die Lippen einer Frau sind das schönste Tor zu ihrer Seele«, dann muss man leider sagen: bei manchen hat es nur zu einer Katzenklappe gereicht, andere müssen sich mit etwas begnügen, das verdammt dem Geldschlitz eines Fahrkartenautomaten ähnelt.

Überhaupt haben alle Frauen irgendwas an ihren Lippen auszusetzen. Gerade in einem Alter, in dem sie eigentlich noch Verführung pur sind, betrachten wir unsere Lippen als ein einziges Notstandsgebiet. Etwas ähnliches muss sich wohl auch Chiara Ohoven gedacht haben, als sie ihre mit 18 Jahren zu einer Hüpfburg aufspritzen ließ. Da sie aus einem wohltätigen Haushalt stammt, wollte sie damit vielleicht auch nur allzeit bereit sein, falls sich jemand aus einem Hochhaus stürzt und die Feuerwehr gerade kein Sprungpolster parat hat. Womöglich hat sie sich aber auch gar nichts gedacht. Das legt jedenfalls die improvisierte Lippen-Pressekonferenz nahe, die sie nach dem unübersehbaren Eingriff gab und in der sie angab, ihre Lippen hätten sich bloß optisch vergrößert, durch ihre neue Frisur. Irgendwann später erzählte sie im Interview, dass sie sich zweimal selbst daheim die Lippen aufgespritzt habe. Bevor man allerdings vorschnell urteilt – »Dumm wie Brot für die Welt«[9] –, sollte man sich erst mal andere Methoden anschauen, mit denen wir dich, Mund, aufrüschen. Zum Beispiel durch ein Permanent-Make-up, bei dem du zur »Farbauffrischung der gesamten Lippe« quasi einer Rundum-Tätowierung unterzogen wirst. Das fühlt sich an, als würde ein Parkinson-

Patient versuchen, mit Brailleschrift »Die Glocke« in unsere Lippen zu stechen. Was ist dagegen die Szene in »Rambo I«, in der sich Sylvester Stallone selbst operiert und am Schluss die Wunde vernäht? Bloß ein Beitrag fürs Sandmännchen.

Schlimm, aber verständlich, schaut man sich an, was der Mund uns im Laufe der Jahre so bietet: Meistens beginnt es damit, dass der Lippenstift über deine Ufer zu treten scheint und in den feinen Verästelungen der Lippenfältchen in Richtung Nase kriecht, sodass man um den Mund aussieht wie eine chinesische Kalligraphie. Die Lippen werden dünner, schmaler und flacher. Den so gewonnenen Raum besetzen die vertikalen Lippen- und Mundwinkelfalten, die den Lippenrand wirken lassen wie einen geschminkten Unterhosengummizug. Weil das alles sehr traurig ist, sinken dann noch die Mundwinkel immer weiter herunter und bilden die so genannten »Bitterkeitsfalten«. Und auch, wenn man eigentlich ein sehr nettes Leben hatte – man wirkt, als habe man die letzten 20 Jahre in Gesellschaft von Roberto Blanco verbracht. Vielleicht kommt das aber auch, weil wir so enttäuscht sind von dir, Mund. All die Pflege, die ganze Aufmerksamkeit, die durchschnittlich 2,7 Kilogramm Lippenstift, die wir in unsrem Leben auf dich verwenden – sie werden uns nicht gedankt.

Liebe Nase,
mal ehrlich: Als Höcker-, Haken-, Knollen- oder Stupsnase kannst du eine echte Heimsuchung sein. Gerade weil du als hervorragendes Gesichtsmerk-

mal immer im Mittelpunkt stehen musst, also ebenso wenig zu übersehen bist wie ein rosa Elefant in der Küche. Allerdings bist du damit auch so etwas wie der Eiffelturm des Gesichts, ein unverwechselbares Wahrzeichen. Man denke nur an die Nasen von Barbra Streisand, Thomas Gottschalk, Cyrano de Bergerac oder Rossy de Palma, auch »die Nase Spaniens« genannt, der Star in vielen Almodovar-Filmen wie »Frauen am Rande des Nervenzusammenbruchs«. Da hat gerade der unübersehbare Abstand zur Norm-Nase die ganz große Karriere gemacht. Und auch Rosa Luxemburg, Golda Meir oder Indira Gandhi schien der XXL-Zinken auf dem Weg nach oben kein Hindernis gewesen zu sein. Das tröstet einen vielleicht, wenn der eigene »menschliche Rüssel«[10], wie der Verhaltensforscher Desmond Morris dich wenig charmant nannte, auch als Windkanal arbeiten könnte. Wenn man sich aber andauernd fragen lassen muss, ob das eine Nase ist oder ein Straßenbahndepot, dann kann man sich die Nase immer noch richten lassen, also eine »Rhinoplastik« oder – forscher formuliert – einen »Nosejob« vornehmen, sollte dabei allerdings berücksichtigen, dass auch die Nasengröße gewissen Trends folgt. In den 70er Jahren war es die Pekinesen-Nase. Heute darf man seinen Riechkolben ruhig etwas größer tragen, und deshalb wirken Serien wie »Flamingo-Road« etwas verstörend: voller entnaster Frauen, die offenbar alle Opfer ein und desselben Nasen-Massenmörders geworden sind und eine fatale Ähnlichkeit mit Michael Jackson aufweisen. Auch kann es schlimme Nüstern geben, wird die neue Nase zu hoch gezogen, sieht man aus wie Rudi, das Rennschwein. So ein Eingriff will also gut überdacht sein. Zumal sich nach einigen Jahren – ähnlich wie in jeder langjährigen Beziehung – ein gewisser Gewöhnungseffekt einstellt.

Die Zeit relativiert die Nase. Große Veränderungen, so denkt man, sind von dir nicht mehr zu erwarten. Anders als Augen, Wangen oder Po bleibst du in Form und in der Pflege anspruchslos. Immerhin gibt es bislang noch keine eigene Creme für die reife Nasenhaut, ein spezielles Nasenpeeling, ein Nasen-Make-up oder eine Nasen-Maske.

Bloß einen Nasenhaar-Entferner braucht man, damit das, was da aus dir rauswächst, entfernt werden kann, bevor Kinder fragen: »Mami, hat die Frau da eine Maus in der Nase?«

Zumindest denkt man so und findet dein durch Knochen und Knorpel gestütztes Beharrungsvermögen ausgesprochen beruhigend. Bis man beginnt, langsam, aber sicher eine fatale Ähnlichkeit mit Karl Malden zu entwickeln: die Nasenflügel werden breiter, die Nasenspitze zieht nach unten und auch in der Länge legst du zu. Ohnmächtig beobachtet man, wie du deine alte Form verlierst, und deshalb müssen wir sagen: Wir sind ganz schön enttäuscht von dir! Und das schon zum zweiten Mal. Auch die Behauptung »Wie die Nase des Mannes, so sein Johannes!« hält nämlich einer Realitätsprüfung leider nicht stand. Eigentlich, Nase, hätten wir es wissen müssen. Schon wegen Pinocchio.

Liebe Ohren,

ihr seid fein raus. Meist weitgehend unter Haar verborgen, führt ihr ein unauffälliges Statisten-Dasein am Rande, seid also sozusagen die Schlagzeuger in der Band der Schönheitsmerkmale. Das mag manchmal bitter sein, auch weil noch niemand eine Ode oder wenigstens einen Schlager auf euch gedichtet hat und die Weltliteratur bislang ohne Titel wie »Ohr und Julia« oder »Die Ohren der Anna Karenina« ausgekommen ist. Immerhin spielt ihr in der Mythologie eine tragende Rolle. Karna, der Sohn des Hindu-Sonnengottes Surya soll aus einem Ohr hervorgegangen sein. Allerdings möchten wir uns da die Wehen lieber nicht vorstellen. Aber das sind Ausnahmen. In der Regel liegt eure Stärke gerade in eurer Unauffälligkeit. Unter anderem eben auch darin, dass wir euch nicht mal zu schminken brauchen und ihr euch nicht an Ohren prominenter Beautys wie Sharon Stone messen lassen müsst. Keine Diät lässt euch erschlaffen und egal, wie viel wir essen, ihr bleibt, wie ihr seid. Gut, wenn man Ohren wie ein Teletubbi hat und beim Ohrenwackeln aufpassen muss, dass man nicht abhebt, dann kann man mal darüber nachdenken, euch chirurgisch ein wenig anzulegen. Jedenfalls bevor ihr bei der Sicherheitskontrolle am Flughafen als etwaiges Waffenversteck behandelt werdet. Andererseits ist Prinz Charles gerade wegen der Ohren wie Badelaken ein ziemlich sympathisches Kerlchen. Bei solchen wie ihm bekommt der Ausspruch »Sich bis über beide Ohren verlieben« gleich ein ganz anderes

Gewicht als bei jemandem, der Ohren wie eine Amphibie hat. Und überhaupt: Woran sollte man da auch zärtlich knabbern? Vielleicht am Trommelfell? Außerdem würden die Ohrringe schlecht halten. Leider neigt das Ohrläppchen dazu, unter dauerhaftem und schwerem Behang auszuleiern. Mag sein, dass ein schulterlanges Ohrläppchen etwa im Buddhismus mal ein Zeichen für Weisheit war und bei manchen Stämmen den Mädchen die Ohrläppchen so extrem verlängert wurden, dass sie fast bis zum Dekolleté reichten, nur weil das als Schönheitsmerkmal galt. Bei uns dagegen ist so ein ausgeleiertes Ohrläppchen einfach eine unerwünschte Verschleißerscheinung und wirkt damit wie eine Altersangabe.

Ansonsten dürft ihr Ohren das Prädikat »unerschütterlich« für euch in Anspruch nehmen, weil ihr euch kaum verändert. Sieht man mal davon ab, dass der Ohrknorpel etwas an Elastizität verliert und dadurch größer wirkt, während gleichzeitig um euch herum alles weniger wird – Muskeln, Gewebe, Fett und Haut. Der Kopf schrumpft, sodass wir im Vergleich zu den Ohren irgendwann aussehen wie die Trophäe eines urzeitlichen Kopfjägers nach ein paar Monaten in der Austrocknung. Dagegen lässt sich leider gar nichts machen. Außer, man fängt an Perücken zu tragen mit Haaren, die so wildgelockt sind wie die der Autorin Anne Chaplet. Dann könnte man alles an den Ohren haben. Sogar Garagentore, und keiner würde es sehen. Übrigens hat sich einmal ein Arzt die Mühe gemacht, bei 4171 Europäern nachzuzählen, wie viele Ohrläppchen festgewachsen sind, und wie viele locker herunterhängen. Das Ergebnis: 36 Prozent hatten angewachsene Ohrläppchen. Das nur, falls euch mal eine entsprechende Frage zu Ohren kommt. Etwa bei Günther Jauch und seinem »Wer wird Millionär?«.

Lieber Hals,

Männer finden ja, dass du vor allem dazu da bist, damit der Kopf nicht runterfällt und der MP3-Player beim Joggen hält. Aber die glauben ja auch, dass wir genug Schuhe hätten! Haben also wieder mal keine Ahnung. Etwa davon, wie viel du als anmutiger »Schwanenhals« zum Inbegriff zarter Weiblichkeit beiträgst. Wir denken dann an Grace Kelly, an Audrey Hepburn, an die Callas und an den Hals von Nadja Auermann, einer Art Stangen-Sellerie für Vampire. Du, Hals, kannst zum zärtlichen Knabbern, aber auch dazu verführen, uns mal wieder etwas Geschmeide zu schenken, um deine Freiflächen angemessen zu würdigen. Gar nicht auszudenken, was aus dem schönen Beruf des Juweliers ohne dich geworden wäre. Vermutlich eine Teilzeitbeschäftigung, weil man ja allein mit Armbändern und Ohrringen kaum über die Runden kommt.

Man kann natürlich auch blöde Kerle am Hals haben oder miese Chefs. Vor allem aber hat man genau dort auch ein weiteres Schönheitsproblem. Früher oder später lässt du dich nämlich ganz schön hängen, lümmelst uns unterm Kinn herum, als wärst du 15 und Leistungs-Totalverweigerer.

Mit Konturen, die so schlaff sind, als habe man sie während eines Erdbebens der Stärke neun gezeichnet, und so vielen Falten, dass du als Plisseerock in »Anatevka« mitspielen könntest. Bis du das Vollbild des gefürchteten »Truthahnhalses« erfüllst. Dann schlabbert es unterhalb des Kinns so wie beim Nationalvogel der USA, und man könnte mit einem einfachen Kopfschütteln in Frankfurt einen Orkan in Peking oder eine Springflut bei New York auslösen. Jedenfalls, wenn es stimmt, dass schon der Flügelschlag eines Schmetterlings genügt, um einen Taifun anzurichten. Vielleicht ist ja sogar die ganze Erderwärmung allein auf wogende Truthahnhälse zurückzuführen? Dann wäre die Straffung der betroffenen Partien ja fast schon ein Beitrag zum Umweltschutz. Andererseits: Kann man seine Ketten sicherer verwahren als in deinen Halswülsten? Und: Möglicherweise kann uns der Truthahnhals als Bio-Waffe nochmal sehr nützlich sein. Beispielsweise, wenn die Amerikaner auch noch nach Kanada einmarschieren wollen oder der Gatte sich wieder mal weigert beim Hausputz zu helfen. Dann könnten wir ein bisschen drohen und sagen: »Ich habe hier einen Truthahnhals und ich werde ihn auch benutzen!«

Lieber Po,
»molekulares Epos der Weiblichkeit«, wie Federico Fellini dich schwärmerisch nannte, auch du im Mittelteil, wirst immer höher gehängt. Heißt es doch: »Bums are the new breasts« (Hintern sind die neuen Brüste). Stars wie Britney Spears, Anna

Kournikova, Jennifer Lopez, Christina Aguilera, Jessica Simpson oder Kylie Minogue haben unsere Po-Ansprüche in den letzten Jahren bis ins Unendliche wachsen und dich ins Zentrum der öffentlichen Aufmerksamkeit rücken lassen. Dort spricht man schon von einem »Po-Battle«, wenn zwei Stars denselben in den Vordergrund ihres Schaffens rücken. Das Gute: An so einem Krieg brauchen wir gar nicht erst teilzunehmen.

Denn gegen die beteiligten Luxusimmobilien erscheinen uns unsere eigenen Gesäße eher wie Elendsquartiere oder allenfalls Schrebergarten-Kolonien und sind damit wohl einwandfrei als wehruntauglich für jedwede Schönheitswettbewerbe hintenrum einzustufen. Für 300 Millionen Dollar, so hoch ist die Versicherungssumme des Jennifer Lopez-Gesäßes, würde uns den unsrigen sicher keiner versichern.

Welchen Rang du im Po-Index des britischen Psychologie-Professors John Manning einnimmst, haben wir vorsichtshalber gar nicht erst nachgemessen. O.k., wenn sich andere den Tag versauen wollen, dann ist das ihre Sache, dann können sie ruhig mal den Taillenumfang durch den Hüftumfang teilen. Lautet das Ergebnis ca. 0,7, ist man wahrscheinlich Kylie Minogue. Wir trösten uns derweil mit dem, was die Wissenschaftlerin Ingelore Ebberfeld im Po sieht: ein Fruchtbarkeitssymbol. Demnach signalisiere der Po, ob wir genug Fett haben, um Kinder auch in schwierigen Zeiten zu versorgen. Ähnlich dem Höcker eines Kamels. Da sind wir gleich wieder im Spiel mit dir, weil wir mit den unsrigen mühelos das Existenzminimum von ganzen Kindertagesstätten sichern könnten.

Ein Sternzeichen hast du Po auch. Du kannst, das schreibt beispielsweise die Zeitschrift *Glamour*, entweder Apfel-, Birnen- oder Flachpo sein. Dann steht in deinem Horoskop, dass du dich entweder vor Jeans oder vor Caprihosen hüten solltest und dir ganz bald eine Straffungscreme über den Weg laufen wird. Allerdings wird auch die dich nicht daran hindern an Form zu verlieren, abzusinken, schlaff zu werden, sodass man im Prinzip auch mit dir den berühmten Bleistifttest machen kann. Wenn man dich dann irgendwann nicht mehr als »Paradiesapfel«, sondern mangels Straffheit und Fettpolster allenfalls noch als Hängepo bezeichnen kann, dann können wir dich immer noch als Orakel nutzen, behauptete Salvador Dalí. Er war der Meinung, »gerade durch den Arsch« könnten die größten Geheimnisse des Lebens ergründet werden.

Liebe Oberschenkel,

eigentlich könntet ihr eine Bannmeile und eine eigene Postleitzahl für euch beanspruchen. Immerhin seid ihr Orangenhaut-Regierungssitz und Reiterhosen-Hauptquartier. Wenn wir euch sehen, wissen wir, dass Gott ein Mann sein muss. Eine Frau wäre niemals auf die Idee gekommen, weibliche Oberschenkel mit einem Seitenaufprallschutz und mit dieser tückischen Parallel-Anordnung der Kollagenfasern auszustatten, dank derer man manchmal nicht weiß, ob es sich noch um einen Frauenschenkel oder schon um ein Foto der Ätna-Gipfelregion handelt. Eine Frau hätte daran gedacht, dass wir im Sommer gern auch mal Shorts oder kurze Röcke tragen würden. Sie hätte gleich nach Sperma mit Schokoladengeschmack, Currywurst mit null Kalorien und genug George Clooneys für uns alle Frauenschenkel erschaffen, die mindestens 80 Jahre lang so wunderbar glatt und straff blieben wie die von Pamela Anderson in »Baywatch«. Selbst wenn dafür die Männer die Kinder bekommen müssten.

Schwangerschaften sind nämlich der eigentliche Grund für ein Bindegewebe, das man getrost als den Beckenrandschwimmer und Schattenparker unter den Körperteilen bezeichnen kann, weil es nachgiebiger ist als ein Evangelischer Kirchentag und den Amerikanern beim Einmarsch in den Irak vermutlich noch Willkommenstörtchen gebacken hätte. Das ist ungerecht und in Zeiten, in denen Frauen immer weniger Kinder bekommen, ungefähr so sinnvoll, als wollte man Männer im zeugungsfähigen Alter schon mal vorsorglich mit Babytragetüchern ins Büro schicken und sie serienmäßig mit einem Bausparvertrag ausstatten.

O.k., wir könnten die Sache auch positiv sehen. Uns zum Beispiel damit trösten, dass Cellulite der natürliche Zustand weiblichen Bindegewebes ist. 80 Prozent aller Frauen haben Orangenhaut, sogar ganz sportliche und ganz dünne, sogar Jerry Hall, Paris Hilton, die 22-jährige Scarlett Johansson oder Demi Moore. Damit zählen die Dellen neben Brüsten und der Fähigkeit, Wolle von Baumwolle zu unterscheiden, eigentlich schon zu den primären weiblichen Geschlechtsmerkmalen. Dagegen anzukämpfen ist also fast so, als wollte man gegen seine Eierstöcke ancremen oder sich die Gebärmutter wegpflegen. Zumal es mit den Jahren nicht besser, sondern eher schlimmer wird mit der Cellulite. Warum wir Frauen dennoch etwa 90 Millionen Euro jährlich für Straffungs- und Cellulite-Produkte ausgeben? Weshalb wir jedes neue »Geheimrezept« begrüßen, als hätte Moses persönlich die Anti-Cellulite-Jeans oder die Hypoxi-Therapie gleich neben den Zehn Geboten direkt vom Berg Sinai mitgebracht? Warum wir unsere Oberschenkel in Folie wickeln und so als XXL-Wraps nachvollziehen können, wie sich eine Forelle Blau fühlen muss? Wieso wir uns Methoden wie Reizstrom und 42-Grad-Erhitzungen aussetzen, die in einem anderen Zusammenhang – etwa unter Haftbedingungen – als »Folter« deklariert werden würden? Und das, obwohl beispielsweise die Stiftung Warentest in einer Studie nachwies, dass das Verbrennen von Hamsterhaaren oder das Hören einer Kuschelrock-CD zu ähnlichen Ergebnissen führen würden? Irgendwie scheinen wir felsenfest daran zu glauben, dass ohne tadellose Oberschenkel ein menschenwürdiges Leben nicht möglich ist und da draußen Kerle herumlaufen, die sagen: »Mit den Dellen? Meinst du, ich will mit einer Deichlandschaft ausgehen?«

Das habt ihr gut hinbekommen, Oberschenkel. Ihr mit eurem übersteigerten Aufmerksamkeitsbedürfnis. Habt euch die Kosmetikindustrie mit ins

Boot geholt, nur weil ihr wollt, dass wir euch ganz doll lieb haben und weil ihr unsere Achillesferse kennt: Dass wir uns besonders intensiv gerade an den aussichtslosen Fällen abarbeiten, ganz egal, ob es sich dabei um Männer, Diäten oder Orangenhaut handelt. Ist das vielleicht euer Geheimnis? Dann haben wir hier auch ein paar für euch:

1. Männer finden Orangenhaut längst nicht so spannend, wie Frauen glauben. Würden sie die Dellen stören, dann gäbe es 100 Prozent mehr Singles und wir müssten uns wirklich Sorgen um den Fortbestand der Menschheit machen.

2. Würden wir nicht ständig über unsere Orangenhaut jammern, würden Männer dabei allenfalls an Zitrusfrüchte denken und »Cellulite« für eine Tulpensorte halten.

3. Sollte man einfach nicht mit seiner Cellulite leben und also dringend etwas dagegen unternehmen wollen, dann gibt es nur drei Dinge, die wenigstens ein wenig Besserung bringen: Bewegung, Massagen und eine vernünftige Ernährung. Durch zu fett- und kohlenhydratreiche Nahrung kommt es nämlich zu Ablagerungen in den Fettdepots. Je mehr Fett, desto mehr Dellen. Und je weniger Bewegung, desto weniger Muskeln und umso mehr Fettgewebe, umso größer der »Matratzeneffekt«. Das sollte man wissen, bevor man sein sauer verdientes Geld an Anti-Cellulite-Mittel verschwendet.

4. Radikaldiäten und Abmagerungskuren machen die Sache meist noch schlimmer.

5. Wir werden trotzdem Shorts tragen.

Lieber Bauch,

Schwangerschaften, nebst anderweitigen Zu- und Abnahmen, sowie die Schwerkraft und Zeit haben ähnlich hohe Anforderungen an deine Elastizität gestellt wie Ottfried Fischer an die Geduld seiner Ehefrau und einige Ermüdungserscheinungen hinterlassen. Von einem Sixpack bist du so weit entfernt wie Angela Merkel (wenn auch nicht so weit wie Denis Scheck), und sollte ich mich jemals bauchfrei in der Öffentlichkeit zeigen, dann wird das der ultimative Beleg dafür sein, dass mir ohne mein Wissen stark bewusstseinsverändernde Drogen verabreicht wurden, und ich hoffe, dass ich dann die nötige Hilfe erhalte. Dennoch: Auch wenn ich dich manchmal gern ein wenig oder auch ziemlich viel weniger hätte, anstatt bisweilen schon damit rechnen zu müssen, eines Morgens auf dir ein Bergkreuz und ein Basislager zu entdecken – ich verspüre keinerlei Ambitionen, an deiner totalen Vernichtung zu arbeiten. Ich halte die Idee, dass Frauen Flachbäuche wie Teenager haben sollten, für ähnlich intelligent, als würde man von uns verlangen, Bärte zu tragen. Ich glaube einfach, dass der Frauenbauch nicht dazu gemacht ist, durch einen Briefschlitz zu passen und betonhart zu sein. Wozu soll das gut sein? Damit wir wenigstens um die Leibesmitte ewig minderjährig bleiben? Um auf dem Bauch Ziegelsteine zu zerschlagen? Ich jedenfalls kann verstehen, weshalb du dich so standhaft dagegen wehrst, anders als leicht gewölbt und kissenweich zu sein. Dennoch könntest du die Taille in Ruhe lassen. Das wäre wirklich nett von dir und ich würde mich dafür auch erkenntlich zeigen und dir die »sieben harten Wochen« für den Waschbrettbauch ersparen, die mir *Men's Health* so dringend empfohlen hat.

Liebe Haare,
ich habe wahrlich keinen Grund, mich über euch zu beschweren. Was euch anbelangt, hat es das Schicksal gut mit mir gemeint. Ihr bewahrt mich davor, jedes Frisurenheft als Offenbarung zu betrachten und in einen Friseurbesuch mehr falsche Hoffnungen zu setzen als Edmund Stoiber in seine rhetorischen Fähigkeiten.

Locken bleiben eben Locken. Da gibt es – je nach Haarlänge – ohnehin nur drei Frisuralternativen: Putzwolle, Alpaka oder Rosetten-Meerschwein, also niemals Julia Roberts oder Cameron Diaz. Ich bin dennoch durchaus bereit, ausnahmsweise einmal zufrieden zu sein. Bliebe alles wie es ist. Aber leider verändert ihr euch. Ein paar vereinzelte graue, ziemlich borstige Haare hätte ich ja auch noch hingenommen. Dass die sich aber im Laufe der Zeit zu vierspurigen Autobahnen zusammenrotten, finde ich empörend. Ebenso wie die Haare, die plötzlich an Stellen auftauchen, die von Natur aus eigentlich so haarlos sein sollten wie eine Kaffeekanne. Jedenfalls bei Frauen. Anscheinend weiß die Natur das aber nicht und lässt uns nahtlos von der Haar- zur Fellpflege übergehen. Wäre ich ein Biber oder ein Wildschwein, wäre es natürlich eine andere Sache, dass einem Haare am Kinn, in den Kniekehlen, auf dem Fußrücken und sogar auf der Brust wachsen. Und zwar mit einer unglaublichen Geschwindigkeit. Mindestens sieben Zentimeter pro Woche. Wobei es ein Naturgesetz ist, dass man sie erst dann entdeckt, wenn sie quasi ausgewachsen sind und man sich gerade in einer Situation befindet, in der man absolut makellos aussehen will. Zum Beispiel im teuersten Restaurant der Stadt. Da kommt dann plötzlich das längste Kinnhaar aller Zeiten aus seiner Deckung, wo es in aller Ruhe gewartet hatte, bis es mit maximaler Aufmerksamkeit rechnen konnte, um zu beweisen: auch Haare können einen miesen Charakter haben. Deshalb zähle ich mittlerweile eine Pinzette zu den wichtigsten Überlebensutensilien einer Frau und lebe nach der Devise: Und wenn morgen die Welt unterginge, würde ich mir heute noch ein Kinnhaar auszupfen! Schon um nicht mit Ivan Rebroff verwechselt zu werden.

Liebe Hände,
ihr gehört zu den wichtigsten weiblichen Ausstellungsstücken. Undenkbar, sich mit ungepflegten Händen etwa im Fernsehen zu zeigen. Möglichst noch mit Dreck unter den Nägeln, eingerissener Nagelhaut und rauer Oberfläche. Zart sollt ihr sein, gepflegt, mit gefeilten und lackierten Nägeln. Allerdings muss man euch zugute halten, dass ihr die Arbeit, die ihr verursacht, meistens selbst erledigt. Wenn es nicht die Hände einer Maniküre oder einer »NailArt-Spezialistin« für euch tun. Ihr habt nämlich ganze Dienstleistungszweige ins Leben gerufen, die mit nichts weiter als eurem Aussehen

und eurem Wohlergehen beschäftigt sind. Nicht schlecht. Auch wenn ich persönlich etwa die Mona Lisa lieber im Louvre als auf meinem Daumennagel sehe und glitzerpuderbestäubte Fingernägel von der Länge eines Lippenstifts ziemlich unpraktisch finde. Wie bedient man damit ein Handy? Wie schminkt man sich und wie verhindert man, dass man sich und andere verletzt? Etwa beim Sex? Ohnehin kann weder der dekorative noch der erhaltende Teil der Pflege verhindern, was längst zu den typischen Alterserscheinungen gezählt wird: Altersflecken, durchscheinende Sehnen und Knochen. Die sind untrügliche Beweise dafür, wie alt man wirklich ist. Klug wäre es also, bei einem Lifting eine Laserbehandlung, eine Hautstraffung und Eigenfettunterspritzung der Hände einzuplanen. Es nützt einem schließlich wenig, wenn das Gesicht »35« sagt und die Hände »55 – mindestens!« ausplaudern. Man könnte natürlich auch ständig Handschuhe tragen – »Ich habe da einen schlimmen Ausschlag!« –, um sich die Wiederholung dieser aufwändigen Prozedur zu ersparen. Ein Handlifting hält nämlich kaum mehr als ein Jahr. Ich persönlich finde ja, das lohnt sich nicht. Zumal ich keinen Kunstfehler riskieren kann, weil ich euch noch dringend brauche.

Liebe Füße,
mit euch kann ich ausnahmsweise ziemlich zufrieden sein. Ihr seid leidlich wohlgeformt und passt wunderbar in offene Sandalen. Außerdem habt ihr euch stets von jeglicher Kalorienzufuhr unbeein-

druckt gezeigt und mich – also euer Päckchen – tapfer auch durch schwere Paket-Phasen getragen. Stets wart ihr bereit, das eure zu meinen besten Vorsätzen – täglich Joggen und mindestens zweimal die Woche ins Fitness-Center – beizusteuern. Dafür habe ich euch allerdings auch ordentlich gepflegt, habe euch regelmäßig gebadet, eingecremt, von den schlimmsten Hornhautbatzen befreit, euch gelegentlich auch einen Besuch bei der Fußpflege gegönnt und ein Vermögen für angemessene Behältnisse ausgegeben. Allerdings kann ich verstehen, dass ihr trotz allem zunehmend verschleißt. Bei durchschnittlich 270 Millionen Schritten, die ihr in meinem Leben tut, seid ihr am Ende etwa vier Mal um die Erde – oder auch 160000 Kilometer gelaufen. (Davon ein Fünftel auf dem Weg zwischen Küche und Wohnzimmer, nur um zu gucken, ob noch Schokolade im Kühlschrank ist und zehn Prozent auf der Suche nach dem Autoschlüssel und/oder den Kindern.) Da kann man schon mal die Form verlieren und zum Senk-, Spreiz-, Knick- oder Plattfuß mutieren. Von Überbeinen oder Hammerzehen wollen wir hier gar nicht erst reden. Das wäre noch zu verwinden, würde eure Gesamterscheinung nicht immer mehr in Richtung »Reptilienkralle« tendieren. Eines nicht mehr allzu fernen Tages werdet ihr aussehen wie die Pranken vom Tyrannosaurus Rex in Größe 39,5, mit fünf Zehen statt bloß dreien. Vielleicht kann ich mit euch dann auch wie der Dinosaurier 30 Kilometer in der Stunde laufen. Das würde mir endlich einen angemessenen Vorsprung beim Sommerschlussverkauf verschaffen.

Lieber Rücken,

nicht nur bei Männern, auch bei dir zeigt sich mal wieder, wie man oft mit dem geringsten Aufwand größtmögliche Erfolge erzielt. Denn obwohl du durchs Pflegeraster rutschst, ist dein Zustand geradezu phänomenal. Scheint dir gutzutun, dass sich die Kosmetikindustrie so gar nicht für dich interessiert. Vielleicht ahnt sie ja, dass eine spezielle Rückenpflege ein ziemlicher Ladenhüter werden könnte. Es sei denn, sie würde mit Männern ausgeliefert, die einem den Rücken cremen, wenn man selbst gerade keinen bei der Hand hat, und die so klein sind, dass sie im Badezimmerschrank wohnen könnten. Trotzdem bist du leider nicht makellos. Rechts und links von dir kann es zu verstärkter Speckrollenbildung kommen, sodass du in engen Shirts oder Kleidern wie eine Raffgardine aussiehst und man das Ergebnis auch wenig schmeichelhaft »Tannenzweige« nennt. Dafür fehlen dir die knochigen Flügelchen, die sich bei den Mageren im Schulterblattbereich abzeichnen und beim Betrachter den Wunsch wecken, ihrer Besitzerin mal eben etwas Essbares zuzustecken oder ihr zu raten, das Gucci-Kleidchen in Größe 32 gegen ein paar ordentliche Mahlzeiten einzutauschen. Da höre ich doch lieber auf den Rat von Oprah Winfrey und kaufe mir mal einen BH, der nicht so eng sitzt, und schon hat sich die Sache mit den Tannenzweigen hinten erledigt. Noch lange bevor jemand auf die Idee kommt, Weihnachtskugeln dran zu hängen.

Liebe Wangen,

in eurer Arbeitsplatzbeschreibung steht, dass ihr zart, glatt und rosig sein solltet. Aber in die habt ihr offensichtlich schon lange nicht mehr reingeschaut. Euer Plansoll erfüllt ihr nämlich nur noch gelegentlich, und ohne Hilfe immer größerer Rougemengen wirkt ihr an manchen Tagen so erschlafft, als hättet ihr alle zwölf Arbeiten des Herkules allein erledigt. Man braucht kein Orakel zu sein, um sich vorzustellen, was der Elastizitätsverlust aus euch macht. Die Unterhaut-Fettgewebs-Pfröpfe sinken herab und bleiben etwa in Kinnhöhe hängen. Ich sehe euch dort schon als Hängebäckchen oder Hamsterbacken enden. Beim Kopfschütteln werdet ihr einen längeren Bremsweg haben als ein ICE und so in Schwingung geraten, dass ich mein eigener Windkanal bin. Alles Runde wird aus euch verschwinden und es wird aussehen, als hätte ich rechts und links kleine Satteltaschen – wenn ich nicht rechtzeitig tue, was eine Frau tun muss, will sie nicht aussehen wie eine Trauerweide: essen. Es wird mir nicht leichtfallen, aber für euch, Wangen, werde ich es tun.

Was wir alles tun –
Tagebuch eines Pflegealltags

Herbert Grönemeyer oder Hansi Hinterseer. Cora Schumacher oder Anke Engelke. Schwarzwälder Kirsch oder Stangensellerie. George W. Bush oder Vernunft. Im Leben gibt es immer zwei Seiten. Das gilt auch für die tägliche Pflege. Da ist man entweder Mittelklasse oder Luxus. Steht also entweder in der besten Parfümerie der Stadt oder in der nächsten Apotheke. Was besser ist? Lesen Sie hier – das Tagebuch eines beinharten Produkttests, für den wir weder Mühen, Pickel noch Ohnmachten an der Kasse gescheut haben!

Susanne: Auf dem Weg zum
Super-Luxusweibchen

1. Tag
Ich werde in wenigen Minuten in eine Parfümerie gehen und ein durchschnittliches deutsches Netto-Monatseinkommen für ein Pflegeprodukt ausgeben, denn ich habe beschlossen, das teuerste Pflegeprodukt, das in Deutschland frei verkäuflich und legal zu erstehen ist, zu erwerben und in mein Gesicht zu schmieren. Ich betrete eine große

und schöne Parfümerie in Frankfurt und verlange, ehrlich gesagt ziemlich leise für meine Verhältnisse, den Ferrari unter den Cremes. Ein Dreiwochen-Set. Soll, laut Hersteller, einmal im Jahr als Spezialkur angewendet werden. Kostenpunkt: 2100 Euro!

Ja, Sie haben richtig gelesen, mir ist keine Null dazugerutscht – es gibt Kosmetik für zweitausendeinhundert Euro und ich werde sie kaufen. Ich habe davon in einer Zeitschrift gelesen und schon damals vor Ehrfurcht und auch latentem Entsetzen schwer geatmet. Als ich meiner Tochter von meiner Kauf-Idee erzählt habe, hat sie mich für verrückt erklärt. Für komplett bekloppt. »So was ist krank«, hat sie gesagt, und ich habe mich damit rausgeredet, dass es ja nur um einen Test fürs Buch geht. »Egal – das ist so dekadent und dermaßen blöd«, blieb sie beharrlich. Normalerweise bin ich argumentativ nicht schlecht, in diesem Fall fiel mir nichts ein. Was soll man auch sagen. Schließlich hat meine Tochter recht. Auch ich schäme mich insgeheim schon für die Idee. Wahrscheinlich könnte man für diese Summe ein kleines Klassenzimmer in einem Entwicklungsland bauen oder ein ganzes Dorf einen Monat lang ernähren. Selbst in Handtaschen oder Schuhe umgerechnet kommt einiges zusammen. Von Hartz IV gar nicht zu reden. Man würde sogar einen Gebrauchtwagen für das Geld bekommen. Okay – sehr gebraucht. Ich gerate ins Schwanken. Würde es mir nicht auch ein neues Strahlen ins Gesicht zaubern, wenn ich mal was richtig Gutes tun würde? Charity statt Pflegewahnsinn? Ich als eine Art Mutter Teresa im ganz Kleinen? Mein Verstand gibt sich Mühe, unterliegt dann aber der Neugier und der Gier. Der Gier auf ein komplett neues Gesicht, und das ohne Spritzen und Skalpelle. Ich tue es. Wenn es nicht wirkt, kann ich ja immer noch ein Krankenhaus anbezahlen. Andererseits – sollte es wirken, bin ich natürlich angefixt und stehe dann jedes Jahr oder sogar öfters vor der gleichen Frage: 2100 Euro für ein Pflegeprodukt?

Der charmante Mann in der Parfümerie, dem ich mit zittriger Stimme mein Anliegen vortrage, sieht alles ganz anders als meine 15-jährige Tochter und weiß, wie man Zweifel, selbst solche, die größer sind als schwarze Löcher, zerstreut. Er ist geradezu begeistert von meiner Idee und erzählt mir von ekstatischen Kundinnen, die diese Spezialkur sogar zweimal im Jahr machen. Sind das stinkreiche Vorstandsvorsitzende (gibt's das eigentlich?), Millionärsgattinnen, Hollywoodschauspielerinnen, haben die allesamt im Lotto gewonnen oder isst deren Familie ansonsten nur Wassersüppchen und trocken Brot, damit sich Mutti die Tausender ins Gesicht klatschen kann? Fragen, die der freundliche Verkäufer nicht beantworten kann. Aber er berichtet, dass die Anwenderinnen von der Kur schwärmen. Sie hätten ein völlig neues Hautbild und würden sooo verjüngt aussehen.

Verjüngt ist ein wirklich schönes Wort. Schon der Gedanke daran macht gute Laune. Er muss mir gar nicht mehr groß zureden, ich bin bereit, etwas wirklich Wahnsinniges zu tun, und sage nur: »Ja gut, ich will das Zeug haben. Packen Sie es schön ein – es kann losgehen.« Ich ziehe meine Kreditkarte, die sogleich ihre Grenzen kennenlernen wird, und reiche sie ihm. Jetzt muss es ganz schnell gehen, bevor sich mein letzter Rest Verstand meldet. Er schmunzelt nur: »Langsam, langsam.« Das Superluxus-Serum – die Essence genannt (nur Menschen wie ich dachten, man sagt dazu schnöde Creme!) – muss bestellt werden. Man kann es nicht einfach so kaufen. Es ist ähnlich wie bei einer Hermès-Handtasche. Man hat zu warten. Natürlich ist das total albern, lächerlich geradezu, aber insgeheim macht es die Sache spannend. Man weiß, man gehört bald zu einem erlauchten Kreis, schließlich steht man auf der Warteliste für *das* Gesichtswundermittel. Immerhin: Ich darf eine »kleine« Anzahlung leisten. 500 Euro!! Und um die Vorfreude zu steigern, bekomme ich ein leinengebundenes dunkelgrünes Buch, das mir die Wartezeit vertreiben soll. Eingepackt wird es in passender Nylon-Umhängetasche in Mattgrün. »Drei bis vier Tage dauert es«, verspricht der nette Mann in der Parfümerie, »dann ist es da.«

Es herrscht eine feierliche Atmosphäre, fast so, als hätte ich eingewilligt, in wenigen Tagen ein indisches Adoptivkind bei ihm abzuholen, ich bin angemessen ergriffen und verlasse die Parfümerie mit mehr Pröbchen als je zuvor. Alle sagen sehr, sehr nett »Auf Wiedersehen«, und ich fühle mich wie eine ganz besondere Kundin. Bin ich wahrscheinlich auch. Soviel Bekloppte kann es auf der Welt ja nun nicht geben!

2. Tag

Zu Hause lese ich in meinem leinengebundenen grünen Buch. Schließlich will ich für mein Super-Luxus-Zeug auch bestens vorbereitet sein. Die Essence, die ich anbezahlt habe, ist laut Werbebuch ein Hautpflegephänomen, das für die Behandlung von gestresster und beanspruchter Haut entwickelt wurde. Das Versprechen: Die Haut erlebt eine Art Renaissance und sieht aus wie neugeboren. Eine doppelt gemoppelte Aussage, denn schließlich bedeutet Renaissance ja soviel wie Wiedergeburt.

Erstaunliche Verwandlung, ungewöhnliche Klarheit, Strahlen, erhöhte Spannkraft und Festigkeit, verbesserter Hautton und Vitalität – all das sind Schlagwörter im grünen Buch. Na, das klingt doch ausgesprochen vielversprechend. Leider kommt mit keiner Silbe das böse Wort Falte vor. Sehr schlau von den Essence-Machern. Was man nicht verspricht, muss man auch nicht halten. Für mich allerdings äußerst schade, denn genau das, die radikale Faltenbekämpfung, wäre mein Hauptanliegen. Meine Stirn hat Querrillen so tief wie ein Krater, und auch zwischen den Augenbrauen bilden sich neuerdings so merkwürdige kleine miese senkrechte Linien, die das Gesicht im Ganzen nicht unbedingt freundlich aussehen lassen. Ich erfahre, dass in meiner bestellten Luxus-Essence Narzissenzwiebeln stecken. Dass diese auf den ersten Blick so harmlosen Blumen (zehn Stück für 2,99 Euro) in ihren Zwiebeln Kräfte stecken haben, die in meiner Haut Wunder vollbringen werden, wer hätte das gedacht! Auf so eine Idee muss man erst mal kommen. Nur wie? Und warum ausgerechnet Narzissen? Gibt es Angestellte, Chemiker oder Laboranten, die nur dafür bezahlt werden und von morgens bis abends Pflanzen, Tiere und Lebensmittel, vielleicht auch Gesteinsproben, Lava, Sand, Asche oder Algen und Schlamm auf ihre kosmetische Verwendungsmöglichkeit hin untersuchen? Wahrscheinlich. Wieso bin ich nie auf so eine Idee gekommen? Sollte ich demnächst die Narzissenstiele aufschneiden und mir den Stängelsaft einfach pur aufs Gesicht schmieren? Aber eigentlich ist es mir relativ egal, woher das kommt, was meiner Haut zu einer Wiedergeburt verhilft. Wenn es Regenwurm-Essence wäre, klänge das zwar weniger gut, aber um ehrlich zu sein, ich hätte keine Skrupel, mir auch das ins Gesicht zu schmieren. Nicht dass ich kein Herz für Regenwürmer habe, liebe Tierschützer, aber die Regenwurmlobby ist, glaube ich, eh nicht besonders stark. Außerdem, wie heißt es immer so schön: Wer heilt, hat recht. Eins ist allerdings sicher: Wenn ich demnächst Narzissen kaufe, werde ich sie mit dem gehörigen Anstand behandeln.

10. Tag

Drei Tage später bin ich beruflich unterwegs und habe keine Zeit, mal eben in der Parfümerie in Frankfurts Innenstadt vorbeizuschauen. Ich bin verunsichert. Was, wenn mein Luxus-Serum jetzt schlecht wird, umkippt, nur weil ich es ein paar Tage länger als vorgesehen in der Parfümerie lasse? Für mein Gesicht macht die Verzögerung nichts aus. Ich meine, ich lebe seit 43 Jahren damit, da kommt es auf ein paar Tage mehr oder weniger nicht an. So viel Knitter und Falten können in einer Woche kaum dazukommen. Außerdem habe ich ja bald die Wunderwaffe und alles wird glatt und strahlend. Kurz überlege ich, in der Parfümerie anzurufen, damit die nicht denken, ich hätte es mir auf den letzten Metern noch anders überlegt. Aber bei 500 Euro Anzahlung sollte eigentlich kein Zweifel bestehen, dass ich komme, um meine Gesichtsrettung abzuholen.

Zehn Tage nach der Bestellung ist es so weit. Ich hole mein Serum. Meine Gesichts-Renaissance. Ein riesiger Karton erwartet mich. Imposant. »Wichtig ist nur, dass Sie die Phiolen immer wieder in den Magnetständer stellen, damit die Ionen fließen können«, bekomme ich erste Anwendungsanleitungen. Ich komme mir vor wie im Physikunterricht. Magnete, Phiolen und Ionen. Klingt jedenfalls imposant. »Es ist ganz leicht«, beruhigt mich der Verkäufer, dem wahrscheinlich aufgefallen ist, dass ich ein wenig begriffsstutzig gucke. Als ich gehen will, fragt er mich, ob ich denn auch die passende Tagescreme dazu besitze, schließlich müsse man die nach Benutzung des Serums anschließend auftragen. Ich verneine. Ohne die geht aber nichts. »Gut«, denke ich, »daran soll's nicht scheitern.« Ich gebe doch nicht 2100 Euro aus und alles bleibt wirkungslos, nur weil ich an der Tagescreme gespart habe. Das wäre ja noch wahnsinniger als das gesamte Unterfangen. Der liebenswürdige Verkäufer (der übrigens sehr gepflegt und gut aussieht – ob er die Essence benutzt?) zieht einen schönen Porzellantopf aus dem Regal. »Das ist die kleinste Größe, es gibt auch noch die doppelte Menge und den großen Topf und den ganz riesigen.« Das Ende vom Lied: Ich kaufe eine Tagescreme, die man aber, wie tröstlich, auch für abends benutzen kann, im Wert von 720 Euro. Zugegebenermaßen ist es ein richtig großer Tiegel (der zweitgrößte im Sortiment) und ich habe gigantisch gespart, denn im großen Topf kostet die Creme viel weniger als im kleinen Töpfchen. Also, natürlich nur im Verhältnis. Aber sparen ist ja immer gut. Und wir Frauen sind so oder so absolute Experten im Schönrechnen. Nach dem Motto: Die Stiefel sind 90 Euro runtergesetzt, dann kann ich mir ja noch den Schal kaufen. Faszinierende Kalkulation vor allem, wenn man weder Stiefel noch Schal braucht.

Der Verkäufer schlägt mir vor, immer eine kleine Menge der Creme in ein kleineres Töpfchen zu tun, und den großen Topf mit der restlichen Creme zwecks längerer Haltbarkeit ins Gemüsefach im Kühlschrank zu stellen. Ich habe gewisse Bedenken (nicht dass meine Familie das weiße Zeug für einen Dip hält und Selleriestangen in Tagescreme tunkt …), bin aber natürlich gewillt, seine Ratschläge zu beherzigen. Auch Madonna soll angeblich diese Creme benutzen, sie kauft allerdings den Monstertopf und benutzt die Creme nicht nur im Gesicht, sondern am ganzen Körper. Ich mag eine dekadente Kuh sein, aber das ist ja fast schon justiziabel und wäre bei meinen Körpermassen auch schlicht unbezahlbar.

An der Kasse fühle ich mich schlecht. Am liebsten würde ich alles rückgängig machen und mir für meine 500 Euro Anzahlung einen Gutschein ausstellen lassen, lebenslang Abdeckstifte kaufen oder Body-Lotion. Ich traue mich nicht und tröste mich damit, dass es sich hier ja um einen Versuch handelt. Für das neue Buch. Ein Experiment stellvertretend für alle Frauen. Für unser aller Runzel-Ich. Vielleicht kann ich so wenigstens anderen viel Geld ersparen. Wenn das Zeug aber jetzt tatsächlich wirkt, was dann? Grämen sich dann all die, die sich so ein Elixier niemals leisten können oder wollen nicht noch viel mehr? Sollte ich nicht schon aus diesem Grund mein fragwürdiges Experiment abbrechen? Nicht dass es demnächst Spezial-Kreditangebote für die Essence gibt. Mittlerweile kann man schließlich sogar Schönheits-OPs auf Raten zahlen oder per Kredit finanzieren. Kann man die Ausgabe für die Essence eigentlich steuerlich geltend machen? Ich hoffe es, bin aber nahezu sicher, dass das Finanzamt sofort sagen wird: Nein, schließlich tragen Sie Ihr Gesicht ja auch privat. Schade, immerhin verdanke ich dem Finanzamt einiges an Ermüdungsspuren in meinem Gesicht, aber auch irgendwie sehr gerecht. Ich würde mich schließlich auch lautstark empören, wenn irgend so eine Luxustussi auf eine solche Idee käme. Wer blöd ist, soll dafür wenigstens bezahlen.

Und das tue ich auch. Trotz Anzahlung sind

noch 2320 Euro fällig. Viertausendsechshundertvierzig Mark. Ich kann nicht anders, ich bin in einem Alter, in dem man immer noch umrechnet. Vor allem bei solchen Beträgen. Eigentlich sollte ich noch mehrfach mit dem Kopf auf die Theke aufschlagen, um klar zu signalisieren, dass ich um meinen Geisteszustand weiß. Hinter mir steht eine Frau in der Schlange, die mich interessiert mustert. Allein der Gedanke, dass sie hören könnte, was ich hier ausgebe, lässt mich dunkelrot anlaufen. Die geht doch direkt heim und erzählt jedem davon. Alle werden denken, ich sei stinkereich und dazu noch sackdoof. Gott, wie peinlich. Ich sage zur Kassiererin nur: »Bitte sagen Sie jetzt nichts«, und schiebe meine Kreditkarte über den Tresen. Als sie mir die Abrechnung zum Unterschreiben rüberschiebt, lege ich meine Hand drüber, so wie früher die Streber, die nicht wollten, dass man bei ihnen abschreibt. Ich bekomme wunderbare Duftproben und eine Reinigungsmilch im Wert von etwa 80 Euro aus der Serie meiner neuen Produkte. Reinigung ist immerhin günstiger als Pflege. Obwohl 80 Euro, um das Gesicht von Make-up-Resten oder Tagesstaub zu befreien, auch recht stattlich sind. Aber geschenkt ist geschenkt. Meine Mutter sagt oft: Der Teufel scheißt auf den dicksten Haufen – und irgendwie ist an dem Spruch was dran.

Es hätte mich nicht gewundert, wenn sie nach mir den Laden geschlossen hätten. Der Tagesumsatz ist gerettet, von mir. Ich bin der neue Liebling der Parfümerien. Eine Traumkundin: Spatzenhirn und dicke Brieftasche. Wahrscheinlich schließen sie tatsächlich ab, kaum dass ich um die nächste Ecke gebogen bin, und schmeißen sich dann alle lachend auf den Boden, weil sie mal wieder eine Durchgeknallte gefunden haben, der sie völlig überteuertes Zeug aufschwatzen konnten. Auch wenn es nicht wirklich nett wäre, ich könnte es gut verstehen. Hätte mir einer von einem solchen Versuch erzählt, hätte ich auch nur den Kopf geschüttelt und hysterisch gekichert. Wenn man selbst die Irre ist, gestaltet sich die Lage natürlich ein bisschen anders. Ich hoffe nur, sie erzählen es nicht rum. Nach dem Motto: »Die Fröhlich scheint ja ziemlich verzweifelt, stellt euch mal vor, was die sich neulich gekauft hat ...«

Mit meiner grünen XXL-Einkaufstasche in der Hand gehe ich durch die Stadt. Wenn ich schon mal in der Großstadt bin (ich wohne in der Pampa) kann ich ja noch eine Runde bummeln. Ein Hennes-und-Mauritz-Besuch macht jetzt kontomäßig auch nichts mehr schlimmer. Sehr gelassen kann ich allerdings nicht shoppen. Ich habe Angst um meine kostbare Fracht. Der Gedanke, bei Hennes mein magnetisiertes Phiolenzeug stehen zu lassen, macht mich panisch. Oder die Vorstellung, dass mir die Tüte hinfällt und sich Serum im Wert von über 2100 Euro über die Frankfurter Zeile ergießt – auch grausig. Obwohl es ein interessantes Experiment sein könnte: Würde die Stelle auf der Zeile dann in neuem Glanz erstrahlen – wäre selbst Stein beeindruckt von der Wirkkraft? Wie neugeboren? Neurotisch wie ich mich fühle, gehe ich direkt zum

Parkhaus. Auf der Heimfahrt in den Hintertaunus schnalle ich die Tüte an. Lächerliche Einkäufe erfordern lächerliche Maßnahmen.

Außer meiner Tochter weiß niemand in meinem Haushalt von diesem wahnwitzigen Einkauf. Ich habe berechtigte Sorge, dass mich mein Mann sofort einweisen lassen würde.

Abends packe ich die Tüte aus. Im imposanten Karton steckt eine Art Miniaturklappkosmetikschrank, natürlich auch in Grün. Wenn man das Schränkchen aufklappt, stehen drei Flaschen in einem Ständer und darunter gibt es eine kleine Schublade (die man seitlich herausziehen kann), in der drei Pipetten liegen. Ich staune und werde in meiner kleinen Andacht von meinem Sohn unterbrochen. Er ist acht Jahre alt und fast ebenso begeistert wie seine Mutter. »Kann ich das für mein Labor kriegen?«, fragt er enthusiastisch. Mein Sohn liebt alles, was irgendwie medizinisch oder wissenschaftlich aussieht. »Nein«, sage ich, »da ist Creme drin, sauteures Zeug.« Er guckt enttäuscht. Ich lenke ein: »Vielleicht wenn es leer ist.« »Dann beeil dich«, antwortet er, und will es anfassen. Auch diese Bitte muss ich leider abschlägig bescheiden. »Wehe du gehst da dran. Wenn ich dich dabei erwische bist du reif«, drohe ich schon mal prophylaktisch. Der Gedanke, wie er sich seine herrlich weiche perfekte Kinderhaut zentimeterdick mit meinem Serum bestreicht, ist entsetzlich. Seine Haut braucht nun weiß Gott keinen neuen Glanz.

Das Set sieht aus wie aus dem Film mit Goldie Hawn »Der Tod steht ihr gut«, sehr spacig und sehr edel. Oben silberfarbenes Metall, dazwischen dunkelgrünes undurchsichtiges Glas. Die Essence ist nicht zu sehen. Das Wunderzeug ist unsichtbar. Ich beschließe, am nächsten Morgen zu beginnen, und schaue mir mein Gesicht noch einmal gründlich im Spiegel an. Mein altes Gesicht. Eine Nacht noch und ab morgen wird mir neuer Glanz entgegenstrahlen. Der Spiegel bestätigt unbarmherzig: Das kann nicht schaden.

11. Tag

Am nächsten Morgen starte ich die Prozedur. Man entnimmt eine Phiole, schraubt den Deckel ab, taucht die Pipette ein, drückt drauf und füllt sie dadurch. Der Inhalt einer Pipette soll auf Gesicht, Hals und Dekolleté aufgetragen werden. Mein Gesicht scheint größer zu sein als das der üblichen Anwenderinnen (der anderen Wahnsinnigen!). Der Inhalt einer Pipette reicht nicht für alles. Was nun? Ich muss Schwerpunkte setzen. Ich entscheide mich fürs Gesicht, schließlich habe ich mir für den kommenden Winter schon einige Rollkragenpullover angeschafft. Das Gesicht zu verhüllen ist um einiges schwieriger, außer ich würde mich spontan für einen Religionswechsel entscheiden. Während ich die dünnflüssige Essence auf meinem Gesicht verteile, rechne ich die Angelegenheit nochmal im Kopf durch. Die Drei-Wochen-Kur für 2100 Euro. Das heißt am Tag 100 Euro. Das bedeutet 50 Euro morgens und 50 Euro abends. Ohne die Tagescreme! Dafür sieht die Flüssigkeit wenig spektakulär aus. Weißlich und dünn. Nachdem ich das kostbare Zeug in meinem Gesicht und zum Teil auf dem Hals verteilt habe, schaue ich sehr gründlich in den Spiegel. Wie schnell wird das mit dem »Neugeboren-Aussehen« gehen? Wird die Zeit tatsächlich stehen bleiben, so wie es mein Essence-Büchlein verspricht? Ich warte einige Minuten (es tut sich nichts) und schmiere dann, ganz wie vorgeschrieben, die Tagescreme drüber. Die Tagescreme ist fast eindrucksvoller als die Essence. Eine dicke weiße Creme. Meine Haut fühlt sich gut an, sieht aber eindeutig aus wie immer. Schade, denn Geduld ist noch nie meine Stärke gewesen. Dafür will die Glasampulle direkt eine Verbindung mit meinem Ikea-Badezimmerstahlschränkchen eingehen. Der magnetische Boden der Flasche lässt sich nur mit roher Gewalt vom Ikea-Teil trennen und zurück in das eigene Schränkchen befördern. Ein Muss, denn schließlich findet nur dort der wichtige Ionen-Austausch statt. Hätte ich damals in der Schule in Chemie besser aufgepasst, könnte ich mir unter Ionenaustausch eventuell auch etwas vorstellen, so klingt es auf jeden Fall gut und sehr beeindruckend. Ich hoffe, sie tauschen sich den Tag über munter aus, damit sie heute Abend für ihren zweiten Auftritt in Bestform sind.

16. Tag

Obwohl ich keine herausragenden Veränderungen wahrnehmen kann, bin ich brav und halte mich sklavisch an das vorgeschriebene Programm. Streiche morgens und abends Unsummen auf mein Gesicht. Nach ein paar Tagen habe ich das Gefühl, meine Haut sei durchbluteter als sonst. Irgendwie rosiger. Könnte natürlich auch eine gewisse Schamesröte sein. Sogenannte Verschwendungsschamesröte, die aber im Ergebnis durch ein wenig Rouge günstiger zu haben wäre.

17. Tag

Ich fahre nach Kassel, um in der Sendung »Straßenstars« mitzumachen. Für den Transport ist meine Essence nicht geeignet. Ein Glasfläschchen aus dem Trio hätte ich sicherlich noch mitnehmen können, den kompletten kleinen Schrank im Zug zu transportieren geht dann doch zu weit. Aber ohne Schränkchen kein Ionenaustausch, insofern muss die Essence zwei Tage ohne mich auskommen, oder andersherum gesagt, mein Gesicht zwei Tage ohne die Essence. Wird diese Zwangspause den Erfolg zunichte machen? Immerhin – ich habe die gute dicke Tagescreme mit.

In der Maske in Kassel findet die liebenswürdige Maskenbildnerin Anette, meine Haut würde feinporiger als sonst aussehen. Die Frage ist nur – liegt es an meinem langen Sommerurlaub oder an der Essence? Oder will sie einfach nur was Nettes sagen? So oder so – ich bin ihr sehr dankbar für das Kompliment. Ein teuer bezahltes Kompliment, aber immerhin.

18. Tag

Nach einer Woche (sprich 700 Euro nur fürs Serum) erste Ernüchterung – meine Haut sieht nicht schlecht aus, aber umwerfend ist etwas anderes. Für all das schöne Geld erwartet man insgeheim spektakuläre Veränderungen, auch wenn man natürlich weiß, dass eine Creme, selbst eine teure, eine unverschämt teure Creme, eben nur eine Creme ist. Selbst wenn sie Essence heißt. Auch im Alltag keine besonderen Vorkommnisse. Keine tollen Anträge von Wildfremden oder Ähnliches.

21. Tag

Nach 10 Tagen habe ich das Gefühl, dass eine winzige Falte rechts an meinem Mundwinkel kleiner geworden ist. Oder besser gesagt, weniger stark konturiert. Seit ich diese Essence auf mein Gesicht streiche, beobachte ich mich wirklich im Detail. So ausdauernd und gründlich habe ich mich bisher selten betrachtet. Und das Schlimme: Je mehr und je pedantischer man schaut, umso mehr defizitäre Bereiche tun sich auf. Könnte das überhaupt die Lösung sein? Sich einfach nicht ständig kritisch zu beäugen? Leider erscheinen meine Stirnfalten immer noch relativ unbeeindruckt vom Geschmiere. Sie sind jedoch dermaßen alt und tief, dass es an ein Wunder grenzen würde, wenn sich hier was tun würde. Aber mal unter uns – darf man für all das Geld keine Wunder erwarten?

24. Tag

In der zweiten Woche (ich bin mittlerweile eine routinierte Essence-Verwenderin und schon bei der zweiten Phiole angelangt) passiert mir ein Patzer. Wahrscheinlich weil ich mich schon so sicher im Umgang mit dem feinen Zeug fühle. Ich hantiere ein wenig zu lässig mit der Pipette, lasse es an der nötigen Ehrfurcht fehlen, und ein schön großer Flatscher der Essence landet auf meinem Fußboden. Etwa die Hälfte der Pipette, mit anderen Worten ungefähr 25 Euro liegen da unter mir und drohen zu verenden. Ich bin im Zweifel, was zu tun ist: entweder schmiere ich mir Fußboden-Keime ins Gesicht oder ich verschwende geschätzte 25 Euro. Ich bin an sich eine einigermaßen reinliche Person, mein Fußboden dementsprechend auch – insofern rette ich, was zu retten ist, und creme meinen Hals damit ein. Nicht dass mir nachts Silberfischchen in Essence baden!

26. Tag

Heute erklingt ein Ruf aus meinem Bad: »Kann ich mich mal mit deiner tollen Creme einschmieren?« Als ich ins Bad stürme, hält mein Achtjähriger schon eine Pipette in der Hand. Ich entreiße ihm das Teil, verbiete die Cremebenutzung und jegliche Annäherung an meinen persönlichen Schrein, das grüne Essenceschränkchen, und drohe bei Nichtbefolgen mit sehr, sehr schlimmen Dingen (pädagogisch keinesfalls wertvoll, aber enorm effektiv).

Nun macht auch das Scharnier meines Klappschränkchens schlapp. Bricht einfach ab, obwohl ich es mit wirklich angemessener Sorgfalt behandelt habe. Ich bin etwas enttäuscht. Man sollte bei dem Preis doch erwarten können, dass so ein Phiolenschränkchen wenigstens die drei Wochen durchhält. Auch die Essence schafft es nicht über die drei Wochen.

28. Tag
Nach nicht mal drei Wochen ist abends alles aufgebraucht. Soviel ich auch an der letzten Phiole rumschüttle, sie gibt nichts mehr von sich. Dummerweise sind die Glasfläschchen dunkelgrün – man sieht also nicht, wie viel Essence noch drin ist. Ich versuche alles, stelle die edlen Teile sogar auf den Kopf, aber meine Phiolen sind definitiv leer. Meine Drei-Wochen-Kur ist somit nach 18 Tagen beendet. Ich bin wohl insgesamt zu großflächig und noch dazu zu maßlos.

Die Essenz der Essence:
Ich bin entsetzt. Weil sie wirklich wirkt. Ich habe zwar kein neues Gesicht, eine Creme ist nun mal kein Skalpell, aber meine Haut ist schöner als vorher. Tatsächlich feinporiger und rosiger. Irgendwie jünger. Also, wenigstens die Haut. Es ist nicht so, dass Menschen auf der Straße stehen bleiben und ekstatisch auf mein Gesicht starren, aber immerhin: Mein Mann, der wahrscheinlich erst nach dreimaligem Hingucken merken würde, wenn ich mir die Haare schwarz färbe, bemerkt eines Abends: »Du hast im Moment so schöne Haut.« Ich bin entzückt, aber nicht sicher, ob so ein seltenes Kompliment 2100 Euro wert ist. Nach kurzem Nachdenken entscheide ich mich dagegen.

Insgesamt muss ich aber gestehen, es hätte mich trotz der immensen Geldverschwendung sehr erfreut, wenn sich keine Wirkung gezeigt hätte. Wie tröstlich wäre das gewesen: Es macht keinen Unterschied, was man sich aufs Gesicht schmiert. Man kennt das ja von Frauenabenden. Es gibt immer ein paar, die Stein und Bein schwören, dass jede Billigcreme aus dem Discounter das Gleiche kann wie die aus dem Luxussegment: nämlich eigentlich nichts außer Fett und Feuchtigkeit zu liefern. Dass der Mehrpreis letztlich nur an der schickeren Verpackung liegt. Ich war mir da nie so sicher. Ich glaube nach wie vor, dass gute Gene die Hauptsache sind. (An dieser Stelle: danke Mama, danke Oma, danke Papa ...) Gute Gene, wenig Sonne und wenn's geht kein Kettenrauchen. Die Erkenntnis allerdings, dass diese Super-Luxus-Kur Resultate zeigt, ist trotz allem beängstigend, muss aber natürlich nicht allgemeingültig sein. Schließlich war mein Selbstversuch ja nur ein Test auf meiner Haut. Kein großangelegter Versuch mit statistischer Bedeutung. Obwohl ich denen unter uns gesagt oft nicht glaube. Wenn mir eine Creme verspricht bei 87 Prozent der Anwenderinnen erfolgreich zu sein, gehöre ich nämlich garantiert zu den übrigen 13 Prozent. Und weil eine Luxus-Essence tatsächlich Wirkung zeigt, heißt das ja noch lange nicht, dass alles, was kostspielig ist, auch funktioniert.

Ich hätte es Ihnen auch sehr gerne verschwiegen, damit sich keiner grämen muss, weil er sich das Zeug nicht leisten kann. Auch für mich selbst ist diese Erkenntnis ein wenig schwer zu verdauen. Sollte ich jetzt sofort ein Sparbuch anlegen,

Aktien kaufen oder eine Hypothek aufs Reihenhaus aufnehmen, um mir die jährliche Kur zu leisten? Oder tut es stattdessen nicht auch das übliche mittlere Preissegment sowie ein mehrwöchiger Aufenthalt an frischer Luft, in Hawaii oder dem Allgäu, je nach Geldbeutel? Macht nicht auch weniger Stress oder weniger Hausarbeit bessere Haut? Überhaupt: Gleicht man mit der Essence nicht einfach einen Verschleiß aus, den man nicht hätte, würde man nicht so viel arbeiten, um sich beispielsweise die Essence zu leisten? Es gibt keine wirkliche Antwort auf diese Frage, und so muss das dann doch jeder für sich selbst klären. Ich selbst werde übrigens nicht wieder 2100 Euro dafür ausgeben. Die Kur war ein einmaliges Ereignis für mich und meine Haut. Obwohl sie, bei mir jedenfalls, ganze Arbeit geleistet hat, wird es keine Fortsetzung geben. Sie ist einfach zu teuer! Und mal ehrlich: älter werde ich trotzdem.

Constanze: Bericht aus dem mittleren Beauty-Preissegment

1. Tag

Es ist ja nicht so, dass mein Spiegelschrank unter Unterernährung leiden würde. Vermutlich sind in meiner Lieblingsdrogerie sogar schon ganze Gänge nach mir benannt worden, weil ich einfach jeder neuen Pflegeversuchung eine Chance geben muss. Zumal, wenn mir eine neue Creme eine strahlende, glatte, erholte, leuchtende Haut und mehrere Jahre Vorsprung vor dem Runzel-Ich in Aussicht stellt. Es ist wie mit der Suche nach dem perfekten Mann. Nur ein bisschen besser. Einen angebrochenen Mann kann man schließlich nicht einfach bei den anderen zehn Fehlversuchen im Bad stehen lassen und sich mal eben einen neuen anschaffen.

Gerade ist wieder so eine vielversprechende Creme auf den Markt gekommen. Sie hat etwas besonders Hoffnungsfrohes im Namen: »Filler.« Das sagt mir, dass die beim Hersteller meine Falten persönlich kennen müssen. Und dann die Versprechen. Schöneres habe ich nicht mehr gehört, seit Brad Pitt öffentlich gelobte, nicht zu heiraten: »Aktviert die hauteigene Hyaluronsäureproduktion, füllt Falten effektiv von innen heraus auf, tiefe Falten werden sichtbar geglättet.« Und dazu brauche ich bloß in die nächste Apotheke zu gehen. Zehn Minuten später frage ich mich, ob diese Creme vielleicht so toll ist, dass sie schon wirkt, bevor man sie gekauft hat. Leider liegt's dann doch nicht an meinem blendenden Aussehen, dass der ziemlich attraktive Apotheker hektisch wird. Er ist es offenbar bloß nicht gewohnt, andere Hautprobleme als Herpes oder Neurodermitis zu besprechen. Nein, die Creme sei nicht da. Es gebe Lieferschwierigkeiten. Muss ja mordseffektiv sein, wenn sie jetzt schon ausverkauft ist. Dufte! Ich hab' noch keinen einzigen Cent ausgegeben und schon so ein cooles Luxus-Gefühl. So muss es beinahe sein, wenn man sich eines der sündteuren Produkte gönnen kann.

Zum Trost, und damit ich heute Abend nicht ungecremt schlafen gehen muss, hat mir der attraktive Apotheker übrigens eine Pflege-Probe mitgegeben. Sie ist gegen Rötungen auf der Haut. Wenigstens hat er nicht gemerkt, dass ich seinetwegen aussah wie eine Himbeere. Ich könnte sie abends auftragen. Würde ich es ins Bad schaffen, anstatt die tägliche Abendpflege so lange vor mir herzuschieben, bis ich allein bei dem Gedanken an die zeitintensiven Restaurierungsarbeiten so müde werde, dass ich es gerade noch so ins Bett schaffe. Wieder mal gegen das oberste der zehn Beauty-Gebote verstoßen: »Du sollst dich täglich abschminken!« Das rangiert im Beauty-Kosmos auf der Liste der Todsünden noch vor »Nicht genug trinken« und »Nägelkauen«. Vermutlich könnte man einer Kosmetikerin eher anvertrauen, daheim einen toten Mann in der Tiefkühltruhe zu haben, als zu gestehen: »Ich bin mit Make-up ins Bett gegangen!« Aber ich werde es niemandem verraten. Und solange ich selbst die Bettwäsche wasche, wird mein Mann mich auch nicht fragen, ob ich jetzt schon Kissen schminke.

2. Tag

Wie so oft im Leben, lag wieder mal bloß eine Nacht zwischen Ekstase und Ernüchterung. Nicht, weil ich morgens aussehe wie jemand, dem ich den dringenden Rat geben würde, sich abends abzuschminken, wenn er nicht in absehbarer Zeit als abschreckendes Beispiel für pflegerische Nachlässigkeit gelten will. Eine, bei der die Mütter ihren

Töchtern auf der Straße zuraunen: »Schau sie dir genau an. So wirst du auch aussehen, wenn du dich nicht jeden Abend gründlich wäschst.« Und die Töchter würden mich dann mit schreckgeweiteten Augen anstarren und sofort heilige Eide schwören. Nein. Das ist es nicht. Ich bin heute einfach mal in eine andere Apotheke gegangen und fand dort größere Mengen des Neuankömmlings auf dem Pflegemarkt. Also doch! In was für einer Welt leben wir, dass man nicht mal mehr einem Apotheker trauen kann!

Bin ein bisschen enttäuscht und nehme als Trost zur Nacht- und Tagespflege noch eine Handcreme. Die geht ja immer gut weg. Im Unterschied zur Fußcreme. Die Füße kann man sich ja leider nicht mal eben so im Flugzeug oder im Zug eincremen. Sind ja auch schwerer zu erreichen. Andererseits könnte man das Füßeeincremen prima mit ein paar Yoga- oder Stretchübungen verbinden. Das Gleiche gilt auch für Rücken und Po. Eine schöne Geschäftsidee: »Creme-Gymnastik. So bleiben Sie straff und jung.« Möglichst nackt vor dem Spiegel. Dann würde ich sicher auch weniger essen. Außerdem wäre mit dieser Art des Multitaskings endlich das Dilemma gelöst, wie man all die Beauty-Aufgaben, die einem das Runzel-Ich gemeinsam mit den Problemzonen täglich stellt, wenigstens notdürftig bearbeitet, ohne dafür seinen Beruf aufgeben zu müssen. Man könnte zum Beispiel so staubsaugen, dass man die frisch lackierten Fußnägel in der Lüftung hat oder sich etwas tiefer beugen und sich dabei die Haare trocken fönen. Das wäre weiter nichts als Notwehr. Was die Magazine allein an einem schlichten »Wochenende für die Schönheit« an Aktivitäten aufrufen, schlägt locker den Veranstaltungskalender von Stuttgart.

Dabei nimmt man schon täglich ein größeres Pflegedefizit mit ins Bett. Längst genügt es ja nicht mehr, sich bloß abzuschminken. Man soll auch noch Feuchtigkeitsmasken auftragen. Die Augen, die Mundpartie, den Hals, das Dekolleté jeweils gesondert pflegen. Die Zähne wollen geputzt und mit Zahnseide behandelt sein. Wenn nicht gerade wieder ein Home-Bleaching ansteht. Dazu kommen für die Haut diverse Masken, Manicure, Pedicure, Klopfmassagen, Deo, Zupfen der Bauchdecke, Augenbrauen in Form bringen und die Peelings, die es mittlerweile ja nicht mehr nur fürs Gesicht, sondern auch für Lippen, Körper und Haare gibt. Die Pflegespülungen, Festiger, Kuren, Ampullen. Und das in mehrfacher Ausfertigung, weil Haut und Haare die Naomi Campbell unter den Körperteilen sind. Ständig werden neue Ansprüche gestellt. Eben war etwa die Haut noch jung und ölig, nun ist sie trocken und fahl oder müde und strapaziert. Oder von Heizungsluft gequält. Dann all die Werkzeuge: Pinsel, Zangen, Pinzetten, Bürstchen und Kleenextuchschachteln – allein das nach Gebrauch wieder ordentlich einzusortieren, braucht schon Ewigkeiten. Dabei bin ich nach all dem bloß basis-gepflegt und nicht mal angemalt. Wie soll man da noch entspannt aussehen und zu seinem Schönheitsschlaf kommen?

Kein Wunder, wenn ich wieder eine neue Pflege brauche, die meinen Wangen einen rosigen Schimmer verleiht. Vielleicht wird das jetzt alles anders. Bestimmt macht mich der Filler so straff und jung, dass mich noch im Altersheim alle für die Praktikantin halten werden.

3. Tag

Obwohl es erst mal nicht danach aussieht: Ich habe Pickel! Gut, die machen einen auch irgendwie jünger. Um nicht zu sagen: pubertär. Aber was nützt es, wenn ich am Kinn aussehe wie ein Tokio-Hotel-Fan, aber drumherum wie die Großmutter der Band? Davon war auf dem Beipackzettel nicht die Rede. Da standen ganz andere Dinge drauf. Bin ich vielleicht doch eher ein La-mer-Typ, gefangen in einem Nivea-Budget? Eine La-Prairie-Persönlichkeit, gezwungen unter meinem Niveau zu cremen? Heißt es nicht immer, günstig wäre genauso gut wie teuer? So richtig günstig war der Filler allerdings nicht. Es hätte ungefähr 2356 billigere Produkte gegeben. Allerdings mindestens so viele, die teurer sind.

Ich finde, man sollte sich für seine Gesichtspflege nicht verschulden, und außerdem dürfte es schwierig werden, einen Banker davon zu überzeugen, dass man für seine Gesichtspflege einen Kredit braucht. So ohne weitere Sicherheit als eine potenziell feinporigere Haut. Andererseits: Ganz billig geht auch nicht. Ich finde, dass für Lebensmittel, Pflegeprodukte und Männer dieselben Regeln gelten: Man merkt den Unterschied. Was einem an, auf oder unter die Haut kommt, sollte einigermaßen hochwertig sein. Gut, bei Männern hat man das nicht immer im Griff. Manchmal braucht man Jahre, bis man eine Unverträglichkeit entwickelt. Anders bei der Kosmetik. Da genügen maximal ein paar Tage, schon weiß man: Bloß wieder ein Blender. Das trifft auf 99,9 Prozent der Fälle zu. Den restlichen 0,1 Prozent könnte man eigentlich treu bleiben, wäre der Kosmetik-Markt nicht eine Art Swinger-Club, voller Gelegenheiten zum Seitensprung. Jede neue Faltencreme, jede weitere Ampullen-Kur oder jedes Hair-Treatment preist sich an, als würde plötzlich Keanu Reeves nackt an der Tür stehen. Schaut man allerdings genauer hin, ist es meistens doch bloß Ulli Wickert. Das sollte einen eigentlich klüger machen. Andererseits ist Pflege wie Liebe, also der Triumph der Hoffnung über die Erfahrung. Meint: Ein Teil der Wirkung besteht schon darin, immer ein bisschen mehr dafür auszugeben, als vernünftig wäre, und sein Realitätsbewusstsein zu vergessen. Warum soll nicht auch in der Kosmetik der Glaube Berge versetzen? Dieselbe Kraft, die Moses das Meer teilen ließ, könnte doch auch dafür sorgen, dass man sich mit kleineren Investitionen in der Apotheke oder der Drogerie weit über das natürliche Verfallsdatum hinaus noch frisch halten kann. Man weiß ja nie. Am Ende hat man seine komplette Runderneuerung bloß aus Kniebigkeit verpasst. Teurer riecht außerdem einfach auch besser, sieht hübscher aus, macht mehr her im Badezimmerschrank und allein dadurch fühlt man sich schöner.

Bei Anfällen von schlechtem Gewissen sage ich mir, dass die US-Sängerin Jessica Simpson für eine Party, die das Magazin *People* für sie und ihre Schwester Ashlee ausrichten wollte, allein 20000 Dollar für Haare und Make-up verlangte. Die ist unter 30. Hochgerechnet auf mein Alter müsste mein Budget dann ungefähr auf der Höhe der deutschen Militärausgaben liegen. Ich bin also eigentlich total bescheiden. Selbst Tony Blair hat einen höheren Kosmetik-Etat als ich. Und eines kann man wirklich sagen: Ich sehe vielleicht nicht jeden Tag, aber doch meistens ein wenig besser aus als er.

Trotzdem kann ich mir nicht leisten, was ich gerade sehe, als ich zufällig am Bad vorbeigehe: Meinen Liebsten, der sich gerade meine Augencreme zwischen die Zehen schmiert. In haselnussgroßen Mengen. So ähnlich muss sich Robert Falcon Scott gefühlt haben, als er erfuhr, dass Roald Amundsen vor ihm am Südpol war. »Ich denke, das hilft gegen trockene Haut, und meine Haut zwischen den Zehen ist sehr trocken«, rechtfertigt er sich. Normalerweise wäre er jetzt tot, nachdem er sich einen längeren Vortrag darüber angehört hätte, weshalb das ein Sakrament für 85 Euro und kein Hornhauthobel ist. Doch ich bin pickelbedingt ein wenig geschwächt. Wie soll man argumentativ überzeugen, wenn man drei Pusteln am Kinn hat, die von innen leuchten? Beschließe, abends das volle Pflegeprogramm zu absolvieren.

Auch wenn das bedeutet, dass ich heute mehr Zeit im Bad verbringen werde als Neil Armstrong auf dem Mond.

4. Tag

Es lohnt sich, von den 110 Stunden, die eine Frau jährlich vorm Spiegel verbringen soll, eine ganze Wochenration an einem Abend zu verbrauchen. Die kann ich mir die nächsten zehn Tage wieder absparen. Zumal der Filler anfängt, sich an seine Arbeitsplatzbeschreibung zu halten. Die Pickel sind weg, die Haut sieht aus, als habe sie – anders als ich – eine Woche Erholung gehabt. Nicht, dass das heute Morgen eine Rolle spielen würde und mein Mann das Gespräch mit »Schatz, du siehst ja blendend aus! Ist das die neue Creme?« beginnen würde statt mit »Holst du meine Sachen vom Schneider?« überhaupt: Habe ich jemals Sätze wie »Du hast da wirklich einen tollen Lidschatten. Flieder steht dir« gehört? Ich meine, ich bin schon froh, wenn er überhaupt erkennt, dass es Lidschatten ist, statt wie kürzlich zu fragen, ob ich am Auge staubig sei. Als ich letzte Woche vom Wimpern- und Augenbrauenfärben kam, witzelte er, ob schon Fasching sei und weshalb ich mich ausgerechnet als Theo Waigel verkleiden müsse. Dafür sieht er nicht, wenn mir am Kinn ein Haar wächst. »Kannst du mir das nicht mal sagen, bevor ich darüber stolpere?«, empöre ich mich. »Ist mir nicht aufgefallen!«, sagt er. Für wen pflege, konserviere, dekoriere ich mich eigentlich, wenn die mir am nächsten stehende Person gerade mal bemerkt, ob ich noch atme? Wobei ich mir selbst da manchmal nicht sicher bin. Wonach hat mich der Liebste eigentlich ausgesucht? Nach dem Geruch? Ist nicht jede neue Creme auch ein Versuch, dem Mann die Augen zu öffnen? Für seine Frau?

Wenigstens beim marokkanischen Schneider klappt es. Seit fünf Jahren gehe ich hier hin. Noch nie hat er auch nur andeutungsweise Interesse bekundet. Stets hatten wir ein nüchternes Hosenkürzen-Säumeumnähen-Verhältnis. Jetzt will er mich plötzlich zum Kaffee einladen. Macht das der Filler? Kommt das davon, wenn man im mittelpreisigen Segment bleibt? Was hätte ich bekommen, wenn ich eine der Luxus-Cremes benutzt hätte? La Prairie oder La Mer? Wird man dann von Piloten oder Gehirnchirurgen angesprochen? Und wen macht man mit einem Discounter-Produkt auf sich aufmerksam? Martin Semmelrogge? Ich will ja nicht meckern. Mann ist Mann. Allerdings ist dieser hier sehr klein. Um genau zu sein nicht größer als eine Zimmerpalme. Was die Bedeutung der Einladung leider etwas minimiert. Man könnte sagen, dass das immer noch groß genug ist, um beispielsweise an die Spüle zu reichen, und es andere Kleine – Woody Allen (1,63 Meter), Richard Wagner (1,68 Meter) und Humphrey Bogart (1,68 Meter) weit gebracht haben. Aber wer hängt die Gardinen auf und holt die Blumenvase vom Regal? So ein Mann kann einem außerdem leicht mal abhanden kommen. Plötzlich ist er unter Supermarktregalen verschwunden, rollt unters Bett, rutscht hinter den Schrank. Aber das, was mich in diesem Fall am meisten stört, ist, dass der Schneider verheiratet ist, drei Kinder hat und auch bei mir eigentlich feste Hände annehmen könnte. Es sei denn, er glaubt, dass ich gern Männeranzüge der Größe 56 trage. Blöd, jetzt muss ich mir einen anderen Schneider suchen. Habe ich da etwas im Beipackzettel überlesen? Vielleicht stand da was von »könnte marokkanische Schneider in Balzlaune versetzen«. Die Schrift dort ist ja auch immer so verdammt klein, dass man schon ein Mikroskop braucht, um zu erkennen, ob es sich um Kisuaheli oder Plattdeutsch handelt. Egal. Heute Abend werde ich dem Liebsten von meiner Eroberung erzählen. Davon, dass da draußen durchaus noch andere Männer sind, feurige Südländer, bereit, einer Frau alles zu geben. Sogar einen Preisnachlass von zwei Euro.

5. Tag

So groß wie versprochen sind die Veränderungen nicht. Die Haut wirkt erholt, doch selbst unterm Vergrößerungsspiegel sehen die Falten nicht mal ansatzweise »aufgefüllt« aus. Im Gegenteil. Auf Dimensionen vergrößert, in denen sie wie eine ernsthafte Konkurrenz für den Andreasgraben wirken, könnten sie sogar Freddy Krüger Angst machen. Auch so ein Dilemma: Schlauer wär's ja, sich den Blick in diese Abgründe zu ersparen und die dank Weitsichtigkeit verschwommene und damit schön gemilderte Ansicht zu genießen. Sicher hat sich der Schöpfer etwas dabei gedacht, als er uns nicht nur mit altersbedingt schwindender

Straffheit, sondern gleichzeitig auch mit Weitsichtigkeit ausgestattet hat. Er wollte uns die Laune nicht verderben. Eine nette Idee. Aber nein – man will es immer viel zu genau wissen und schafft sich also spätestens ab Ende 30 so ein optisches Folterinstrument an, will unbedingt ein 10fach vergrößertes, scharfes Spiegelbild. Das aber ist nicht nur »ideal, um Ihre Haut porentief zu reinigen, feinste Härchen zu entfernen oder einen Lidstrich zu ziehen«, wie es so verharmlosend in der Werbung heißt. Es ist auch ideal, um noch ein paar Argumente für die ganz große Seins-Krise zu sammeln. Für einen Kinderfahrschein reicht es also wieder einmal nicht. Es könnte mir von uncharmanten Kontrolleuren – noch – als Schwarzfahren ausgelegt werden. Aber dennoch will ich meine Erfolgsserie fortsetzen. Wer weiß, vielleicht war der marokkanische Schneider nur der Anfang.

6. Tag

O.k., man soll einer Creme ja mindestens eine vierwöchige Chance geben. So lange will ich nicht warten. Um die Steigerung – Schneider, Gehirnchirurg, Viggo Mortensen – zu forcieren, gehe ich deshalb heute mal mit voller Kriegsbemalung aus dem Haus. Glücklicherweise hat die dekorative Kosmetik in den letzten Jahren ja immense Fortschritte gemacht und ich brauche sie alle. Cremes, die so etwas wie der Siegfried und Roy der dekorativen Kosmetik sind: Sie pflegen nicht, sie füllen nicht, sie reflektieren nur das Licht so, dass man immer ein wenig glatter aussieht als in Wirklichkeit. Was ich in meinem Fall sogar noch schwerer finde, als auf der Bühne einen weißen Tiger verschwinden zu lassen. Perfekt für kleine Feiglinge, die lieber – noch – die Finger von Botox lassen und eleganter als die Barbara-Cartland-Methode: sich mit Pflaster das Gesicht an den Ohren straff festzukleben. Mindestens ebenso wertvoll: der Concealer. Am Anfang brauchte ich nur ein wenig Weiß unter den Augen, an den Mundwinkeln. Nur, um ein bisschen frischer zu wirken. Mittlerweile sehe ich aus wie ein Waschbär nach einer Exkursion durch ein Mehlsilo, bevor ich das Zeug gleichmäßig verteile.

Dann besitze ich noch weitere 224 Produkte aus dem großen Feld »dekorative Kosmetik«. Ein Drittel benutze ich nicht, weil ich dazu nicht in der Lage bin. Der Lidstrich zum Beispiel. Sieht immer toll aus. Bei anderen. Irgendwann habe ich mir eigens das nötige Material dazu gekauft, um daheim in aller Ruhe zu üben. Aber ich bin einfach nicht über das Lidstrich-Entwicklungsstadium – Variante Erdbebengebiet – hinausgekommen, dafür sahen meine Augen nachher aus, als wäre unter meinen engsten Angehörigen ein Albino-Kaninchen. Jetzt ist es sowieso zu spät. Nicht mal mehr Picasso könnte eine gerade Linie auf meine knittrigen Augenlider applizieren. Dann habe ich ungefähr zehn verschiedene Lidschattenfarben, von denen ich ernsthaft nur zwei benutze und das auch nur deshalb, weil sie direkt an einem Stift haften – und man also nicht erst verschiedene Packungen zu öffnen und den dazu passenden Pinsel zu suchen braucht. Am größten ist allerdings mein Vorrat an Lippenstiften, ein Fehlkauf-Massengrab. Lauter vorwurfsvolle Zeugen dafür, dass ich kaum mehr Rückgrat habe als eine gekochte Garnele und einer Verkäuferin einfach nichts abschlagen kann. Egal wie groß meine Bedenken etwa gegenüber einem Lippenstift in Wasserleichenblau sind – »Meinen Sie nicht, ich sehe damit aus, als hätte ich schon ein paar Tage auf Eis gelegen?« – der Satz »wie für Sie gemacht!« wirkt auf mich wie ein Narkosemittel. Außerdem sehen Lippenstifte im Laden nie so aus wie später daheim. Das muss ein Naturgesetz sein. Man könnte den Stift natürlich in der Parfümerie auftragen und damit nach Hause gehen, würde man nicht schon bei dem Gedanken daran, seine Lippen dort zu haben, wo vorher schon 50 andere waren (was so ist, als würde man Mick Jagger küssen), spüren, wie sich gerade größere Mengen an Herpesbläschen zusammenrotten. Vermutlich gibt es eine regelrechte Lippenstiftfarbenverschwörung, sorgt ein eigens für Drogerien entwickeltes Lichtdesign dafür, dass Lippenstiftfarben so geschickt verfälscht werden, dass eine genau kalkulierte Menge aller Lippenstiftkäufe Irrtümer sind, die man aber erst bemerkt, wenn man den Stift mindestens schon einmal benutzt hat, ihn also nicht mehr umtauschen kann. Von etwa 30 Stiften sind bei mir jedenfalls deshalb nur vier in Gebrauch. Die wiederum werden in der Zeit, in der man sich richtig an sie gewöhnt, garantiert vom Markt genommen und man verbringt Jahre damit, nach einem vollwertigen Ersatz zu suchen und noch mehr Geld für die falschen Farben auszugeben.

7. Tag

Noch immer keine Übernachtverjüngung. Mein Mann hat mich beim Frühstück sofort erkannt. Aber ich habe Geduld. Die braucht man, wenn man pflegt. Zumal kein Creme-Hersteller der Welt so waghalsig ist, einem Sofort-Triumphe zu versprechen. Immer dauert es mindestens ein paar Wochen, bis sich erste, sichtbare Erfolge ankündigen. Man sollte also warten können. Anders als mein Mann. »Muss das sein?«, fragt er mich, als ich ihm noch eine weitere halbe Stunde in der Großparfümerie abverlange. Und: »Hast du eigentlich nichts Besseres zu tun?« Ich sage dann: »Wer pflegt, der kann in der Zeit schon mal keine alten Frauen überfallen oder Kriege führen. Und so tut man doch irgendwie einiges für den Weltfrieden, wenn man sich statt mit Aktien von Rüstungskonzernen mit der Suche nach dem perfekten Lippenstift beschäftigt. Bedenkt man außerdem, dass es beispielsweise in Brasilien dreimal mehr Avon-Beraterinnen gibt als Soldaten, dann wirft das doch ein sehr spannendes Licht auf die wahren Machtverhältnisse in der Welt.« »Würde es, wenn man George W. Bush mit einem Schaumfestiger loswerden könnte oder die Taliban von einem Mascara in die Flucht zu schlagen wären«, sagt mein Mann und findet es albern, wie Frauen sich von der Kosmetikindustrie »einseifen« lassen. Das nehme ich mir aber grundsätzlich nicht sonderlich zu Herzen. »Wozu brauchst du eigentlich zwei Plattenspieler?«, erwidere ich dann. Womit die Diskussion meistens beendet ist.

Dabei stehe ich mit meinem Dekorations- und Instandhaltungsaufwand nicht mal an der Spitze der Pflegehierarchie. Also dort, wo etwa Diane, die Exfrau von Lionel Ritchie, zu Hause ist. Als sie sich mit 37 Jahren von ihrem Mann scheiden ließ, fanden sich eine ganze Menge Schönheitskosten auf der Liste ihrer Ansprüche, beispielsweise 20000 Dollar jährlich für plastische Chirurgie. Außerdem erklärte sie, dass sie nach ihren eigenen – eher konservativen – Schätzungen pro Monat 3000 Dollar für Hautarztbehandlungen, 500 bis 600 Dollar für Vitamine, 600 Dollar für Haarpflege und 1000 Dollar für Laser-Haar-Entfernung benötigen würde. Mal abgesehen davon, dass man für 1000 Dollar im Monat ganze Wildschweinrudel in Nacktmulche verwandeln könnte, bewegt man sich da im Vergleich fast schon in den Elendsgebieten der Schönheitspflege. Finanziell. Zeitlich könnten es die meisten von uns durchaus mit Diane aufnehmen. Nehmen wir allein mal die, die täglich ihre Haare waschen und fönen. Macht etwa eine halbe Stunde pro Tag, das sind 3,5 Stunden pro Woche, sind ganze sieben Tage pro Jahr und bei einer Lebenserwartung von 80 Jahren ganze anderthalb Jahre seines Lebens, die man allein mit seiner Frisur zubringt. Und dabei hat man sich bloß um die Haare auf dem Kopf, also lediglich um ein Viertel seines gesamten Haarwuchses gekümmert, also noch nicht um die Haare an den Waden, auf der Oberlippe, am Kinn. Jedes davon wird pro Tag durchschnittlich etwa rund 0,3 Millimeter länger, vor Tagen, in denen man ins Schwimmbad oder in die Sauna will, wachsen sie allerdings doppelt so schnell. Kalkuliert man mal den Winter als Epilations-Ruhephase ein und trotz der Tatsache, dass ich mir Gott sei Dank weder täglich die Haare waschen, noch sie fönen muss, bleibt für mich dennoch genug Aufwand: Ich gehe etwa alle zwei Monate zum Friseur, beinahe ebenso oft zum Strähnen. Foliensträhnen. Haubensträhnen trocknen die Haare noch mehr aus, sodass man irgendwann mit einem Warnhinweis herumlaufen muss, auf dem steht: »Bitte nicht rauchen! Brandgefahr!«, was ja auch wieder nicht gut aussieht. Diese aufwändige Prozedur wird natürlich nicht vom nächstbesten, sondern allein vom Friseur meines Vertrauens vorgenommen. Mit exzellenten Friseuren verhält es sich nämlich wie mit guten Gynäkologinnen, interessanten Männern, billigen Wohnungen – es gibt zu wenige davon und hat man mal einen gefunden – was schwer genug ist –, tauscht man nicht einfach aus. Finde ich, aber ich zähle, was mein Friseurverhalten anbelangt, eher zu den Graugänsen. Im Unterschied zu den Friseur-Nomadinnen, also jenen Frauen, die ständig wechseln, in der Hoffnung, der Nächste könnte an ihnen eines jener Wunder vollbringen, für die man bei der katholischen Kirche eine Seligsprechung geltend machen kann. Aber selbst der beste Friseur ist nicht Moses, sonst würde er ja keine Haare schneiden, sondern Wasser in Wein verwandeln, ein paar Meere teilen oder Krebs heilen. Obwohl manche so viel kosten, als könnten sie's.

8. Tag

Heute endlich mal wieder ein Termin bei der Kosmetikerin. Eigentlich sollte man ja regelmäßig gehen. In meinem Alter vermutlich wöchentlich. Und so, wie ich um die Augen herum aussehe, sollte eigentlich eine bei mir wohnen. Ich schaffe so einen Besuch allerdings nur alle vier bis fünf Monate. Dann hat sich bei mir, respektive auf meiner Haut, so viel Handlungsbedarf aufgestaut, dass es mindestens drei Stunden dauert. Für Kosmetikerinnen gilt im Prinzip dasselbe wie für Friseure. Deshalb fahre ich für Inge Greulichs begnadete Behandlungen meilenweit, also bis in einen Frankfurter Vorort. Das lohnt sich, weil ich danach fast wie neu aussehe und ein paar Tage beinahe überzeugt bin, dauerhaft ohne Skalpell und Botox – bloß mit Peeling, Feuchtigkeitsmasken, Massagen, Augenbrauenzupfen und Wimpernfärben – auskommen zu können. Wo ich gerade da bin, lass ich mir noch die Nägel machen. Die werden bei mir sonst sträflich vernachlässigt. Wenn ich dann so komplett gepflegt nach Hause fahre, habe ich fast mehr gute Vorsätze als ein Politiker vor der Wahl. Dann sehe ich mich abends – nach einer Dusche, einer Bürstenmassage und nachdem ich mich gründlich mit Body-Lotion eingecremt habe, mit einem Manicure-Set vor dem Fernseher sitzen, meine Hände und Füße bearbeitend, während auf meinem sonnenstrapazierten Dekolleté gerade eine Pflegekur wirkt, der Hals in einen Creme-Wickel eingepackt ist, und eben all die Dinge tun, die eine Frau tun muss, um sich das Beauty-Existenzminimum zu sichern. Meistens aber bin ich viel zu beschäftigt damit, mich auf dem Sofa einfach auszuruhen oder auch mal jenen Dingen Aufmerksamkeit zu widmen, die einem im Alter mindestens so ein großer Trost sein können wie eine gepflegte Haut – Freunde, Beziehung, die neuen Folgen von »Desperate Housewives«.

9. Tag

Hilft es also doch? Hat der Filler, ohne dass ich es bemerkt hätte, wahre Wunder vollbracht? Die Leute gucken. Noch mehr als sonst und diesmal nicht auf meine Figur, sondern in mein Gesicht. Dabei lächeln sie so freundlich. So *besonders* freundlich. »Sei nicht so misstrauisch!«, sage ich mir. Lächele zurück, will mal eben kurz, nur mal so zur Sicherheit gucken, was eigentlich so außerordentlich erfreulich an mir ist, und sehe: Es wird wohl die Ähnlichkeit mit einem Weißbrauengibbon sein. Habe vergessen, den Concealer gleichmäßig zu verteilen. Man sollte eben keine Telefonanrufe annehmen, während man sich schminkt.

Man soll aber vielleicht sowieso gar nicht so viel Aufwand betreiben. Lohnt sich einfach nicht. Lautet eine Faustregel im Zeitmanagement nicht ohnehin, dass 20 Prozent unserer Leistungen für 80 Prozent unseres Erfolgs verantwortlich sind? Pareto-Prinzip nennt sich das statistische Phänomen, benannt nach seinem Entdecker Vilfredo Pareto, einem italienischen Ökonomen, Ingenieur und Soziologen. Meint: Eigentlich ist nur ein Fünftel der Arbeit wirklich wichtig. Die restlichen 80 Prozent dagegen sind Dinge, die Zeit rauben, wenig bringen und also getrost vernachlässigt werden könnten. Zum Beispiel jeden Tag kochen oder Unterwäsche bügeln oder Cellulite-Cremes verwenden. Leider neigen Frauen dazu, nach dem umgekehrten Verhältnis vorzugehen: sich mit 80 Prozent der Arbeit und nur 20 Prozent der Anerkennung zufriedenzugeben. Dabei hat man die besten Beispiele für das Funktionieren dieser Theorie praktisch gleich vor Augen: Männer. Wie die mit nur 20 Prozent Engagement im Haushalt, im Job, bei der Pflege und natürlich auch beim Sex das Vollbild »Lenker, Denker und größter Liebhaber aller Zeiten« für sich erfüllen und sich dabei eben erst gar nicht größer mit Arbeit aufhalten, sondern lieber gleich bei den Lorbeerkränzen anfangen, davon kann man noch viel lernen. Sie sagen Sätze wie »Schatz, was soll ich denn noch alles tun?«, bloß weil sie einmal in der Woche zum Supermarkt fahren sollen. Wieso nicht dieses herrlich ausgewogene Verhältnis von Aufwand und Wirkung auch auf das eigene Leben und damit auf die Schönheitspflege übertragen? Anstatt sich gleichzeitig an allen Beauty-Fronten zu verausgaben, bloß die Dinge tun, die wirklich wichtig sind? Zum Beispiel Augenbrauen zupfen, anstatt Stunden mit Selbstzweifeln zu verbringen. Nägel pflegen, anstatt sich Sorgen über die Knubbel über den Knien zu machen und bis zum Beweis des Gegenteils selbstbewusst davon auszugehen, dass man schon manierlich, um nicht zu sagen, großartig aussieht. Zumal man ja ohnehin nur ein paar Schlachten gewinnen kann, aber niemals den ganzen Krieg gegen Falten, Krähenfüße und Co.

10. Tag

Die Vernunft sagt mir, dass sich der Filler doch ganz manierlich geschlagen hat. Dass es kindisch und albern wäre, von einer Creme mehr zu erwarten als von David Copperfield. Dass sich die Frauen, die sich unters Messer legen, dies sicher nicht tun würden, wenn es tatsächlich eine Pflege gäbe, die einem die Haut mindestens so straff erhält wie ein Facelift.

Die Hoffnung sagt, dass ich – bevor ich mich dauerhaft im mittleren Preissegment einquartiere, noch ehe ich endlich einsehe, dass das Wunder ewiger Jugend leider nicht in einem Cremetiegel steckt, bevor ich also vernünftig werde und resigniere – wenigstens noch dieses eine wahnsinnig teure, wunderbar vielversprechende Behältnis voller Verheißungen ausprobieren muss, von dem alle so schwärmen. Erst wenn der Filler aufgebraucht ist. Natürlich. Oder vielleicht auch gleich. »Das ist nicht persönlich gemeint«, erkläre ich dem Filler. »Du warst gar nicht übel. Aber weißt du, dich kann ich ja auch später noch aufbrauchen!« Unter uns: Wieso riskieren, die große Chance auf jugendlich-strahlende Haut unnötig nach hinten verschoben zu haben, bloß aus Rücksichtnahme auf das Mittelmaß? Und heißt es nicht sowieso: »Jedem Anfang wohnt ein Zauber inne«? »Hast du gerade an was Schönes gedacht?«, fragt mein Mann. »Ja«, sage ich, »an mich. Irgendwann.« Und: »Ich glaube, in der nächsten Zeit holst du deine Hosen besser selbst vom Schneider ab.«

Sind wir nicht alle ein bisschen Anouschka? Oder: Entdecke die Möglichkeiten ...

Warum eigentlich nicht? Weshalb nicht auch wie so viele mal »etwas machen lassen«? Diese Frage taucht im Freundinnenkreis immer häufiger auf. Natürlich erst, nachdem wir die Probleme der Globalisierung, die Krisen im Nahen Osten und die letzten Rätsel der Astrophysik geklärt haben. Dann reden wir darüber, wie es wohl wäre, dies und jenes zu ändern. Sich nicht mit dem abzufinden, was einem die Natur geliefert hat, ohne dass wir nach »Doppelkinn« oder »Cellulite« geschrien hätten und gegen das man sich leider nicht mit Schildern am Briefkasten: »Bitte keine Krähenfüße!« oder »Auf gar keinen Fall eine Speckfalte!« wappnen kann. Wieso nicht endlich selbst die Kontrolle über das Aussehen übernehmen, statt alles dem unzuverlässigen Schicksal zu überlassen und dafür zu büßen, dass man damals beim Gene-Verteilen offenbar nicht so gut aufgepasst hat wie Heidi Klum und die anderen Beautys, die sich die doch sehr begrenzten Vorräte an eleganten schmalen Nasen, hohen Wangenknochen, langen Beinen und schmalen Taillen schon unter die manikürten Nägel gerissen hatten, bevor man »Ich auch!« sagen konnte.

Wenn wir dann also so nett zusammensitzen

und uns gegenseitig unsere Makel aufzählen – was ungefähr so lange dauert wie »Doktor Schiwago« –, stellen wir fest: Mit jedem neuen Geburtstag, aber auch mit jeder weiteren Erfolgsmeldung aus dem Operationssaal vergessen wir unsere guten Vorsätze ein wenig mehr. Sagten wir vor einigen Jahren noch »niemals« und »in Würde altern«, finden wir es inzwischen ganz o.k., wenn es andere tun und schließlich so abwegig nicht mehr, vielleicht hier und da auch mal selbst etwas richten zu lassen. Um unser an sich ja wundervolles Potenzial zu »optimieren«. Als gehe es darum, einen Betrieb zu restrukturieren und ein paar in die Jahre gekommene Mitarbeiter zu entlassen. Und irgendwie ist es ja auch ziemlich dasselbe, wenn man sich von einem Höcker auf der Nase, von einem vermeintlich zu kleinen Busen oder von Reiterhosen befreien lässt oder von Falten, um sich sein jugendliches Alter-Ego zu konservieren. Seit wir über 40 sind, denken wir nicht mehr so streng darüber, wir finden es im Gegenteil ziemlich nervig, wenn uns unter 30-Jährige erklären, wie schön es ist, Falten zu bekommen, oder makellose Beautys befinden, dass man sich diesem ganzen »Schönheitsterror« nicht unterwerfen sollte.

Es scheint da allerdings ein kleines Problem zu geben: Wenn man mal anfängt, muss man immer weitermachen. So ein Hals sieht nämlich noch faltiger aus als sonst, wenn das Gesicht darüber gestrafft wurde, und ist der Hals erst mal schön geglättet, erscheint einem der etwas schlaffe Busen plötzlich, als habe man sich den von Arnold Schwarzenegger geliehen oder sei aus Körpern verschiedener Generationen zusammengesetzt. Plötzlich sieht man aus wie Jocelyne Wildenstein, also wie ein überfahrenes Gürteltier, und nicht mal mehr Gott würde einen wiedererkennen. Trotzdem antwortete das abschreckendste aller Beispiele für die Gefahren der Schönheits-Chirurgie in einem Interview auf die Frage, ob es denn für sie Alternativen zur operativen Runderneuerung gebe mit »Eigentlich nein«. Sicher, räumte sie ein, man könne auch eine Persönlichkeit entwickeln und das Backen lernen. Für sie sei das allerdings keine Option und sie verstehe Frauen wie etwa Lauren Hutton nicht, die Zehntausende von Dollars für Eingriffe ausgeben würden, die man nachher nicht als solche erkennen könnte. Wildenstein, Ex-Gattin eines milliardenschweren Kunsthändlers, wollte sich nach eigenen Angaben übrigens für ihren Gatten verjüngen, nachdem sie ihn mit einer 19-Jährigen in flagranti erwischt hatte. Er verließ sie trotzdem. Was einiges über die Grenzen der operativen Verjüngung aussagt.

Wie überhaupt die prominenten Beispiele oft nicht gerade zur Nachahmung motivieren. Frau Wildenstein ist da nur die Spitze des Freak-Eisbergs. Dicht dahinter folgen schon Patrick Swayze, Donatella Versace, Michael Jackson, Farah Fawcett oder Burt Reynolds, um nur einige Gründe zu nennen, sich die Sache nochmal gründlich zu überlegen. Sie erscheinen einem wie eine eigene, von Schönheitschirurgen erschaffene Spezies, weltweit verstreute Geschwister. Denn alle Radikal-Operierten wirken auf unheimliche Weise miteinander verwandt. Dabei machen viele Schönheits-OPs gerade deshalb alt, weil sie jung machen sollen. Wer erwartet schon von einer Frau unter 40, dass sie größere Einschnitte vornehmen lässt? Beispiel: Tatjana Gsell und Anouschka Renzi. Eigentlich längst nicht oder knapp über 40, wirken beide wie volloperierte End-Fünfzigerinnen, die mit den typischen Merkmalen kosmetischer Eingriffe Jugend vortäuschen wollen.

Besser also, man geht die Sache vernünftig, also dezenter an. Da wird der Vorher-Nachher-Kontrast gemildert und man braucht seinen Freunden und Bekannten nicht mit windigen Ausreden – »Habe mal ausgeschlafen!« »Die neue Frisur!« »Bin gegen einen Laternenpfahl gelaufen!« – zu kommen, um zu erklären, weshalb man sich über Nacht in einen Klon von Sabine Christiansen verwandelt hat. Die Moderatorin hatte übrigens eigens einen Anwalt bemüht, um dementieren zu lassen, dass ihre plötzlich volleren Lippen und ihre faltenfreie Haut einem Skalpell zu verdanken seien. Vermutlich waren es einfach die Gene eines mongolischen Urahnen, die sich zwischen zwei Sonntagen besonders um die Augen herum bei ihr durchgesetzt hatten. Wie sie ist natürlich auch Iris Berben auf gar keinen Fall operiert, ebenso wenig wie Renate Thyssen-Henne und ihre Tochter. Beide sehen aus wie siamesische Zwillinge, die früher an den Lippen zusammengewachsen waren, bevor man sie getrennt hat – was die ausufernden Schwellungen um den Mund der beiden Frauen erklären würde.

Unternehmergattinnen, Fernsehmoderatorinnen, Schlagersängerinnen – es werden immer mehr, die sozusagen noch die Preisschilder für ihre glatten Wangen, die straffen Kinnkonturen, die hochgezogenen Augenbrauen und die faltenfreie Stirn tragen und trotzdem behaupten: Niemals habe da jemand Hand angelegt. Trotz bis zu einer Million Eingriffen jährlich allein in Deutschland, muss es einem wohl immer noch peinlich sein, sich für die Schönheit auf den OP-Tisch gelegt zu haben. Fast so, als sei man auf der Toilette beim Finger-in-den-Hals-Stecken erwischt worden, nachdem man vorher noch behauptet hatte, man würde für sein Super-Figürchen praktisch gar nichts tun. Sei einfach von der Natur als »dünn« gedacht. Wie die 48 Kilo leichte Nova Meier-Henrich, die im Bunte-Blog schreibt: »Ich liebe es zu leben, zu genießen und nach Herzenslust zu essen.«

Etwas für das Aussehen zu tun, das über Sport und die morgendlichen Bemühungen im Badezimmer hinausgeht, statt hart an der Figur zu arbeiten, sich »einfach« auf den Operationstisch zu legen, sein Schicksal – also das Altern – nicht klaglos anzunehmen, wird hierzulande offenbar immer noch als Schwäche, als Eingeständnis von Eitelkeit, Selbstunsicherheit und Fixierung auf Äußerlichkeiten bewertet. Selbst in den USA, wo man angeblich einen neuen Busen so stolz präsentiert wie eine neue Küche, ist es entgegen anders lautenden Behauptungen immer noch verpönt, offen zuzugeben, was man alles tun muss, um ab Mitte 40 »noch« als attraktiv zu gelten. Wie man beim Kauf eines Schweinekoteletts an der Fleischtheke ja auch nicht mit Videos aus der Schlachterei belästigt werden will, wünscht man sich die attraktive Frau als Ergebnis, aber nicht als blutige Baustelle oder als verzweifelt um jedes Gramm Kämpfende. Es würde den liebreizenden Gesamteindruck ziemlich stören, müsste man sich vorstellen, wie diese straffen Wangen erst kürzlich komplett vom Knochen abgelöst wurden. Deshalb sagen Frauen mit der Figur von Stockfisch, dass sie essen können, was sie wollen, statt zuzugeben, dass man den BMI eines Spreizdübels nur durch beinharte Selbstkasteiung halten kann und den Personal Trainer häufiger trifft als den eigenen Mann. Darum wird geleugnet, was das Zeug hält, und wird fortwährend unsere Intelligenz beleidigt. Mit Behauptungen, allein Yoga, Wasser, frische Luft, gute Gene, keine Zigaretten und viel Schlaf genügten, um sein Verfallsdatum so weit zu verlängern, dass nicht mal mehr ein Bundeswehrzwieback mithalten kann.

Von manchen Stars heißt es gar, sie würden bereits ab 30 regelmäßige Termine beim Arzt ihres Vertrauens einplanen, über die Jahre immer mal wieder kleinere Korrekturen vornehmen lassen, Botox schon dann spritzen, wenn noch keine Falten in Sicht sind, damit erst gar keine entstehen. Man will »natürlich« jung bleiben. Das Publikum soll glauben, es liege tatsächlich an den Genen, wenn eine noch mit 40 kaum Mimikfalten hat, und dass die Brüste bei Frauen bis weit über 50 noch im Wachstum begriffen sind.

Weshalb auch nicht? Wo es in der ästhetisch-plastischen Chirurgie mittlerweile eben fast mehr Möglichkeiten zu entdecken gibt als bei Ikea. Nur heißen die nicht Träby, Lucklig oder Aspelund, sondern Laserstrahlen, Botulinumtoxin A, Face-lifting und chemisches Peeling. Sie sind ein wenig teurer als der Wandschrank Björken. Aber mindestens so demokratisch. Wie Ikea den Zugang der Allgemeinheit zum schöneren Wohnen erleichtert hat, so sind auch Schönheitsoperationen längst kein Privileg der Reichen mehr. Im Gegenteil. Verkäuferinnen, Hausfrauen, Sekretärinnen und Krankenschwestern – praktisch alle nehmen am Versuch teil, sich durch einen Eingriff einen Wettbewerbsvorteil zu verschaffen oder wenigstens endlich ein bisschen Selbst-Zufriedenheit. Das mag an den zunehmend niedrigschwelligen Angeboten, also daran liegen, dass man kaum noch einen Arzt besuchen kann, der sich nicht mit entsprechenden Eingriffen, mit Faltenunterspritzungen, mit Lasertherapie oder chemischen Peelings ein wenig zu den kargen Krankenkassenbeiträgen dazuverdienen will. Die Möglichkeiten warten nicht mehr nur in den Hochglanzmagazinen, sondern beim Hautarzt um die Ecke, beim Gynäkologen und sogar beim Orthopäden (»Gesichtsmodellierung mit Kollagen oder Hyaluronsäure, Laserbehandlung, Glättung von Gesichtsfalten, Augenfalten, Oberlippen-, Stirn- oder Wangenfalten, Lachfalten, Fruchtsäure-Peeling, Entfernung von Altersflecken«).

Erst kürzlich belegte eine Studie, die das Meinungsforschungsinstitut TNS Emnid im Auftrag der Betriebskrankenkasse ktbBKK durchgeführt hatte, dass das Einkommen bei der Entscheidung für eine Schönheitsoperation eher eine untergeordnete Rolle spielt. Selbst Menschen, die weniger als 1000 Euro im Monat verdienen, würden demnach zunehmend die Praxen der Schönheitschirurgen füllen. Immerhin drei Prozent der Geringverdiener gaben an, bereits eine Schönheitsoperation hinter sich zu haben. Bei der mittleren Einkommensklasse (2000 bis 2500 Euro), waren es fünf Prozent. Wieder drei Prozent waren es bei den Besserverdienenden (mehr als 2500 Euro monatliches Nettoeinkommen).[11] Sollten die laufenden Einnahmen keine Fettabsaugung hergeben, dann kann man immer noch einen jener Kredite aufnehmen, die eigens zur Finanzierung von Schönheits-OPs angeboten werden, kann den neuen Busen beim Finanzdienstleister abstottern und hat also lange Zeit, sich zu überlegen, ob man das Geld nicht besser in Ferien, Qualifizierungsmaßnahmen, Altersvorsorge oder einfach Restaurantbesuche gesteckt hätte.

Aber nicht nur die Einkommens-, auch die Altersgrenzen sind gefallen. Es ist nicht unüblich, einer 18-Jährigen eine neue Nase zum Geburtstag zu schenken, und bloß eine Frage der Zeit, bis sich wie in Brasilien die schöne Idee der Operationsgutscheine als »Sweet-Sixteen«-Geburtstagsgeschenk auch hierzulande flächendeckend durchsetzt. Schon jetzt kommen 16-Jährige mit einem Bild von Christina Aguilera zum Schönheitschirurgen, und laut einer Untersuchung in Nord-rhein-Westfalen hat fast jedes fünfte Kind zwischen neun und 14 Jahren schon einmal über eine Schönheitsoperation nachgedacht.[12]

Natürlich sind es längst nicht mehr nur die Frauen, die – um mit den Worten des französischen Schriftstellers Henry de Montherlant zu sprechen – »Dinge tun, für die jeder, der mit gebrauchten Autos handelt, ins Gefängnis käme«. Jeder fünfte Kunde der Schönheitschirurgen ist bereits ein Mann. Berühmteste Beispiele sind Michael Douglas und Silvio Berlusconi. Beide haben offenbar ein komplettes Facelift hinter sich und sind damit absolute Trendsetter. Diese Prozedur nehmen noch nicht allzu viele Männer auf sich. Ob es an der legendären männlichen Hypochondrie liegt, an der Angst, einem anderen das Messer, also die Kontrolle überlassen zu müssen? Fakt ist: Die meisten der männlichen Patienten begnügen sich mit dem Umtopfen von Haarbüscheln, mit Nasenkorrekturen, Fettabsaugen, der operativen Vertreibung von Krähenfüßen und Tränensäcken sowie Wadenimplantaten. Sicher wären auch Penisvergrößerungen, die so genannte Penisaugmentation, ein Renner, gäbe es in Deutschland mehr Ärzte, die diesen Eingriff anbieten. (In den USA werden mittlerweile jährlich mehr als 10000 Penisverlängerungen vorgenommen, Tendenz steigend.)

Sich all den Gelegenheiten, zu verschönern, zu verändern, zu konservieren oder zu verjüngen zu widersetzen wäre demnach so, als wäre man die Einzige, die bei einer Klassenarbeit nicht abschreibt. Schön blöd also. Lippenaufspritzen, Brustvergrößerungen, Fettabsaugen, Bauchdeckenstraffungen verderben die Preise. Mit jeder Frau, die so weit und noch weiter geht, um gut auszusehen, wachsen die Ansprüche an die anderen, an das, was unter »attraktiv« oder wenigstens »jung geblieben« verstanden wird, und damit auch unsere Investitionen an Zeit, Energie, Geld. Jahr für Jahr kommen so neue Beauty-Anforderungen dazu, wächst der Arbeitsaufwand. Galt es beispielsweise noch in den 70er Jahren als völlig normal, dass Frauen wie Männern Achselhaare wachsen, wird das aus dem Armausschnitt herauswuchernde Gewöll heute als ähnlich unappetitlich empfunden, als würde man sich im Sterne-Restaurant am Tisch einen Pickel ausdrücken. Und seit es modern ist, sich die Zähne so weiß zu bleichen, dass man sie nachts als Leselampe benutzen kann, wirkt eine bis vor kurzem noch völlig normale Zahnfarbe im Vergleich etwa zu dem geradezu gleißenden Gebiss von Naddel, dem Lichtdom der Dental-Welt, schon fast urinsteingelb.

Wie sehr die Optionen der Beauty-Industrie unsere Ansprüche an uns selbst ändern, merkt man, wenn man sich ältere Filme anschaut. Beispielsweise »Vom Winde verweht« aus dem Jahr 1939. Für unsere durch Botox bestimmten Sehgewohnheiten hat die damals erst 26-jährige Vivien Leigh mehr Stirnfalten als ein chinesischer Palasthund.

Und waren beispielsweise Knubbel-Knie bis vor kurzem noch einfach so unveränderlich wie der tägliche Sonnenaufgang, so ist mit dem Fettab-saugen ein weiterer Punkt dazugekommen, und Knie stehen nur deshalb nun auf der Liste, *weil* man sie verändern kann. In den USA gehört längst auch das »foot facelift« – also das Kürzen der Ze-hen oder Kollageneinspritzungen – zu den ge-wünschten Methoden. Expertin für diese Art des Eingriffs ist Dr. Suzanne Levine aus New York. Sie sagt, Frauen kämen zu ihr, um ihre Füße den angesagten Schuhen von Jimmy Choo anzupas-sen, weil sie etwa geschieden sind und man eben auch an den Füßen gut aussehen muss, um auf dem beinharten New Yorker Single-Markt zu beste-hen. »Ich kann unmöglich mit einem neuen Mann unter die Dusche – mit diesen Füßen!«[13]

Aus diesem Grund wird es übrigens auch höchste Zeit für Sie, sich schon mal über die Form Ihres Schamhügels Gedanken zu machen, sich zu überlegen, ob Ihre Schamlippen noch den ästheti-schen Minimal-Anforderungen genügen. Ja, schauen Sie ruhig genau hin. Da könnte einiger Handlungsbedarf zwischen Ihren Beinen liegen, also Laser-Vaginalverjüngung, Schamlippenstraf-fung, Klitorisfreilegung, während Sie argloses Schäfchen noch Nivea auf ihre Falten cremen oder darüber nachdenken, sich ein paar Strähnchen fär-ben zu lassen, ist man in den USA auch untenrum schon längst wieder im Zustand jugendlicher Kna-ckigkeit.

Die Optionen der Schönheitschirurgie lesen sich wie ein stetig wachsender Reklamationszettel an die Schöpfung. Wer hat schon eine Nase mit einem »geraden Rücken, der ganz leicht nach oben geschwungen ist, der Winkel zwischen Oberlippe und Nase beträgt 110 Grad«, wie die Internationale Gesellschaft für Ästhetische Medizin e.V. (IGÄM) die angestrebte Perfektion beschreibt, nach der operiert wird? Einen straffen Busen auch nach 40, Apfelbäckchen oder einen Sixpack-Bauch? Das alles lässt sich machen. Dabei ist die Aussicht, mal eben schnell etwas ändern zu lassen, anstatt sich jahrelang über einen Makel zu grämen, ähnlich verführerisch wie die auf ein gänzlich kalorienfreies Wiener Schnitzel. Zumal die Methoden und Materialien sich in den letzten Jahren rasant verbessert haben sollen. Eingriffe wie ein so genanntes »Lunchtime-Peeling« können – so klingt es – fast beiläufiger in der Mittagspause erledigt werden als der Einkauf fürs Wochenende. Andererseits hat so ein chemisches Peeling offenbar dafür gesorgt, dass Kim Cattrall, eine der Sex-and-theCity-Hauptdarstellerinnen, bei einem offiziellen Empfang aussah, als hätte sie diesmal eine ziemlich heiße Nacht mit einem Flammenwerfer verbracht. Vermutlich war sie zu kurzfristig nach dem Eingriff wieder in die Öffentlichkeit gegangen. Immerhin dauert es drei Monate, bis die Haut nach solch einer Prozedur wieder eine Farbe hat, die unter »normal« rangiert. Vorausgesetzt, es hat sich keine jener Komplikationen ergeben, die einem unter Umständen sogar einen lebenslangen Hausarrest bescheren.

Wie immer im Leben gibt es für jedes Pro auch und gerade in Sachen Schönheits-OP immer auch ein Contra. Obwohl die Versuchungen oft scheinbar zu verführerisch sind, um allzu sehr auf die Nebenwirkungen zu achten. Besonders eindrucksvoll: die Vorher-Nachher-Bilder, wenn man sieht, wie ein schlimmer Truthahnhals anscheinend einfach so wieder eine wunderbare Kontur bekommen kann, ein Hängebauch in eine straffe Vorderfront oder schlaffe Oberschenkel in straffe Beine verwandelt werden und ein deprimiert hängender Po in ein Jennifer-Lopez-Hintern-Double. Wer denkt da schon an die Narkose-Risiken, an Wundinfektionen, an Behandlungsfehler und daran, dass der Weg zur Schönheit heutzutage – fast so etwas wie die Bartholomäusnacht der Moderne – ein einziges großes Blutbad ist? Kein Wunder bei den Beteiligten: Kanüle, Skalpell, Meißel, Drainage. Und so weiß man nicht genau: Soll man sich freuen, dass man die Möglichkeiten hat, oder sich fürchten? Vor der Selbstverständlichkeit, mit der von uns erwartet wird, dass wir uns unters Messer legen, wenn wir weiterhin im Spiel bleiben, die Minimalanforderungen an Weiblichkeit erfüllen wollen. Im Job. In der Liebe. In der Gesellschaft.

Da wir ja alle groß sind, müssen wir auch das selbst entscheiden, was wir auf dem Bestellzettel ans Schönheits-Universum ankreuzen wollen. Ist es »Einmal mit allem!« oder doch lieber »Nein Danke!«? So ein Eingriff sollte *immer* mindestens ein paar Überlegungen wert sein. Zumal der Gewinn wie die Risiken oft in keinem Verhältnis zum Ertrag stehen und noch so viele Fragen offen sind:

Was antwortet man beispielsweise, wenn man an Petrus' Pforte mal eben mit Krebs- und Unfalltoten, mit Krisen- und Kriegsopfern ins Gespräch kommt und gefragt wird, woran man eigentlich verstorben ist? Ist es dann nicht ein wenig peinlich, man sagt: Während eines Facelift? Und was machen wir mit Darwin? Angenommen, ein Mann mit wahnsinnig abstehenden Ohren und Zehen wie Greifarmen lässt sich beides operieren und heiratet eine Frau, die ihre flachen Brüste und ihre Schlupflider hat korrigieren lassen. Die gemeinsame Tochter – vermutlich mit langen Zehen, abstehenden Ohren, wenig Busen und Schlupflidern – wird sich doch ein Leben lang fragen müssen, ob sie von diesen beiden gutaussehenden Menschen nicht adoptiert wurde. Vermutlich aus Mitleid. Kurz: Es gibt viel zu bedenken. Deshalb ein kurzer Überblick über die wichtigsten Möglichkeiten, als kleine Orientierungshilfe:

Fettabsaugen

Die Liposuktion schafft ratzfatz Reiterhosen, Hüftspeck, Speck am Hals oder das leidige Doppelkinn weg. Klingt jedenfalls meist so, wenn darüber berichtet wird. Dass man sich kurzzeitig in eine Schlachtplatte verwandelt, wird meist verschwiegen. Und das geht so: An den entsprechenden Stellen wird man mit einer physiologischen Kochsalzlösung aufgefüllt, bis zu sechs Litern bei manchen Patienten. Hat die Lösung nach einer bestimmten Wirkzeit dann die Fettzellen aus dem Bindegewebe gelöst, wird das Ganze über Kanüle abgesaugt. Etwa 225000 Liter Fett werden so in Deutschland jährlich entfernt.[14] (Wohin die kommen? Darüber möchte man lieber nicht nachdenken!) Einmal abgesehen davon, dass Fettabsaugen einem leider keine Diät ersetzt, kann so ein Versuch, locker ein paar Pfunde loszuwerden, zu lebensgefährlichen Infektionen, Lungenembolien oder durchstochenen Organen führen. Bisweilen mit tödlichem Ausgang. Bei den 150000 bis 200000 Fettabsaugungen jährlich in Deutschland sollen 30 bis 50 Todesfälle vorkommen, so eine Studie der Ruhr-Universität Bochum.[15] Wobei Experten wie Dr. med. Hans-Ulrich Steinau, der Leiter der Studie, schätzen, dass die Dunkelziffer der Todesfälle verursacht durch Liposuktion noch weit höher liegt.

Auch nicht schön: Es können Dellen und Unregelmäßigkeiten im Gewebe zurückbleiben. Und: Frauen, die diese Prozedur bereits hinter sich haben, berichten in Internetforen, dass sie nun plötzlich an Stellen zunehmen, von denen sie vordem nicht mal wussten, dass man dort Fett ansetzen könnte. Speck ist zäh. Nimmt man ihm die Fettzellen zur Ausbreitung weg, dann sucht er sich einfach neue Wege, also andere Fettzellen, um anzusetzen. Wenn nicht am Bauch, dann eben in den Kniekehlen oder am Rücken.

Man kann den Speck allerdings auch recyclen. Mit einer sogenannten »Eigenfettinjektion« zur Faltenbehandlung, zum Wangenaufpäppeln. Dann hat man vielleicht das, was man vorher im Po hatte, in den Lippen, was dem Spruch »Kiss my ass!«

eine ganz neue Bedeutung verleiht. Kosten: 2500 bis 8000 Euro.[16]

Bauchdeckenstraffung

Hat so ihre Tücken. Obwohl sie natürlich verführerisch ist. Besonders, wenn Schwangerschaften oder rasante Gewichtsabnahmen ihre Spuren hinterlassen haben. Dafür wird dann die gesamte Bauchdecke bis zum Rippenbogen von der Bauchwand abgelöst. »Der Nabel wird gestielt an der Bauchwand belassen, um die Durchblutung zu gewährleisten.« Um die Konturen anzupassen, wird unter Umständen an den Hüften oder am Oberbauch eine Fettabsaugung durchgeführt. Zu den weiteren blutigen Details heißt es dann unter anderem im Internetportal einer Nürnberger Klinik: »Nach entsprechender Lagerung mit Beugung im Hüftgelenk und maximalem Zug an der Bauchdecke nach unten wird der Haut- und Fettüberschuss entfernt. Wenn zusätzlich die Bauchwand (Muskulatur) erschlafft ist, kann mit einigen Nähten eine Raffung durchgeführt werden. In der neuen Position wird nach Durchführung eines kleinen Hautschnittes der Nabel wieder eingenäht. Anschließend werden Drainagen (sogenannte Redon-Drainagen) eingelegt, die das Wundsekret in Vakuumflaschen ableiten. Zur Kompression wird eine vorher abgemessene Leibbinde angelegt.«[17]

Der Eingriff ist übrigens so schwerwiegend, dass er bis zu vier Stunden dauern kann und man dafür einen längeren Klinikaufenthalt einplanen sollte. Neben Thrombosen und Embolien zählen Infektionen des betroffenen Hautareals zu den Risiken. Immerhin ist die Wundfläche beträchtlich groß. Weitere mögliche Probleme: dauerhafte Gewebeverhärtung, Hautverfärbungen, Fett-Embolien, allergische Reaktionen, wulstige Narben oder auch Dellen. »Strafft der Chirurg die Haut zu stark und kombiniert er das Ganze noch mit einer größeren Fettabsaugung, kann es zu folgenschweren Durchblutungsstörungen bis hin zum Absterben ganzer Hautareale kommen«, warnt Prof. Axel-Mario Feller, Facharzt für plastische und ästhetische Chirurgie in München in der Zeitschrift *Elle*.[18] Und noch ein kleiner Trübungsfaktor: Die Methode ersetzt einem nicht die Diät. Man sollte im Gegenteil vor der Operation schon mal hübsch abnehmen. Das Ganze kostet übrigens 5000 bis 8000 Euro. Soviel wie der Bau eines Klassenzimmers in Kabul.

Oberarm-/Oberschenkelstraffung

Sieht man manchmal auf großen Gala-Veranstaltungen: Frauen, die unter den Oberarmen aussehen, als hätten sie einen Mähdrescher umarmt. Und das für bis zu 5000 Euro. Soviel kostet es, sich die Oberarme straffen zu lassen. Allerdings ist das fast schon ein Schnäppchen. Bedenkt man, was man dann bei Abendkleidern und Tagesklamotten an Stoff spart, weil man endlich wieder ärmellos tragen kann!

Ein weitverbreiteter Wunsch. Obwohl wir persönlich nicht den Ehrgeiz haben, alles tragen zu müssen und es praktischer finden, gleich Kleider zu kaufen, die Ärmel haben, statt sich von den Achseln entlang der Innenseite bis zum oberen Drittel des Oberarms aufschlitzen zu lassen. Danach wird die überschüssige Haut nebst Fettgewebe entfernt, das Ganze vernäht, und dann soll man sich erst mal schonen und sich um seine Lymphe kümmern. Dort kann es zu Stauungen kommen. Auch Nachblutungen und Infektionen können nicht mit letzter Sicherheit ausgeschlossen werden.

Das gilt so ähnlich auch für die Oberschenkelstraffung. Übrigens ein heikles Terrain. Weil so ein Oberschenkel dank seines Beharrungsvermögens auch der Helmut Kohl unter den Körperteilen genannt wird. Wie der Exkanzler neigt auch die Haut an den gerade operierten Stellen halsstarrig dazu, immer wieder in ihre alte Position zurückzukehren. Dort walten Zugkräfte, die selbst erfahrenen Chirurgen Respekt abnötigen. Wundheilungsprobleme tauchen hier außerdem recht häufig auf. Kosten: rund 6000 Euro.

Facelift

Wenn es stimmt, was Tucholsky sagt, dass Falten die Schützengräben der Haut sind, dann ist das große Facelift so etwas wie die Neutronenbombe der Schönheitschirurgie: Die Fassaden bleiben – das Leben geht.

Vor einiger Zeit gab es dazu im Fernsehen eine Reportage. Begleitet wurde eine Schweizerin, die sich einem solchen Eingriff unterziehen wollte. Ihr Ziel: erholt und verjüngt wirken, aber so dezent, dass ihre Freunde nichts von der Operation ahnen sollten. Ihr Wunsch erfüllte sich. Alle machten ihr Komplimente. Waren entzückt über ihr erfrischtes Aussehen. Sagten, sie sehe wunderbar erholt aus. Aber wie das manchmal so ist, mit der Erfüllung eines Herzenswunsches: Die Frau war unzufrieden. Sie fand nun, dass die Schwere des Eingriffs in keinerlei Relation zum Ergebnis stand, und erlebte damit das typische Facelift-Dilemma: Einerseits will man nicht mit einem Schild auf der Stirn herumlaufen, auf dem steht: »Habe mir für mein Aussehen das Gesicht ablösen lassen.« Und bestimmt möchte man nicht wie Priscilla Presley aussehen, die in Hollywood nur die »lebende Totenmaske« genannt wird, oder wie Mickey Rourke, dessen Gesicht – so die Meinung eines Internetforum-Teilnehmers – einer Dose Katzenfutter ähnelt. Andererseits soll sich der ganze große Aufwand auch lohnen. Immerhin dauert die Operation mehrere Stunden. Der Heilungsprozess zieht sich über Wochen hin, es kann Monate dauern, bis das Gesicht so aussieht wie geplant. Verständlich, wenn man mit dem Ergebnis dann ähnliche ekstatische Reaktionen auslösen möchte, als habe man sich gerade vor den Augen seiner Freunde in Heidi Klum verwandelt.

Beim großen Facelift werden zusätzlich zur Haut auch die darunter liegenden Gewebeschichten und die Muskulatur angehoben. Daher auch der Name SMAS – das ist die Abkürzung für »superfizielles muskuloaponeurotisches System« – für die Prozedur. Der Aktionsradius umfasst Wangen, Hals, Schläfen und Stirn. Dort wird großflächig abgelöst, das Gewebe gestrafft und überschüssige Haut- und Unterfettgewebe herausgeschnitten. Der dazu notwendige Schnitt verläuft von oberhalb der Schläfe um das Ohr herum bis zum Hinterkopf. Man sieht also kurzfristig wie ein sehr naher Verwandter von Freddy Krüger aus. Nicht umsonst gelten dieses Lifting ebenso wie der Teillift – Stirn-, Wangen-, Hals-Lifting – als »Königsdisziplinen« der plastischen Chirurgie und bergen dem Aufwand angemessene Risiken: Durchblutungsstörungen, die etwa dazu führen können, dass ganze Hautbereiche absterben. Verletzungen des Gesichtsnervs mit unter Umständen bleibenden Lähmungen. Beim Stirnlift kann es im Bereich der Narben zudem zu dauerhaftem Haarausfall kommen. Möglicherweise entstehen bei den äußeren Schnitten wulstige Narben. Ein weiteres Risiko: die Gier. Angeblich können mit einem großen Facelift optisch 15 Jahre dazugewonnen werden. Das ist viel. Offenbar nicht genug für manche Schauspielerin. Immerhin meinte die amerikanische Casting-Direktorin Jane Jenkins angesichts der Schwierigkeit, Schauspieler zu finden, deren Mimik nicht in Straffheit erstarrt ist, dass es höchste Zeit wäre, mit zwei Beauty-Geboten aufzuräumen: »Tatsache ist, dass man zu dünn sein und zu viele Facelifts machen lassen kann.« Kosten: zwischen 8000 und 14000 Euro.

Brustoperationen

Ein Feld mindestens so weit wie das Dekolleté von

Dolly Buster. Die Brustvergrößerung – auch »Boob Job« genannt – ist einer der beliebtesten Eingriffe überhaupt, gleich nach Fettabsaugen und vor Faltenbehandlung. Jährlich nehmen die deutschen Fachärzte für plastische Chirurgie an die 25000 Brustvergrößerungen vor. Laut der Zeitschrift *Stern*[19] rechnet man jedoch damit, dass noch einmal so viele Eingriffe von HNO-Ärzten, Gynäkologen und anderen »Spezialisten« erledigt werden. Im Laufe der Jahre ist dabei das gewünschte Volumen ständig angestiegen. Von 240 Gramm im Jahr 1999 bis über 400 Gramm aktuell.[20]

Natürlich kann es sich bei einer Brustoperation auch um einen medizinisch notwendigen Eingriff handeln. Etwa nach einer Brustkrebs-OP oder wenn eine Fehlbildung vorliegt. Manche Brust ist so asymmetrisch, dass sie aussieht, als würde sie zwei verschiedenen Frauen gehören. Andere besitzen nach Schwangerschaften kaum mehr als ein paar Hautläppchen oder haben obenrum weniger als Ralph Möller. Verständlich, wenn man daran etwas ändern möchte.

Nach Schätzungen liegen etwa einem Drittel der Brustoperationen medizinische und psychologische Ursachen zugrunde. Der Rest geht unter anderem auch an Frauen, die sich die letzte Fettzelle weggehungert und nun Brüste haben, die aussehen, als hätten sie in einem Spendenaufruf für den Südsudan eine Hauptrolle gespielt. Besonders in den Hochburgen des Schönheitswahns, etwa in Los Angeles, führt das zu einem biologischen Wunder, dort »Tits on sticks« genannt: dass die prallsten

141

Brüste ausgerechnet an den magersten Frauen zu finden sind oder wie sich Steve Martin in seinem Roman »Shopgirl« beschwert: »Das Missverhältnis zweier Bowlingkugeln auf einem Bügelbrett scheint überhaupt niemandem mehr aufzufallen.«[21] Sie hängen da ganz auffällig unauffällig – so wie an Victoria Beckham.

Auch Cora Schumacher hat sich für die Teilnahme am internationalen Kampf um Aufmerksamkeit ordentlich aufgepolstert. Manche schrecken einfach nicht davor zurück, hauptberuflich »Busen« zu sein, sich die Oberweite in Dimensionen aufblasen zu lassen, die man vermutlich noch vom All aus sehen kann, und die bei Außerirdischen sicher den Eindruck erwecken, dass manche Stämme auf der Erde ihre Rundhütten direkt am Leib tragen. Allerdings ist die Hoffnung, mit einer Doppel-D ausgesorgt zu haben, gar nicht so unberechtigt. Immerhin wächst die Zahl der Arbeitsplätze, in der die Körbchengröße als Leistungsnachweis genügt: Ansagerin bei DSF, Frau von Jürgen Drews, Saison-Freundin von Dieter Bohlen oder Boxenluder.

Daneben gibt es allerdings sehr viel dezentere und überaus attraktive Ergebnisse und viel weniger Nebenwirkungen als noch vor ein paar Jahren, als das Silikon dazu neigte, auf Wanderschaft durch den Körper zu gehen, und manche Frau schon überlegt hat, ob es sich bei den Strecken, die das Material zurücklegte, nicht lohnen würde, ihm ein paar Stullen zu schmieren. Erfreulicherweise wurden auch die mit Soja-Öl gefüllten Kissen vom

Markt genommen. Weil die Hüllen nicht dicht waren, das Öl krebserzeugend sein kann und man eine Frau mit Brustvergrößerung oft schon am ranzigen Geruch erkannte. Dennoch – so die Zeitschrift *Brigitte*[22] – treten bei sechs bis zehn Prozent aller Operationen sogenannte Kapselfibrosen auf, bei denen sich das Gewebe rings um das Implantat verhärtet und schmerzt. Es kann zu hässlichen Deformierungen oder Asymmetrie kommen. Die Implantate können verrutschen. Und ewig hält das Ergebnis auch nicht. »Mein größter Fehler war, dass ich diese Brust-OP gemacht habe, danach fühlte ich mich nicht einen Deut besser«, bereut Iman, ehemaliges Top-Model und Ehefrau von David Bowie, ihre Entscheidung zur Brustvergrößerung. Und Jane Fonda bezeichnete ihre Brustimplantate als »Jugendsünde«.

Brustvergrößerungen sind allerdings nur eines von vielen Angeboten, die sich um unsere Brüste ranken. Da wäre außerdem noch die Straffung einer »Hängebrust«. Die wird so definiert: »Wenn sich im Stehen die Brustwarze unterhalb der Hautumschlagfalte der Brust befindet« (so Prof. Werner Mang).[23] Um zu prüfen, ob es schon soweit ist, empfiehlt Cap Lesesne, ein in New York praktizierender Schönheitschirurg, den Abstand von der Mitte des Schlüsselbeines bis zur Brustwarze zu messen. 19 bis 21 Zentimeter seien normal. Alles darüber sei »drooping« und also aus der Perspektive der 5th Avenue, wo Herr Lesesne praktiziert, ein Grund für Depressionen und Anlass, sofort einen Termin mit ihm zu vereinbaren.[24]

Die Operation, bei der Haut, überschüssiges Drüsen- und Fettgewebe herausgeschnitten und die Brustwarze nach oben versetzt wird, dauert zwei bis drei Stunden und hinterlässt – je nach Technik – Narben an unterschiedlichen Stellen rund um die Brustwarze. Über mögliche Risiken beklagte sich Schlagersternchen Michelle bei der *Bild*-Zeitung: »Insgesamt waren fünf OPs nötig, weil ich unter einer ziemlich seltenen Narbenfehlbildung litt. Das heißt, das Fleisch heilt immer weiter und kein Arzt dieser Welt kann das Wuchern der Narben beenden. Man hat mir inzwischen die Narben schon zweimal komplett wieder herausgeschnitten und wieder zusammengenäht und zusätzlich mit Kortison behandelt. Aber genützt hat es nichts. Diese Narben sind immer wie wund, rosa, dick und jucken natürlich auch, je nachdem, was man trägt.«[25]

Und auch wenn es gut läuft und man also mit einem gut gefüllten Dekolleté endlich sein Ziel erreicht hat, Männer praktisch schon mit den Brüsten sprechen – »Freut mich, Sie kennenzulernen!« –, kann das Ergebnis gerade deshalb ernüchternd genug sein, um es rückgängig machen zu wollen. Es bleiben Fragen wie: »Hat er mich nur wegen meiner Brüste genommen?« »Will ich überhaupt einen Mann, dem die Oberweite wichtiger ist als mein Schulabschluss?« Eine eindeutige Antwort fand eine amerikanische Rechtsanwältin, von der der Verhaltensforscher Desmond Morris in seinem Buch Folgendes berichtet: Sie habe sich nach ihrer Scheidung »als Erstes, abgesehen von seinem stinkenden Hund« auch von »diesem blöden Busen« getrennt. »Mir war, als hätte sich mein IQ sprunghaft um 20 Punkte erhöht.«[26] Sollten Sie also Werner Mang begegnen, gehen Sie schnell weiter. Streng genommen müssten Brustvergrößerungen mit dem Warnhinweis versehen werden: »Könnte Ihrem Intellekt schaden.« Kosten: zwischen 5000 und 7000 Euro.

Faltenkiller

Eigenfett, Kollagen oder Hyaluronsäure – es gibt beinahe mehr unterschiedliche Füllstoffe, um Falten aufzupolstern, als tragbare Klamotten in Größe 44. Sie gehören zu den derzeit begehrtesten Angeboten, weil sie ohne viel – auch finanziellen – Aufwand mal eben nebenbei, einfach in der Mittagspause, erledigt werden können. Der Vorher-Nachher-Effekt ist so dezent, dass man auf den ersten Blick eigentlich nur denkt: »Mensch, die sieht aber ausgeruht aus!« Eine Wirkung, die den Stoffen eine rege Nachfrage beschert. Nur noch übertroffen von den Begehrlichkeiten, die Botox, der Shootingstar der Beauty-Industrie, bei immer mehr Frauen, aber auch Männern weckt. Botulinumtoxin, so der volle Name des Wundermittels, ist ein Bakterieneiweiß, mit dem man in größeren Mengen etwa an der Sicherheitskontrolle am Frankfurter Flughafen bestimmt ähnlich schöne Ergebnisse erzielen würde wie mit einem Abschiedsvideo im Gepäck, in dem 72 Jungfrauen eine Hauptrolle spielen. Es ist eines der stärksten Nervengifte überhaupt, gehört zu den gefährlichsten Biowaffen und wird freundlich als »kleiner Bruder von Milzbrand und Pest« beschrieben. Ein einziges Gramm, sagen Militärexperten, würde genügen, um eine Million Menschen zu töten. Für ganz Europa brauchte man bloß ein Kilo.

Damit ist der Stoff also genau das richtige Mittel gegen den mächtigen Feind »Knitterhaut«. Wie bei vielen hochgiftigen Substanzen kommt es eben einfach auf die Dosis an – kann ein Gift, zigfach verdünnt, durchaus Gutes bewirken. So ist Botulinumtoxin mittlerweile *das* Entfaltungsmittel. Wird es hochaufgelöst durch die Haut in einen Muskel gespritzt, so ist dieser vorübergehend ganz oder teilweise zwangsentspannt. Andere Nervenfunktionen – wie z.B. Fühlen, Tasten, Temperaturempfinden – sind dadurch nicht beeinflusst. Der Effekt: eine von Zornesfalten, Lachfalten und Denkerstirn befreite, aber bisweilen leider auch etwas starre Mimik, hält bis zu sechs Monaten an.

Das Verfahren ist mittlerweile so alltäglich, dass besonders in Hollywood kaum ein Schauspieler noch ohne Botox auskommt. Manche fangen schon mit 20 an, damit sich erst gar keine Falten bilden können. »Viele, die vorsprechen, können ihre Gesichter einfach nicht mehr normal bewegen und müssen aussortiert werden«, sagt Baz Luhrman, der mit einer damals noch Botox-freien Nicole Kidman »Moulin Rouge« drehte. Anjelica Huston outete sich in der *Bild am Sonntag* als Nutzerin und berichtete, sie habe durch die Spritzen ihren Gesichtsausdruck verloren. »Mein Mann Robert erzählte mir eine sehr traurige Geschichte, und es sah für ihn einfach überhaupt nicht danach aus, als würde ich mit ihm mitfühlen.« Er habe sie entsetzt gefragt, was mit ihr los sei, und warum sie noch nicht einmal mehr eine Augenbraue hebe. »Mein Gesicht war zwar glatt, aber total leblos«, so Huston.

Da die meisten Ehemänner jedoch kaum bemerken würden, wenn wir im Gesicht orange wären und die meisten Frauen ohnehin nicht vorhaben, für eine Hauptrolle vorzusprechen, scheint Botox – vor allem wegen seiner geringen Nebenwirkungen – das Wundermittel schlechthin zu sein. Abgesehen von zeitweiligen Rötungen und gelegentlichen Schwellungen. Je nach Behandlungsstelle können etwa die Augenlider hängen und bei ungleichmäßiger Wirkung kann das Gesicht zudem etwas asymmetrisch wie ein Bild von Picasso wirken. Dann muss nachgespritzt werden. Im Grunde aber halten sich die Risiken bislang in Grenzen. Sieht man mal davon ab, dass Botox erst seit etwas mehr als zehn Jahren kosmetisch eingesetzt wird und man nicht weiß, ob exzessiver Gebrauch nicht vielleicht dazu führt, dass man als Sondermüll in einem Salzstock beerdigt werden muss. Dennoch: Das Aufwendigste an dem Stoff scheint zu sein zu verdrängen, wozu er außerdem eingesetzt wird und woher er eigentlich stammt. Im Grunde ist Botulinumtoxin nämlich das Gift verdorbener Wurst, abgeleitet aus dem lateinischen »botulus = Wurst« und »toxin = Gift«. Man trägt also streng genommen Gammelfleisch im Gesicht. Eine Behandlung kostet ca. 300 Euro und hält etwa ein halbes Jahr vor.

Lidstraffung

Sie soll die Einstiegsdroge sein. Der Anfang, an
dessen Ende oft das Vollbild »surgical junkie«
steht, behaupten die Gegner. Andere sagen: Ich
will ja nur etwas frischer und wacher und gar nicht
jünger aussehen. Da bietet die Lidstraffung ein
recht eindrucksvolles Ergebnis. Allerdings auch
wieder nicht so überwältigend, dass man nachher
einen operativen Eingriff vermuten würde. Sieht
man mal davon ab, dass man danach um die Augen
aussieht, als habe man Mike Tyson beleidigt. Der
Eingriff dauert ca. 45 Minuten, wird ambulant und
unter örtlicher Betäubung durchgeführt. Dazu
wird entlang der Oberlidfalte geschnitten und
dann die überschüssige Haut entfernt. (Manchmal
leider auch die, die man eigentlich noch gebraucht
hätte. Etwa, um das Auge zu schließen.) Beim Un-
terlidlifting wird direkt unter dem Wimpernrand
geschnitten. Das Risiko ist hier etwas größer als
beim Oberlid – etwa, dass zuviel Gewebe entfernt
wird und das Auge dann irgendwie hohl aussieht,
wie bei einer Marionette. Kosten: 2000 bis 3000
Euro.

Soweit der grobe Überblick. Es gibt noch etwa
1001 weitere Möglichkeiten, sich zu verjüngen
und/oder zu verändern: Wangenimplantate, Kinn-
korrekturen, Extensions, Haartransplantationen,
Nasenkorrekturen, Handverjüngungen, Waden-
plastiken, Laserbehandlungen, Halsstraffungen,
Lippenvergrößerungen, Veröden von erweiterten
Venen, die unendlichen Weiten der Hormonbe-
handlungen und Anti-Aging-Mittel. Um nur eini-

ge zu nennen. Auch wenn vieles davon in seiner Wirkung längst nicht final erforscht ist und einiges sogar nachweislich schädlich, scheint der Wunsch nach Selbstverbesserung offenbar größer als alle noch so berechtigten Bedenken und Risiken. Beweise? Als man beispielsweise in Versuchen mit Fadenwürmern feststellte, dass sich deren Leben wesentlich verlängerte, nachdem man eines ihrer Gene ausgetauscht hatte, gab es tatsächlich Anfragen in der mexikanischen Klinik, die den Test durchgeführt hatte, ob sie den genetisch mutierten Wurm nicht zermahlen als Pulver verkaufen könnten. Man weiß ja nie. Und ehrlich gesagt: Vermutlich hätten wir es auch probiert, wenn man uns versichert hätte, dass wir damit – sagen wir mal – zehn Jahre gewinnen könnten und von heute auf morgen wieder wie Mitte 30 aussähen. Und zwar bis mindestens 70. Außerdem haben wir schon den Eiweißdrink von Dr. Strunz probiert und dagegen kann einen so ein bisschen Fadenwurmpulver auch nicht mehr schrecken.

Ist der Leidensdruck, sind die Versprechen groß genug, dann tut man eben manches. Auch, sich unters Messer zu legen, um beispielsweise endlich wieder straffe Brüste zu haben statt der Hautlappen, die zwei Stillperioden hinterlassen haben. Auch aneinander schlagende Oberschenkel mögen zwar unter Grillen als umwerfendes Lockmittel, sozusagen als das Chanel No. 5 der Insekten gelten. Aber es ist sehr verständlich, wenn man es als lästig empfindet, dass sich die eigenen Schenkel wie Taktgeber auf einer Galeere aufführen und jeden Schritt mit einem Klatscher begleiten.

Warum also nicht die Anouschka in sich entdecken und einen Termin bei einer Fachkraft vereinbaren? Einer echten natürlich, nicht bloß einer angelernten. Dann sollte man sich außerdem die Frage stellen, was man sich von diesen Maßnahmen verspricht. Was danach anders oder besser sein soll. Ob sich der Aufwand lohnt, wenn man nachher möglicherweise seinem Schöpfer erklären muss, man stehe nur hier, weil man wie Verona Pooth aussehen wollte? So wie die Bestsellerautorin Olivia Goldsmith (»Club der Teufelinnen«), die bei einem solchen Eingriff starb?

Ganz ungefährlich sind Operationen nämlich nie. Auch und gerade dann, wenn einem eingeredet wird, es sei nichts dabei, eine Kleinigkeit, eigentlich kaum mehr Aufwand als Haare färben oder Zahnstein entfernen. Mittlerweile leben ganze Chirurgenpraxen nur von der Korrektur missglückter Eingriffe. Es mag daran liegen, dass unter den Tausenden von Schönheitsexperten längst nicht alle für die Eingriffe ausgebildet sind, die sie durchführen. Manche haben ihre Erfahrungen lediglich an Schweineköpfen (an echten, das ist keine metaphorische Umschreibung von Berlusconi) und in Wochenendseminaren gesammelt. Man hat gute Chancen, schlimme Infektionen, Löcher in den Brüsten, absterbende Hautflächen und mehr Dellen und Schlaglöcher in den Oberschenkeln zu haben, als eine kubanische Landstraße. Gerade in diesem Bereich sollte man deshalb seinen Geiz einmal unterdrücken und Dumping-Angebote wie »Zwei Brüste zum Preis von einer« oder »Wenn Sie eine Bauchdeckenstraffung kaufen, bekommen Sie gratis einen Küchenmixer dazu!« ausschlagen. Auch wenn es natürlich verführerisch klingt, für eine Schönheitsoperation weniger ausgeben zu müssen als für eine neue Tasche. Die kann man umtauschen, Augen, die sich nicht mehr schließen lassen, nicht.

Vor allem aber sollte man sich vorher überlegen, ob unsere Lieblingsmakel nicht bloß Stellvertreter sind. Dazu da, uns davon abzuhalten, wichtige oder unangenehme Dinge gleich anzupacken. Solche, die lauten: »Wenn ich erst mal die Reiterhosen los wäre, dann würde ich mich endlich trauen, mich um eine neue Stelle zu bewerben!« Oder: »Wenn ich nicht so faltig wäre, hätte ich längst mal Michael Ballack angesprochen!« Erfolg, Liebe, Selbstzufriedenheit, all die großen Sehnsüchte im Leben hängen – so bildet man sich gern ein – oft bloß an Tränensäcken oder Speckfalten. Bis man feststellen muss, dass die Tränensäcke zwar weg sind, nicht aber die Unsicherheiten, die Ehe-Probleme und die fiese Kollegin. Die kann der Chirurg leider nicht mit wegoperieren. Und ob eine Schönheitsoperation ein Garant für ein aufregendes Liebesleben ist, mag auch bezweifelt werden. Wie viele der bekannten, radikal operierten, gestrafften Frauen haben einen Partner? Nicht mal die Weltrekordhalterin in Sachen Schönheits-OP, eine makellose Barbie mit Namen Cindy Jackson, der fleischgewordene Traum eines jeden Mannes. Obwohl sie sagt, Schönheit diene »unbewusst der Fortpflanzung und damit dem Erfolg bei der Partnerwahl«.[27] Sie hat unter anderem ein komplettes Facelift, drei so genannte »Mini-Facelifts«, drei Lid-Operationen, ein Oberlippen-Lifting, Fettabsaugungen an beiden Knien, Hüften, Bauch, Unterleib, zwei Nasenkorrekturen, Brustaufbau, Entfernung von Brustimplantaten, Wangenimplantate, Oberlippenimplantate, Kinnverkleinerung, Haartransplantation um Facelift-Narben zu überdecken, zwei chemische Peelings und noch einiges mehr vornehmen lassen. Sowie die durch Behandlungsfehler notwendigen Nachkorrekturen.

Cindy Jackson, die für ihre Rundumerneuerung circa 200000 Dollar ausgegeben haben soll, empfindet sich selbst als »Selfmade-Woman« im wahrsten Sinne des Wortes und propagiert die Schönheits-OP als Form der Unabhängigkeitserklärung, mit der sich Frauen von den Vorgaben der Natur und der Gene befreien könnten. Mag sein. Auch wenn es auf lange Sicht sicher lohnender wäre, sich von ein paar Schönheitsfehlern beispielsweise in der deutschen Wirtschaft zu befreien: etwa der Tatsache, dass westdeutsche Männer beim Start ins Berufsleben 16 Prozent mehr verdienen als Frauen, obwohl wir durchschnittlich die besseren Schulabschlüsse haben, oder dass die Einkommensunterschiede zwischen den Geschlechtern im gleichen Beruf sogar noch größer sind. Eben mal wegoperieren sollte man auch, dass Frauen im Durchschnitt dreimal so lange im Haushalt arbeiten wie Männer. Da hätte man mal was vom Ergebnis und wäre von Beruf nicht bloß »operiert«, so wie Cindy Jackson, die praktisch davon lebt, sich freiwillig öfter unters Messer gelegt zu haben als Nicki Lauda. Und das nur für ihre Katzen. Cindy Jackson ist nämlich Single. Ein Zustand, vor dem einen offenbar auch das schönste Barbie-Face nicht bewahrt. Im Gegenteil. Schaut man sich die Ergebnisse der Schönheitsindustrie an, hat man offenbar Glück, jemanden wie Antonio Banderas zu finden, der einen liebt, nicht wegen, sondern *trotz* aller Operationen und dem, was die etwa aus Melanie Griffith gemacht haben.

Sollten Sie uns beim Schönheitschirurgen treffen, erinnern Sie uns bitte daran. Schließlich sind wir über 40 und da weiß man ja nie genau, was man noch tun wird, um das Runzel-Ich wenigstens noch ein paar Monate lang auf Abstand zu halten!

Die fünf meistüberschätzten
Beauty-Strategien

Sich lieben, wie man ist

Eine schöne Idee. Und wie die meisten schönen Ideen, also schwule Bundesligamannschaften, Männer im Erziehungsurlaub und Wahrhaftigkeit in der Politik, etwas weltfremd. Gegen die Theorie spricht erstens, dass sie schon aus Rudolf Scharping keinen anziehenden Menschen gemacht hat und der liebt sich ja wohl mehr als jeder andere. Und zweitens: Dass der Aufwand, sich trotz Truthahnhals, einem asymmetrischen Busen und einem Kamelhöcker auf der Nase zu lieben, manchmal einfach zu groß ist und es unnötig viel Energie frisst, jeden Tag krampfhaft über etwas hinwegzusehen, das so unübersehbar ist wie die Meise, die Eva Herman unter ihrem Scheitel trägt. Energie, die man prima in lohnende Projekte stecken könnte, statt sich hauptberuflich über einen Makel zu grämen.

Bestes Beispiel: eine Freundin – im Bekanntenkreis nur »die Nase« genannt. Eine wirklich attraktive Person, eine von jenen Frauen, mit denen man eigentlich nur ausgehen sollte, wenn man dafür mindestens zwei Stufen im Karmarad überspringen darf, weil man sofort unsichtbar wird, wenn man mit ihr einen Raum betritt. Selbst wenn man sie nackt begleiten würde! Äußerst schlank, tolle Haut und mit einer blonden Lockenmähne, für die andere Frauen töten würden. Das Problem: Sie litt unter einer sogenannten Rampenlicht-Illusion. Sie bildete sich ein, dass alle Menschen nur ihre etwas große Nase wahrnehmen würden. Um anderen die Peinlichkeit zu ersparen, selbst dieses leidige Thema ansprechen zu müssen – »Was haben Sie denn da im Gesicht? Das ist ja schrecklich! Da kann man ja gar nicht hingucken!«, tat sie es. Vorsichtshalber und oft noch, bevor sie einem ihren Namen genannt hatte: »Ja, ich weiß schon. Meine Nase!« Wie schrecklich die ist. Vieeel zu groß. Eine Heimsuchung. Um ehrlich zu sein: Die Nase war nicht gerade klein. Aber eben auch nicht so groß, wie sie einem erst dadurch erschien, dass »die Nase« anscheinend gar kein anderes Thema kannte und deshalb aus 1,78 Metern Nase bestand. Kein Wunder, wenn die Nase überall im Weg stand und jede Konversation überschattete. Sollte sie also eine Therapie machen, um die Nase sozusagen virtuell zu verkleinern? Sie hat sie operieren lassen. Erst fehlten ihr ein bisschen die SmallTalk-Themen, und uns Freundinnen der Trost, dass soviel Schönheit allein auch nicht glücklich macht. Aber mittlerweile kann man ganze Abende mit ihr verbringen, ohne dass sie auch nur einmal das Wort »Nase« ausspricht, und wir haben einen weiteren Grund, mit dem Schicksal zu verhandeln, ob man als Belohnung für so viel Ungerechtigkeit nicht gleich als Cameron Diaz wiedergeboren werden könnte.

Wasser

Gewöhnliche Menschen bestehen zu etwa 70 Prozent aus Wasser. Die meisten Berufs-Schönheiten dagegen sind offenbar Chinakohl, weil sie – gemessen an dem, was sie laut Selbstauskunft trinken – wie das Gemüse einen Wasseranteil von 95 Prozent haben müssen. Ständig sagen sie wie Charlize Theron »Bloß viel trinken!«, wenn man fragt, was man alles tun muss, um so auszusehen wie sie. Und hätten wir für jedes Mal, wenn eine international anerkannte Schönheit das Geheimnis ihres blendenden Aussehens bloß mit der Zufuhr von Flüssigkeit erklärt, fünf Euro bekommen, wir könnten längst ganz allein das Problem mit dem Welthunger lösen und uns noch eine Villa auf den Malediven leisten. Einmal abgesehen davon, dass diese Frauen Blasen mit dem Fassungsvermögen des Drei Schluchten-Staudamms haben müssen, scheint die Methode offenbar bloß bei ein paar ausgewählten Menschen zu wirken, zu denen wir leider nicht gehören.

Das gilt übrigens auch für das Schlafen. »Viel Schlaf« kommt nämlich gleich nach »viel Wasser«. Wir haben wirklich schon eine Menge weggeschlafen. So viel, dass sich unsere Familien schon Sorgen machten, wir könnten Schimmel ansetzen oder wären ein Fall fürs Tropeninstitut. Hat auch nichts genützt. Beim Aufwachen sahen wir immer noch nicht aus wie Cindy Crawford. Offenbar kann man genauso gut Frauen wie die Sängerin Natalie Imbruglia ohrfeigen, wenn sie im Interview auf die Frage nach dem Geheimnis ihres Aussehens weiterhin unverdrossen sagen: »Viel Schlaf

und viel Wasser – das ist schon alles!« Würde zwar
nicht helfen. Kann aber auch nichts schaden und
würde wenigstens eine plausible Erklärung dafür
bieten, warum deren Haut so verdammt rosig und
frisch wirkt. Am Wasser allein jedenfalls liegt es
garantiert nicht.

Schönheit, die von innen kommt

»Schönheit«, behauptet Iris Berben, »hat mit der
Persönlichkeit, mit dem Innenleben zu tun.« Das
klingt ähnlich überzeugend wie »Es kommt nicht
aufs Geld an« oder »Die Renten sind sicher«, und
wir würden es ja gerne glauben. Allerdings wirkt
Iris Berben nicht, als würde sie selbst allzu viel auf
dieses Konzept setzen. Sie sieht eher nach Hor-
monbehandlungen und einem Pflegeaufwand im
Gegenwert eines Einfamilienhauses aus. Lauter
Maßnahmen, die bekanntlich nicht der Charakter-
verschönerung dienen. Das spricht nicht gerade
für die Theorie. Außer, man ist eine Fledermaus.
Aber solange man bei Tageslicht raus muss, sollte
man sich lieber nicht allein auf Schauwerte verlassen, die so tief innen liegen, dass man sie von außen nicht sehen kann. Natürlich könnte man jetzt
ein paar Werbeschilder anbringen: Bin charmant,
kann kopfrechnen. Rouladen kochen und prima
Füße massieren! Das funktioniert aber nur im Internet und bloß so lange, bis der andere ein Foto
verlangt. Was dann passiert, erinnert fatal an das
Auswahlverfahren beim Metzger: »Also nee, haben Sie nicht was Frischeres da?« Eine Erfahrung,
die eine 50-jährige Freundin machte, die zu den elf

Prozent der deutschen Frauen gehört, die sich nie schminken. Nun könnte man sagen, dass sie sich durch ein einfaches Foto sehr viel Zeit mit den Falschen gespart hat und dass sich so die Spreu vom Weizen trennt. Allerdings könnte es sein, dass am Ende bloß noch Spreu übrig bleibt. Und obwohl es sicher nicht schadet, neben einem guten Aussehen auch etwas Persönlichkeit zu besitzen, kommt man offenbar sehr gut ohne aus, liest man Sätze wie den von Britney Spears: »Ich bin für die Todesstrafe. Wer schreckliche Dinge tut, muss bestraft werden. So lernt er seine Lektion für das nächste Mal.« Auch Paris Hilton oder Jessica Simpson, die kaum mehr Charisma besitzen als Zahnseide, gelten als Rollen-Modelle. Das soll natürlich im Umkehrschluss nicht heißen, dass so ein reiches Innenleben gar nicht zählt. Bloß sieht es ein bisschen besser aus, wenn Schönheit nicht allein von innen, sondern auch etwas aus der Tube kommt.

Gesunde Ernährung

Mal ist es das Salz, dann der Brokkoli, Gelatine, die Rote Beete, Rauke oder der Quark. Auf jeden Fall sind es immer: viel Obst, viel Gemüse, Vollkornprodukte, fettarme Milchprodukte, wenig rotes Fleisch, viel Fisch und 'ne Menge Wasser (siehe oben), mit denen man sich schön und jung essen können soll. Heutzutage werden Nahrungsmittel fast wie Pflegeprodukte und Leistungsträger behandelt und glaubt man den einschlägigen Ernährungsratgebern, sollte man im Supermarkt wie vor den Drogerie-Regalen stehen und seine Nahrung nicht nach Genussfaktor, sondern nach Wirkweise einkaufen: Was für die Haut, was für die Haare, was gegen Krebs und was, damit man sich auch noch im Rentenalter den Kinderteller bestellen kann. Dagegen spricht der Kalifornier George Johnson, der 2006 im Alter von 112 Jahren starb. Er hatte sich vor allem von Würstchen und Waffeln ernährt und starb nicht etwa an seiner ungesunden Ernährung, sondern an einer Lungenentzündung.

Gut, als einziger Beweis reicht George Johnson nicht aus. Schließlich kennt auch jeder Raucher einen Menschen, der trotz 40 Zigaretten pro Tag bei bester Gesundheit im biblischen Alter starb. Andererseits hätten etwa die Engländer die Revolutionierung ihrer Küche nicht mehr erlebt und wären wie der Dodo längst ausgestorben, würde Ernährung wirklich eine so große Rolle spielen. Wer jetzt glaubt, typisch britische Endprodukte von Toast mit warmen Bohnen, Fish and Chips und Yorkshirepudding, Frauen wie Camilla, die Herzogin von Cornwall, als Gegenbeweis für die These anführen zu müssen, dass Essen unmittelbar etwas mit Schönheit zu tun hat, dem sei erwidert: Prinzessin Diana, Kate Moss, Stella Tennant.

Der Ruf der sogenannten »Schönheitspolizisten von innen« wird unter anderem auch von Ernährungsexperten wie Udo Pollmer deutlich angekratzt, der sagt: »Denken Sie daran: Essen macht nicht jung, gesund oder schön, Essen macht satt, egal, welchen Körper Sie haben oder Sie sich wünschen.« Er verweist auf die »Mittelmeerdiät«, die erfreulichen Gesundheitsstatistiken aus Ländern, die ihren Speiseplan mit durchgekochtem und im Fett schwimmendem Gemüse, mit Pizza, Pasta und viel Fleisch bestreiten. Ganz zu schweigen von Rotwein schon zum Mittagessen – also genau dem Gegenteil dessen, was uns eigentlich unsere Jugendlichkeit erhalten sollte. Sicher kann es nicht gut sein, seinen Esstisch ganz in eine Fast-Food-Kette zu verlegen oder sich bloß von Aufgetautem und Dosenkost so ernähren. Aber Essen ist eben bloß Essen und kein Zaubertrank oder eine Wunderdroge.

Vorbilder

Bei Tausenden neuen Kosmetikprodukten, die jährlich neu auf den Markt kommen, braucht man als Frau ein paar mehr Orientierungshilfen, als sie uns die Werbung mit »magisch und anziehend« oder »provozierend und prickelnd« bieten kann. Glücklicherweise finden sich mehr als genug Magazine, die uns da helfend unter die Arme beziehungsweise ins Portemonnaie greifen. Mit Vorbildern, die immer etwas schlanker, attraktiver, schöner sind als wir, so wie wir natürlich auch sofort werden wollen. Wie – das wird uns freundlicherweise auch gleich erklärt. Dabei ist es egal, ob man nun ein Drittel seines Lebendgewichtes in nur zwei Wochen verlieren, Schnittlauchfransen in üppige Locken oder ein Durchschnittsgesicht in ein »Must Have« verwandeln möchte – immer ist alles ganz einfach, geht im Handumdrehen und ist locker kompatibel mit unserem Alltag (wenn auch nicht immer mit unserem Einkommen). Man muss sich eben nur ein Beispiel nehmen und die Produkte benutzen, die etwa auch Uma Thurman zu ihrem atemberaubenden Äußeren verholfen haben sollen. Da steht dann, dass auch Uma Thurman oder irgendein anderer Star genau diesen Lidschatten benutzt oder jene Handcreme oder eine ganze Pflegeserie.

Allerdings müsste der jeweilige Hollywood-Star, gemessen an der Häufigkeit seines Auftretens auf den einschlägigen Produktseiten beinahe stündlich sein Make-up erneuern, ein Duschgel benutzen und einen neuen Tiegel selbstredend sündteure Creme aufbrauchen, würde er all das tatsächlich anwenden, was man ihm an Pflege und Kosmetika so andichtet. Einmal abgesehen davon, dass man einen Kosmetik-Schrank groß wie einen Flugzeughangar besitzen müsste, um all die Dinge zu lagern, die angeblich zur Basisausstattung des Stars gehören. Und selbst wenn ein Star die eine oder andere Creme tatsächlich benutzt, die er empfiehlt, dann ist die mit Sicherheit kein Einzelkämpfer für das gute Aussehen seiner Käuferin, sondern bloß die Spitze eines Pflege-Eisbergs gegen den der, der die Titanic zum Sinken brachte, wie ein Eiswürfel wirkt: Er besteht aus täglichen Fitness-Übungen, Massagen, Friseur- und Kosmetikbesuchen – die bis zu 20000 Dollar kosten können. So teuer ist etwa eine Behandlung bei der New Yorker Hautärztin Patricia Wexler, laut *People*-Magazin die »Promi-Geheimwaffe« und eine der ersten, die Botox an die Stars brachte.

12 Gründe, sich für einen anderen Operateur zu entscheiden

Der Taxifahrer weigert sich, in die Gegend zu fahren, in der die Praxis liegt.

Er stellt schon mal den Champagner kalt, um sein erstes Facelift zu feiern.

Es fällt einem schwer, seine Vorher-Nachher-Fotos in die richtige Reihenfolge zu bringen.

Jocelyne Wildenstein sitzt im Wartezimmer.

Er hat einen Meisterbrief des Friseurhandwerks und eine Zusatzausbildung als Rebirther.

Er nimmt nur Cash.

Man hat nach dem ersten Beratungstermin soviel Filzstiftmarkierungen auf seinem Körper, dass man aussieht wie ein Kleid von Pucci.

Er bricht bei Ihrem Anblick in Tränen aus.

Im Behandlungszimmer baut gerade ein Fernsehteam von RTL II seine Kamera auf.

Er schlägt einem eine Brustvergrößerung von Körbchen A zu E vor.

Seine postoperative Betreuung besteht aus einem Chirurgenbesteck für daheim und der Nummer für den ärztlichen Notdienst.

Er hat ein Autogramm von Cora Schumacher über dem Schreibtisch hängen.

Interview mit Dr. med. Marianne Wolters,
Ärztin für Plastische Chirurgie in Frankfurt.
(Mitglied der Vereinigung der Deutschen
Plastischen Chirurgen, der Vereinigung der
Deutschen Ästhetisch-Plastischen Chirurgen,
der Deutschen Gesellschaft für Senologie,
des Berufsverbands der Deutschen Chirurgen
e.V. und der International Society of
Aesthetic Plastic Surgeons)

Welche Eingriffe nehmen Sie vor?

Wir machen eigentlich alle Operationen, also Lid,
Nasen-, Brustoperationen, Fettabsaugung, Facelift. Dann auch Straffungen bei Leuten, die beispielsweise sehr viel Gewicht abgenommen haben,
und jetzt in einer viel zu großen Haut stecken.

Kommen auch Leute mit Vorlagen, also solche, die
sagen: Ich möchte wie Britney Spears aussehen
oder wie Cameron Diaz?

Nein, die überwiegend meisten kommen nicht mit
einer Vorlage. In solchen Fällen sollte man als Plas-
tischer Chirurg ohnehin sehr vorsichtig sein. Bei
solchen Menschen sind Probleme sozusagen vor-
programmiert. Sie wollen genau wie jemand oder
gar wie eine Kunstfigur sein – wie diese Frau aus
Wiesbaden, die sich zur Barbie operieren ließ.
Aber das ist eben nicht machbar, man kann ja sein
Wesen nicht ändern und deshalb bekommen diese
Menschen auch nie, was sie wollen.

Was wird am häufigsten nachgefragt?

Im Moment vor allem Faltenbehandlungen im Gesicht, mit Produkten, die eingespritzt werden oder mimische Faltenbehandlung mit Botulinumtoxin. Die große Nachfrage hängt sicher auch damit zusammen, dass sehr viel in Zeitungen darüber berichtet wird, wie gut die Verbesserungen sind, die man damit erreicht.

Gibt es so etwas wie Innovationen im Bereich der Plastischen Chirurgie?

Es wird beispielsweise deutlich daran gearbeitet, dass die Brustimplantate sicherer, also auch stabiler werden. Da hat sich in den letzten zehn Jahren sowieso einiges getan. Dann kommen gerade für die Faltenunterspritzung sehr viele neue Produkte auf den Markt, weil gerade der Bereich enorm boomt. Da muss man allerdings erst mal Erfahrungen sammeln. Das Problem bei uns in Deutschland oder sogar in ganz Europa ist nämlich, dass so ein Produkt eigentlich nur nachweisen muss, dass es den Angaben gerecht hergestellt wird. Es werden keine Langzeitstudien verlangt – man braucht überhaupt keine klinischen Studien. Oft weiß man deshalb nicht, ob es möglicherweise in ein paar Jahren in den Gesichtern Katastrophen auslöst. Danach wird ja auch nicht gefragt.

Das klingt etwas besorgniserregend.

Ist es auch. Das Schlimmste ist daran, dass manche unseriöse Firmen sich gerade an Unerfahrene wenden. Die sagen dann: »Ich lass Ihnen mal ein paar Muster da – das können Sie mal ausprobieren. Dann sehen Sie schon, wie toll das ist.« Das mag für den Moment stimmen, aber kein Mensch weiß, welche Folgen das dann über eine lange Zeit im Gesicht hinterlassen kann. Wir haben sehr viele Leute hier, die genau durch solche Produkte, die erst nach ein paar Jahren Probleme machen, extrem entstellt sind. Da ist das Gesicht dann wirklich zerstört und man kann nichts mehr machen. Wir veranstalten gerade am nächsten Wochenende wieder ein Symposium zusammen mit den Mund-Kiefer- und Gesichtschirurgen und den Dermatologen, wo wir auf diese ganzen Gefahren aufmerksam machen und sagen, was man empfehlen kann und was nicht und dass man gut trainiert sein muss, um zu wissen, wie man spritzt. Es kann einfach nicht jeder, der eine Spritze halten kann, auch sagen, ich kann Falten unterspritzen. So leicht ist das nicht.

Woran merke ich, ob ich in guten Händen bin?

Ich würde auf jeden Fall von vornherein schon mal zu jemandem gehen, der mit der Materie vertraut ist, also entweder zu einem Dermatologen, Mund-, Kiefer-, Gesichts- oder Plastischen Chirurgen gehen. Ich würde niemals zum Hausarzt gehen, der das möglicherweise nur ab und zu mal macht. Ich würde außerdem auch niemals zu einer

Kosmetikerin gehen. Die haben schon mal gar nicht die Haftpflichtversicherungen, um so etwas machen zu können.

Was ist mit so genannten »Schönheitschirurgen« – der Begriff ist ja nicht geschützt?

Stimmt. Außerdem gibt es auch sogenannte »Schönheitsärzte«. Da sollte man sich erst mal erkundigen, wie viel Erfahrungen haben die, mit welchen Stoffen wird gearbeitet? Mittlerweile kann man ja auch im Internet nachschauen, worum es sich da handelt. Zusätzlich geben die meisten Firmen Aufklärung über ihre Produkte. Das ist ganz wichtig, dass man sich vorher informiert. Dazu gehört auch, dass man sich erst mal die Broschüre vom Arzt geben lässt. Eine Art von Qualitätsmerkmal ist natürlich auch der Nachweis von Schulungen. Wir bieten selbst solche Schulungen an und da bekommen die Teilnehmer Zertifikate.

Sollte man sich Arbeitsproben, also Bilder zeigen lassen?

Auf jeden Fall ist es schon mal gut, wenn ein Chirurg oder ein Dermatologe überhaupt Bilder aus seiner eigenen Praxis hat und nicht nur Bilder aus Prospekten. Umgekehrt ist es schon sehr komisch, wenn es da gar nichts gibt, außer allgemeinem Werbematerial. Ich denke auch, man sollte sich nicht nur von einem Arzt beraten lassen. Selbst wenn das vielleicht etwas kostet.

Wann ist noch Vorsicht geboten?

Ich denke auf jeden Fall bei Angeboten wie: »Ich spritze Ihnen das gleich!« Optimal ist, wenn der Arzt sagt: »Am besten, Sie überlegen sich das – jetzt haben Sie Ihre Falten schon zehn Jahre, da kommt es auf eine Woche auch nicht mehr an.« Bei solchen »Schnellverfahren« ist die Reue-Quote nämlich sehr hoch. Viele fühlen sich im Nachhinein überfahren und sagen: »Hätte ich das bloß nicht machen lassen.«

Was ist von sogenannten Botox-Partys, also Eingriffen zwischen Tür und Angel zu halten?

Das machen wir nicht. Es ist unseriös und man braucht sich nicht zu wundern, wenn die Ergebnisse auch entsprechend sind und man unzufrieden ist.

Was ist mit der Devise »Geiz ist geil!«? Was ist von Schnäppchenangeboten – zwei Brüste zum Preis von einer – zu halten oder von Auslandsreisen in weniger preisintensive Länder?

Es gibt natürlich eine Menge Klienten, die einfach wenig Geld zur Verfügung haben und sich das genau überlegen, was und wann sie etwas machen lassen. Ich kann es auch verstehen, wenn sich jemand sagt, ich spare mir lieber 1000 Euro und fahr damit in Urlaub oder kauf mir was Schönes zum Anziehen. Aber andererseits ist es natürlich wie bei allen

Dingen, dass Qualität ihren Preis hat. So ein Face-lift beispielsweise dauert vier bis fünf Stunden. Wenn dann manchmal gesagt wird, ich war aber da und da und dort wurde mir gesagt, es dauert nur anderthalb Stunden, dann sage ich: Das mag sein, aber die Differenz kommt nicht deshalb zustande, weil wir zu langsam sind und nicht schneller können. Sie kommt daher, dass wir sorgfältig arbeiten und vielleicht manches anders machen. Auch hochwertige Hyaluronsäure, ein Faltenfiller, ist teurer als andere, die nachgemacht wurde.

Wie groß ist da die Einsichtsfähigkeit?

Ziemlich groß. Wenn man die Leute richtig aufklärt und berät. Das ist sowieso das Allerwichtigste: vorher zu sagen, was geht und was nicht.

Gehen Schlauchbootlippen und XXL-Brüste?

Das ist eine bestimmte Klientel, die wir kaum haben. Kürzlich war eine Patientin da, die sich die Lippen aufspritzen lassen wollte. Sie hat mich gefragt, was wir machen, mit welchen Methoden wir arbeiten und hat sich ein paar Fälle auf Fotos angeschaut. Sie sagte, das wäre aber relativ wenig. Ich sagte ihr dann, dass die Leute, die hierher kommen, das gar nicht wollen und ich, ehrlich gesagt, diese riesigen Lippen auch nicht gerade schön finde. Sie meinte, dann ginge sie eben woanders hin.

Gibt es eigentlich auch Moden in der Plastischen Chirurgie – so wie die aufgespritzten Lippen derzeit?

Könnte man so sagen. Man hat zum Beispiel gemerkt, dass die gewünschte Brustgröße etwas gestiegen ist. Aber das mag auch daher kommen, dass die Frauen heute insgesamt größer sind als beispielsweise die Frauen der 60er und 70er Jahre. Da waren die Frauen auch nicht so schlank wie heute oder hatten so lange Beine. Das ganze Bild hat sich verändert. Wenn man an Idole wie Marilyn Monroe oder Sophia Loren im Badeanzug denkt, dann würde man heute doch sagen, die sind moppelig.

Aber es scheint doch auch so, dass die Ansprüche an das Aussehen wahnsinnig hoch geworden sind?

Viele Ansprüche sind tatsächlich einfach überzogen. Muss eine Frau mit Mitte 40 noch ein Spaghetti-Top und bauchfrei oder ein tiefes Dekolleté tragen? Sicher nicht! Es gibt doch auch schicke Sachen, gerade wenn man etwa so wabbelige Oberarme hat – und ab einem gewissen Alter hat das jede, auch wenn sie noch so dürr ist.

Erstaunlich, dass es aber nur armfreie Abendkleider gibt.

Zumal es genug Frauen gibt, die sagen: »Ach, das ist nicht mehr das Richtige für mich« und die trotzdem gut und auch jung aussehen.

Für wen wollen die Frauen, die zu Ihnen kommen, besser aussehen? Für sich, für ihren Chef, für ihren Mann?

Die machen das für sich. Dann gibt es allerdings auch welche, die etwas älter sind – so wie ich. Die sagen: »Ich habe einen wichtigen Job und stehe andauernd im Licht der Öffentlichkeit oder ich habe so viel junge Konkurrenz im Büro und komme mir denen gegenüber oft so müde und schlapp vor. Kann man da was machen, ohne dass ich mich groß verändere? Um die Müdigkeit etwas rauszunehmen?« Die machen das teils für sich, teils, um besser auftreten zu können.

Gibt es so einen Serieneffekt? Dass man mit einer Kleinigkeit einsteigt und dann zum Beauty-Junkie wird?

Nein. Das wird immer gesagt, dass man süchtig wird. Solche Extreme sind total selten. Aber sicher spielt eine Rolle, dass man, wenn man etwa mit Botox schon mal gute Erfahrungen gemacht hat, sich auch für andere Verfahren interessiert. Das ist ja nur natürlich. Nicht, dass dann gleich weitergemacht wird. Aber es bleibt mindestens ebenso oft bei einer einzigen Korrektur. Wenn etwa eine Frau überhaupt keine Brustentwicklung hat oder umgekehrt eine 14-Jährige schon eine Brust, die bis zum Bauchnabel hängt – da gibt es einfach Sachen, die sind schrecklich für die Leute. Wenn man dann vorher richtig aufklärt und die auch wissen, was auf sie zukommt – inklusive der Narben –, dann sind das nachher ganz andere Menschen.

Haben viele auch Angst vor größeren Eingriffen?

Das gibt es sicher und die Furcht, sich nachher selbst nicht mehr wiederzuerkennen. Das höre ich auch manchmal. Vorherrschend ist aber sowieso der Wunsch, einfach ein bisschen besser auszusehen. Wenn man findet, dass man immer so müde wirkt oder zu ernst oder irgendwie muffig. Da können wir schon mit einigen Präparaten sehr viel erreichen.

Was würden Sie mir empfehlen? Ich finde, ich bin ganz schön knittrig um die Augen.

Wenn Sie sagen, meine Augen sind ziemlich faltig, wenn ich lache, gehen die Falten hier über die Wangen – dann würde ich keine Operation empfehlen. Wenn Sie das stört, dann versuchen Sie es mal mit Botox. Schauen Sie sich das an, ob Sie sich damit besser gefallen. Oder ob Sie sagen, eigentlich fand ich es vorher schöner.

Macht so ein bisschen Muskellahmlegung wirklich so viel aus?

Auf jeden Fall. Ich habe mit mir einen Versuch gemacht. Dafür habe ich das eine Auge behandelt, das andere nicht. Dann habe ich mir das ganz genau angeschaut und ich fand es toll. Dann habe ich das fotografiert, für Vorträge. Ganz einfach, weil da der Unterschied sehr gut zu sehen ist. Das kann ich natürlich nur mit mir selbst machen.

Sind Sie also auch so etwas wie Ihre eigene Beauty-Test-Strecke?

Ja sicher. Mein Kollege und ich probieren einiges an uns selbst aus. Auch um zu sehen, wie stark etwas schmerzt, wie lange es hält und ob es tatsächlich richtig gut wirkt. Nicht, dass wir *jede* Methode ausprobieren. Aber wenn es ein neues Produkt gibt, testen wir das.

Gibt es tatsächlich diese Zauberformel: kleine Maßnahme, große Wirkung?

Was mit relativ geringem Aufwand gute Wirkung zeigt, das sind eigentlich Filler-Materialien, also Falten-Unterspritzer. Oder die Kombination Filler mit Botox. Dann sind die Falten nicht mehr so tief und man hat einen entspannten Gesichtsausdruck. Das macht man etwa so alle halbe Jahre, weil die Wirkung dann nachlässt.

Dann braucht man gar kein Facelift mehr?

Es gibt natürlich auch Fälle, wo alles schlapp herunterhängt. Wo man dann sagen würde, das bringt nicht viel, es hat keinen Sinn, da einen Filler reinzuspritzen. Man bezahlt viel Geld und sieht nachher nichts.

Wovon hängt es ab, wie stark die Haut erschlafft?

Es gibt einfach verschiedene Hautbeschaffenheiten. Das merkt man schon bei jüngeren Frauen nach Schwangerschaften. Bei denen, die eine gute Hautbeschaffenheit haben, bildet sich alles gut wieder zurück. Bei einer schlechten Hautbeschaffenheit ist die Haut manchmal total von Dehnungsstreifen durchsetzt. Das ist Veranlagungssache.

Hat es nichts mit Rauchen zu tun, mit gesunder Ernährung, ob und wie stark das Gewebe erschlafft?

Das spielt sicher auch eine Rolle. Aber nicht ausschließlich. Ich glaube, da kommt vieles zusammen. Aber es ist auch einfach so, dass Männer da die besseren Karten, also die viel dickere Haut haben. Sie kriegen weniger schnell Falten – haben zwar meist diese markante Nasolabialfalte, aber nicht diese kleinen Knitterfältchen, die Frauen irgendwann in fortgeschrittenem Alter bekommen.

Das heißt vermutlich auch, dass Männer nicht gerade die Mehrheit Ihrer Patienten stellen?

Ja. Männer werden auch einfach anders beurteilt. Nicht so sehr nach ihrem Äußeren. Aber wir haben immerhin 20 Prozent männliche Patienten. Das sind vor allem Faltenunterspritzungen oder Botox-Behandlungen. Viele Männer wollen das, damit sie nicht so angespannt gucken. Aber wir machen auch Lid- oder Nasenkorrekturen oder Faceliftings bei Männern.

Keine Fettabsaugungen? Bauchstraffungen?

Was den Körper anbelangt, sind Männer wesentlich zurückhaltender als Frauen. Fettabsaugen gibt es zwar. Männer haben oft Rettungsringe. Aber weniger solche Straffungsoperationen. Das kommt bei Männern eigentlich nur vor, wenn sie – sagen wir mal – 50 Kilo abgenommen haben. Männer haben einfach festere Haut, mehr Muskelmasse.

Manche tragen quasi das Preisschild für ihre Eingriffe noch im Gesicht und behaupten dennoch steif und fest, nichts gemacht zu haben, als viel Wasser zu trinken und eine Menge Gemüse zu essen. Man will etwas machen, aber nicht »gemacht« aussehen. Irgendwie paradox.

Da schwingen sicher zwei Dinge mit. Einmal, dass so ein Eingriff im wahrsten Sinne des Wortes unter die Haut geht und da scheint es eine natürliche Hemmschwelle zu geben, die sich nicht so ohne Weiteres überwinden lässt. Besonders Ältere haben da ein Problem. Früher wurde ja immer gesagt, man solle das Schicksal nicht herausfordern. Das Aussehen sei etwas, das von Gott gegeben ist. Daran sollte man nichts ändern. Das steckt noch in vielen drin, diese Angst, Gott ins Handwerk zu pfuschen und möglicherweise dafür bestraft zu werden. Jüngere haben diese Angst nicht.

Da muss doch das Unzufriedenheitspotenzial sehr hoch sein: Einerseits nimmt man einiges auf sich, um besser auszusehen, andererseits darf es niemand bemerken, wie hoch der Einsatz war oder dass es überhaupt einen gegeben hat.

Das ist manchmal durchaus das Zwiespältige. Erst heißt es: Bloß nicht so, dass mich jeder fragt, ob ich geliftet worden bin. Dann kommen manche nach ein paar Monaten und sagen: »Das hat ja überhaupt niemand gemerkt. Klar sagen alle, du siehst toll aus, aber keiner hat mich gefragt, ob ich operiert wurde.« Ich sage dann: »Aber das ist doch genau das, was Sie wollten?« Auch deshalb machen wir immer Vorher-Nachher-Bilder. Dann kann ich sagen: »Wollen Sie mal sehen, wie Sie vorher ausgesehen haben?« Dann sind die meisten doch total zufrieden.

Der Plastischen Chirurgie haftet immer so etwas Halbseidenes an. Da regiert oft noch die Vorstellung, es handelt sich um Eingriffe, die eigentlich nicht nötig sind und an übersättigten und/oder frustrierten Wohlstandsbürgerinnen durchgeführt werden. Stört Sie das nicht?

Es gibt einfach sehr große Teile des Berufs, von denen die Öffentlichkeit gar nichts weiß. Wir haben lange Zeit an einer Klinik hier in Frankfurt mit

Professor Lemperle gearbeitet und dort entsetzliche Verletzungen und Entstellungen gesehen. In Indien und Pakistan haben wir im Rahmen von humanitären Einsätzen operiert, etwa in Pakistan Schwerverletzte aus dem Afghanistan-Krieg behandelt. Natürlich ist das schon etwas anderes. Aber auch hier helfen wir Menschen. Nicht dabei, total viel jünger auszusehen. Das wollen die überwiegend meisten sowieso nicht. Aber jemand, der – sagen wir mal – 80 Kilo abgenommen hat und nun in einer viel zu großen Haut steckt, wie ein Skelett in einer Elefantenhaut. Auch so jemand befindet sich in gewisser Weise in einer Extremsituation und hat es verdient, dass man ihm hilft. Aber ich finde es auch legitim, wenn eine Frau kommt und sagt, sie möchte besser aussehen. Wir lassen uns die Haare strähnen und die Zähne richten. Wieso nicht auch die Falten unterspritzen? Oder die Nase korrigieren oder eine Lid-Operation machen lassen?

Haben Sie eigentlich ein Schönheitsideal – eine Frau, von der Sie sagen würden: Das ist meine Vorstellung von Attraktivität?

Maria Furtwängler wäre so eine Frau, von der ich sagen würde: eine ausgesprochen schöne. Das gilt auch für Jil Sander oder Ulrike Folkerts. Das sind Frauen, da interessiert es einen sowieso nicht, ob die Falten haben oder nicht.

Am besten, man erkundigt sich bei ausgewiesenen Experten-Gremien nach einem versierten Operateur und Qualitätsstandards. Eine Liste von gut ausgebildeten Chirurgen erhält man beispielsweise von der Deutschen Gesellschaft der Plastischen, Rekonstruktiven und Ästhetischen Chirurgen (http:// www.dgpraec.de/) und der Vereinigung der Deutschen Ästhetisch-Plastischen Chirurgen (http://www. vdaepc.de).

Gammelfleisch im Gesicht
Oder: Ist Botox die Rettung
für meine Stirn?

Botox war für uns immer ein Synonym für starre Gesichter. Diese glattgebügelten Fratzen, die keine Miene mehr verziehen können. Eklig. So tot. Geradezu präpariert. Ein Gesicht ohne erkennbares Leben. Ohne Regungen. Schon deshalb war ganz klar: kein Botox. Sollten sich die Falten unaufhörlich in tiefe Krater verwandeln, in denen man lustige Kleinigkeiten verstecken könnte, könnte man sich ja beispielsweise immer noch einen Pony wachsen lassen oder die Haare gleich ganz vors Gesicht hängen.

Dann der moralische Aspekt: Ist es nicht irgendwie verwerflich, geradezu anstößig, sich solch unlauterer Methoden zu bedienen? Aber offenbar waren wir lange nicht alt genug, um das wirklich zu beurteilen. »Werdet erst mal älter«, haben weiter fortgeschrittene Frauen immer gesagt, wenn wir was von »in Würde altern« und »Falten sind gelebtes Leben« gestammelt haben. Aber es ist was dran: Je tiefer sich die Falten eingraben, umso wankelmütiger kann man werden. Man zieht sich heimlich vor dem Spiegel die Haut glatt und findet das, was man dann sieht, irgendwie attraktiver. Leider bringt es wenig, das gespannte Gesicht mit Pflastern oder ähnlichen Hausmittelchen wie kleinen Wäscheklammern festzukleben oder zu petzen. Das Fiese am Alter ist ja: Proportional zur Abnahme der Spannkraft steigt die Schwerkraft. Das ist eigentlich das Grunddilemma. Alles will hängen. Das hätte Gott, falls es denn einen gibt, auch ein wenig netter regeln können.

Aber wer über Runzeln und den bodenlosen Kampf dagegen schreibt, sollte wissen, wovon er redet. Wir beschließen deshalb einen weiteren Selbstversuch. Eine von uns lässt sich botoxen! Wir losen aus, wer es probieren darf oder muss. Susanne gewinnt – oder verliert – je nachdem, von welcher Warte aus man es betrachtet.

Susanne:

Gut so, denn bei mir ist definitiv mehr zu tun. Jedenfalls dort, wo Botox eingesetzt wird. Nämlich hauptsächlich in der oberen Gesichtshälfte. Das heißt soviel wie: Stirn, seitliche Augenfältchen und Zornesfalten – diese steilen Dinger, die einen so furchtbar böse aussehen lassen. Es leuchtet ein, dass Botox nicht das Richtige für die untere Gesichtshälfte ist. Wenn man die Stirn nicht mehr runzeln kann, mag das erträglich sein (obwohl es tagtäglich wirklich genügend Anlässe für ein kurzes und auch längeres Runzeln gibt, besonders wenn man mit einem Mann zusammenlebt), aber wenn die Mundwinkel nicht mehr beweglich sind, wird es schwierig, nicht nur für Menschen wie

180

mich, die gerne sprechen, sondern auch für alle, die essen. Wenn einem während eines netten Restaurantbesuches der Sabber aus dem Mund läuft oder Essensreste unzerkaut wieder rausfallen, ist das sehr wahrscheinlich doch störender als ein paar Fältchen auf der Stirn. Und im Zweifelsfall auch auffälliger!

Ich bin schon verdammt neugierig, was dieses Zeug bewirkt, und vor allem wie es sich anfühlt, Botox im Gesicht zu haben. Keiner spricht darüber, und wenn es Kolleginnen dann doch mal zugeben, dann niemals öffentlich (bis auf Linda de Mol – danke dafür an dieser Stelle), sondern nur unter dem Siegel der Verschwiegenheit. Ich kenne drei Kolleginnen, die mir erzählt haben, dass sie Botox benutzen, habe aber zahlreiche Kolleginnen, die so glatte Gesichter haben, dass es nicht allein die guten Gene und viel Wasser sein können. Warum geben Frauen nicht zu, in die Trickkiste zu greifen? Ist Botox so was wie unlauterer Wettbewerb? Sicherlich, aber wo fängt der an? Bei Jackettkronen, gefärbtem Haar oder erst bei Botox oder Brustimplantaten? Ist alles was kosmetisch ist o.k., alles was medizinisch ist hingegen verwerflich?

Als der Entschluss feststeht, bin ich doch ein wenig nervös. Betrachte meine Querrillen auf der Stirn mit ganz neuen Gefühlen. Gehören sie nicht zu mir? Sollte ich nicht stolz auf jede Falte sein und sie mit einem freudigen »Hurra« und einem Willkommensbanner begrüßen? Lebe ich nicht seit Jahren eigentlich sehr gut mit diesen Rillen? Was, wenn irgendwas schiefgeht? Ich danach à la

181

Karl Dall mit einem Hängeauge gezeichnet bin? Oder statt Falten ein schiefes Gesicht habe? Keinerlei Regung mehr zeigen kann? Den immergleichen, wie festgezurrten Ausdruck habe, egal ob ich die Kinder anmeckere, auf einer Beerdigung oder einem Geburtstag bin? Es gibt eine Menge Gesichter. Und eine Menge Gesichter, die gegen Botox sprechen.

Zum einen ist es unnatürlich. Aber was ist denn heute schon natürlich? Auch wenn Männer, befragt nach ihren Wünschen, sich immerzu eine möglichst natürliche Frau wünschen. Nur: sehen Männer den Unterschied? Oder ist für sie Natürlichkeit nicht einfach nur ein Synonym für Gesichter, die nicht aussehen, als wären sie kopfüber mit voller Wucht in den Make-up-Tresen gefallen. Erkennen sie schön in Form gezupfte Brauen als das, was sie sind: Arbeit. Oder glauben sie, die wachsen uns einfach so stromlinienförmig? Ganz natürlich. Natürlichkeit heißt für Männer oft eigentlich nur nicht zu viel von irgendwas. (Beim Dekolleté machen viele allerdings gerne eine Ausnahme …)

Zurück zum Botox. Es gibt keine wirklichen Langzeitstudien. Andererseits wird das Zeug schon einige Jahre in der Medizin verwendet. Zum Beispiel bei Spastikern. Oder auch gegen übermäßiges Schwitzen. Ein weiterer Punkt: Es könnte wehtun. Es ist ein Gift. Man könnte mit großen Mengen Botox ganze Völker ausrotten. In der Realität ist das allerdings sehr unwahrscheinlich, denn Botox ist ein äußerst teures Gift.

Natürlich existieren auf der anderen Seite durchaus auch Gründe *für* ein wenig Gammelfleisch im Gesicht.

Wikipedia verrät mir: »Das Botulinumtoxin ist ein pharmakologisch hochwirksames, proteinogenes – das heißt aus einem Protein bestehendes – Exotoxin, welches auf neuronaler Ebene – insbesondere bei der Signalübertragung vom Gehirn zu den Muskeln – im Körper wirkt. Neben der Bezeichnung Botulinumtoxin sind auch BTX, Botox oder Botulinustoxin gängige Synonyme. Das Toxin wird von Clostridium botulinum ausgeschieden. Während insbesondere früher das C. botulinum als Lebensmittelvergifter sehr gefürchtet war, wird das von ihm erzeugte Gift heutzutage auch zu medizinischen Zwecken eingesetzt. Der LD_{50}-Wert beträgt ab 30pg/kg (je nach Serotyp/ Mischung) intravenös oder subkutan und 3ng/kg durch Inhalation. Das Botulinumtoxin stellt damit das stärkste bekannte Gift dar. Strukturell ähnlich aufgebaut ist das Tetanustoxin, welches von C. tetani produziert wird. C. botulinum kommt ubiquitär (besonders in der Erde) vor.«

Da kaufe ich möglichst Bio-Fleisch und lasse mir das, was ich auf alle Fälle vermeiden will, ins Gesicht spritzen! Eine hochgiftige Substanz! Ist das logisch? Nein, aber mit Logik hat das alles sowieso wenig zu tun. Es geht, wie bei vielem, im weitesten Sinne um Hoffnung. Die Hoffnung, ein wenig entspannter auszusehen, glatter und damit im besten Falle vielleicht sogar jünger. Das Gute an Botox: Es ist vergänglich. Baut sich wieder ab.

Verschwindet quasi von selbst. Das heißt, die Entscheidung Botox auszuprobieren, ist anders als ein Eingriff mit scharfem Skalpell, nichts Dauerhaftes. Die Wirkung der erstmaligen Injektion hält etwa drei Monate. Bei manchen auch bis zu einem halben Jahr. Also bedeutet es für mich im schlimmsten Fall: drei bis sechs Monate ohne Mimik oder mit schiefem Gesicht.

Was aber macht dieses Botox ganz genau? Wikipedia sagt: »Botulinumtoxin A (Botox®, Dysport®, Xeomin®) ist ein natürlich vorkommendes Bakterieneiweiß. Wird es in einen Muskel gespritzt, so blockiert es dort gezielt die Nervenimpulse (Blockierung der ACh-Freisetzung). Dadurch kann der entsprechende Muskel nicht mehr wie gewohnt angespannt werden. Andere Nervenfunktionen – wie das Fühlen oder Tasten – werden nicht beeinflusst. Nach einer therapeutischen Injektion baut sich die Wirkung langsam auf und erreicht nach etwa zehn Tagen ihren Höhepunkt. Nach etwa drei Monaten ist die Neuaussprossung der Nervenenden beendet, wodurch die Muskeln wieder aktiviert werden können.«

Es ist so weit

November 2006

Ich bin 44. Seit gestern. Kein wirkliches Drama, ob 43 oder 44 ist dann auch relativ egal. Wir sind zu sechst auf Mallorca. Ein klassischer Mädelsausflug, der in unserem Alter eher Damenprogramm heißen sollte. Wir fahren in die Hauptstadt, das wunderbare Palma. Vor dem Shoppen (was man in Palma wirklich vortrefflich kann) haben wir einen Termin beim Arzt. Zwei von uns. Die anderen sind über das Vorhaben ehrlich entsetzt, können nicht glauben, dass wir uns tatsächlich freiwillig Botox spritzen lassen und wollen sich das Grauen auf keinen Fall auch noch anschauen und sich damit zu Komplizen machen. Constanze kommt aus Mitleid mit uns beiden mit. Um mir das Händchen zu halten. Vielleicht auch ein klein wenig aus journalistischer Neugier.

Der Arzt ist der Bruder einer meiner Freundinnen. Macht ihn mir sofort sympathisch. Er ist freundlich und erklärt uns das Prozedere im Detail. Warnt uns vor den möglichen medizinischen Nebenwirkungen: leichtes Unwohlsein, Müdigkeit und Gliederschmerzen, Hautausschlag und Juckreiz, allergische Reaktionen, Mundschleimhaut- und Augentrockenheit, Infektion an der Injektionsstelle und Pigmentverschiebungen der Haut können vorkommen. Außerdem können sich an den Injektionsstellen leichte Blutergüsse bilden. Als er unsere entsetzten Gesichter sieht, beruhigt er uns. Alles sei sehr selten. Er hatte bei seinen Patienten und Patientinnen noch keine Probleme. Werde ich die erste Ausnahme sein? Man weiß das ja: Irgendwann erwischt es jeden.

Neben den medizinischen Nebenwirkungen gibt es auch noch kosmetische. Wenn sich die Substanz, also das Botox, anders als gewollt verteilt, können benachbarte Muskelgruppen betroffen sein. Wenn man also seine Zornesfalte beseitigen will, kann es passieren, dass nachher das Oberlid oder die Augenbraue etwas hängt oder Schwellungen in den Augenwinkeln auftreten. Bei der Stirnglättung kann es durch einen Hautüberschuss zum Absenken der Augenbrauen oder Lider kommen. Wenn sich Falten entkrumpeln, ist ja auf einmal wieder mehr Haut da. Ein Phänomen, das es zu bedenken gilt. Das wäre natürlich fatal. Stirnfalten weg, dafür Hängelider. Wenn ich die Makel-Wahl hätte, würde ich in diesem Fall lieber meine Runzel-Stirn behalten. Das wäre überhaupt eine praktische Sache: Jede Frau darf und muss sich drei Makel und drei Vorzüge aussuchen. Das wäre jenseits der Genetik und der Kosmetik mal ein wirklich faires und demokratisches Verfahren. Meine Bestellung, für den Fall der Fälle: schönes Haar, lange schlanke Beine und vollere Lippen. Was die Makel angeht, bin ich unentschlossen. Bis es so weit ist, werde ich mich aber entschieden haben.

Dann ist es so weit. Insgeheim hatte ich die Hoffnung, er würde mir sagen: »Warum wollen Sie denn Botox, da ist doch gar nichts zu tun bei Ihnen!« Aber nichts da. Kein Widerspruch. Er scheint den Bedarf zu sehen. Betäubung gibt's keine. Die Stirn ist kein besonders empfindsames Gebiet. Er kühlt die Stelle und zieht die Spritze auf. Jetzt bin ich doch etwas angespannt. Wäre mir verdammt peinlich, mit einem eingefrorenen Gesichtsausdruck wieder nach Hause zu fliegen. Und das Schlimmste: Ich wäre definitiv selbst schuld daran. Mitgefühl gibt's dann keins. Aber Häme in rauen Mengen. Zu spät. Ich habe Ja gesagt und er sticht zu. Zuerst bei meiner Freundin. Seiner Schwester. Wenn ein Mann seiner eigenen Schwester das Zeug in die Stirn spritzt, kann es so schlimm ja nicht sein, rede ich mir selbst gut zu. Nach vier, fünf Pieksern ist sie fertig. Damit ist es bei mir nicht getan – zu meiner Verteidigung: sie ist ein ganz klein bisschen jünger! Jede meiner vier Querrillen wird gepiekst. Auch interessant: Man kann einem Menschen das ungefähre Alter an der Zahl seiner Stirnfalten ansehen. Bei mir stimmt es genau. Bei den meisten anderen auch, meint unser Arzt. Pro Jahrzehnt eine Querrille. Viele Schauspielerinnen sind demnach noch unter zehn Jahre alt – erstaunlich! Übrigens: Querrillen zählen ist ein lustiges Spiel bei langweiligen Zugfahrten oder beim Fernsehen.

Wirklich weh tut die Spritze nicht. Es ist nichts, wonach man sich sehnt, aber auch nicht besonders schmerzhaft.

Ungefähr so wie ein kleiner Mückenstich. Mehrere kleine Mückenstiche. Auch die aufkommenden Zornesfalten bekommen ausreichend Einstiche. Sie kommen, wie er uns erklärt, weniger durch das böse Gucken, sondern vielmehr oft durch Sonnenlicht. Man sollte viel häufiger eine Sonnenbrille tragen, rät er uns. Ab morgen werde ich das beherzigen. Obwohl es oft so albern aussieht, wenn Menschen an einem leicht bewölkten Tag oder in Räumen mit Sonnenbrille rumlaufen. Wirkt so wichtigtuerisch. Von diesen Vorurteilen werde ich mich befreien. Also nicht wundern, wenn wir uns demnächst abends irgendwo sehen und ich eine Sonnenbrille aufhabe. Fällt ab heute unter Prophylaxe.

Die Piekerei dauert länger als ich dachte, was wahrscheinlich mit der Runzel-Dichte meiner Stirn zu tun hat. Danach gibt's Eisbeutel, um möglichen Blutergüssen an den Injektionsstellen vorzubeugen. Und jede Menge Verhaltensregeln. Keine Sauna, keine Sonne, kein Solarium direkt nach der Behandlung. Auch schwere körperliche Arbeit und Sport sollte man auf die nächsten Tage verschieben. Verzicht auf Sport und schwere körperliche Arbeit – eine für mich sehr erträgliche Maßnahme. Und auf keinen Fall direkt ins Bett legen, damit sich das Botox nicht an Stellen ausbreiten kann, wo es nichts verloren hat. Welch eine Horrorvorstellung! Botox um den Mund herum oder gar im Gehirn! Lähmt es da dann Dinge, die durchs Alter sowieso schon erste Ausfallserscheinungen haben? Er empfiehlt uns, möglichst viele Grimassen zu schneiden. Um die Durchblutung anzuregen. Dann sind wir fertig. Wir haben eine Ampulle geteilt und zahlen 350 Euro. Ich glaube, es war ein freundlicher Verwandtschaftspreis. Ich merke nichts. Keine Lähmung, keine Schmerzen. Alles wie immer.

Wir treffen auf den Teil der Gruppe, der schon bei dem Gedanken an Botox ein starres Gesicht bekommt. Sie haben sich die Zeit in einem Einkaufszentrum vertrieben. Wir werden genau gemustert. Man sieht nichts. Keinerlei Veränderung.

Auch die Einstiche sind unsichtbar. Beim Shopping stiere ich in jede Schaufensterscheibe. Warte auf die Verwandlung. Es passiert nichts. Ich gucke und gucke, aber mein Gesicht sieht aus wie immer. Aber gut: Unser netter Doktor hat ja gesagt, es kann ein paar Tage dauern. Genauer gesagt bis zu zehn Tagen. So lange braucht das Botox, um zu wirken. Bei den meisten zeigt sich nach drei bis fünf Tagen ein Ergebnis. Ich versuche, die Stirn zu runzeln. Geht alles noch ohne Probleme. Vielleicht gehöre ich zu den wenigen, bei denen Botox nicht funktioniert. Jedenfalls nicht beim ersten Mal. Unser netter Arzt hat uns aber erklärt, dass es bei diesen Fällen meistens am Botox selbst liegt. Es gibt verschiedene Hersteller für die Substanz und bei manchen ist es wichtig, dass das Gift schön kalt bleibt. Wenn aber auf dem Postweg, vom Hersteller zum Arzt, die Kühlkette unterbrochen wird, kann es schon mal passieren, dass Botox seine Wirkung einbüßt. Er hat uns aber zugesichert, dass er temperaturunabhängiges Botox benutzt.

Drei Tage nach meinem Selbstversuch bin ich wieder zu Hause. Noch immer sieht meine Stirn kaum verändert aus, aber ich merke, dass sich da oben etwas tut. Obwohl man noch nichts sieht. Es spannt ein wenig. Nicht so, dass es unangenehm wäre, aber man merkt, da passiert irgendwas. Am fünften Tag habe ich das Gefühl, mein linkes Auge hänge irgendwie. Habe ich über Nacht stärkere Schlupflider bekommen? Entspannt sich meine Stirn dermaßen, dass mir die Hautlappen aufs Auge drücken? Und da – über meiner Augenbraue, meiner rechten, ist eine neue Falte! Eine kleine schräge Falte. Winzig, aber neu. Am sechsten Tag kann ich die Stirn nicht mehr runzeln. Wenn ich versuche, die Augenbrauen hochzuziehen, tut sich rein optisch nichts. Es geht einfach nicht mehr. Ich habe das Gefühl, die Augenbrauen zu heben, aber das Gefühl ist auch alles. Sieht irgendwie doof aus. Dafür sehen meine Falten besser aus. Sie sind nicht verschwunden, aber auch nicht mehr so tief. Sehen aus wie im Anfangsstadium. Feine Linien und keine tiefen Krater mehr. Optisch gefällt es mir, gerade weil nicht alles weg ist. Das wäre vielleicht doch ein wenig zu offensichtlich. Aber die kleine neue Falte über der Augenbraue bleibt. Ist mir aber lieber als die alten, und auch nicht ganz so auffällig. Insgesamt ist das Ergebnis gut. Glatter, aber nicht glatt.

Schon zwei Monate nach der Spritzerei lässt die Wirkung bei mir nach. Ich kann die Stirn wieder runzeln. Und auch die Falten sind wieder tiefer. Wenn ich Speck so ratzfatz abbauen könnte wie Botox, wäre das phantastisch.

Wer merkt es?

Niemand. Weder mein Mann noch meine Mutter noch meine Tochter. Auch meine Schwestern nicht. Niemand in meinem direkten Umfeld. Keinerlei skeptische Blicke. Ist das jetzt gut oder doch extrem enttäuschend? Ich bin hin und her gerissen. Einerseits ist es natürlich geradezu perfekt, denn wer will schon ein Gesicht, dem man auf Kilometer ansieht, dass es voll mit Botox ist. »Ach guck mal, da kommt die Botox-Fröhlich mit ihrem starren Gesicht, schlimm ...« Andererseits möchte man ja auf jeden Fall ein sichtbares Resultat. Man will besser aussehen als zuvor, sonst könnte man sich die Pikser und das Geld ja auch sparen. Doch immerhin, zwei Kolleginnen beäugen mich sehr gründlich. Ich erzähle was von der tollen teuren Essence und sehe in ihren Gesichtern einen Rest von Zweifel. Berechtigte Zweifel. Hiermit wisst ihr jetzt Bescheid.

Eure Skepsis war angemessen. Ihr hattet recht. Ich wollte nur nicht, dass es vor Erscheinen des Buches rauskommt. Das Wunder auf meiner Stirn hat einen Namen: Botox.

Eine weitere Freundin hat es auch bemerkt. Sie hat selbst ein wenig Botox im Gesicht und ich glaube, die »Userinnen« haben doch einen geschulteren Blick. Ich war in diesem Falle sofort geständig. Und seit ich selbst getestet habe, was Botox mit einem Gesicht macht, sehe ich bei einigen verräterische Signale. Übrigens, sollte die Frau im Fitnessstudio neben Ihnen nach 45 Minuten hartem Training überall schwitzen, aber eine vollkommen trockene Stirn haben, spricht das für Botox. Ich kenne eine nette Frau, die sich wegen übermäßigen Schwitzens ihre Achseln mit Botox hat behandeln lassen, soll sehr schmerzhaft sein. Auch wenn ich abends den Fernseher anmache, sehe ich einige, bei denen ich sicher bin, dass sie

Botox im Gesicht haben. Wenn Sie unsicher sind, fragen Sie ihr Gegenüber doch mal, ob es die Augenbrauen hochziehen kann. Wenn da nichts geht, ist das ein sicheres Indiz. Eine meiner Freundinnen wollte wissen, ob man dann denn noch Gefühl in der Stirn hat. »Merkst du, wenn du dich eincremst?«, hat sie gefragt. Ja, das Gefühl ist nicht beeinträchtigt. Ich könnte mir also kein Bügeleisen auf die Stirn halten oder mich als Stirnfakir betätigen.

Und nun?

Botox gilt ja als das Marihuana der Schönheitschirurgie. Die Einstiegsdroge. Es ist nur ein kleiner Schritt vom Botox zum Lifting, wird behauptet, und ich wage es, das zu bestreiten. Botox baut sich wieder ab. Was weggeschnitten wurde, wächst nicht nach, was einmal schief ist, bleibt schief. Für mich gilt: Ich würde eventuell wieder Botox nehmen. Ich war überrascht, fand es weniger schlimm als gedacht und merkte, wie Prinzipien, die noch vor Jahren unverrückbar waren, ins Wanken geraten. Vorm Schneiden und Fettabsaugen habe ich allerdings weiterhin gehörigen Respekt. Ich möchte nicht in Vollnarkose in einem OP liegen und jemand klappt meine Gesichtshaut nach hinten weg. Gruselig.

Übrigens: Mittlerweile wissen mein Mann und meine Tochter Bescheid. »Habe ich nicht gemerkt«, kommentiert er das Ganze, und als ich ihn fragte, wo ich das Zeug seiner Meinung nach hatte, war er unsicher. »Zwischen den Augenbrauen«, war seine Vermutung, »da hattest du doch so eine tiefe Falte.« Soviel zur Wahrnehmung bei Männern. Zwischen den Augenbrauen hatte ich kleine aufkommende Zornesfältchen, die richtig tiefen waren auf der Stirn. Aber er erzählt, dass Kollegen gesagt hätten, ich würde gar nicht so altern. Ich glaube, das liegt nicht nur am Botox, sondern auch am Speck. Ein kleiner Vorteil der Moppel: Speck mildert Fältchen. Ist eine Art natürlicher Füllstoff. Polstert auf. Immerhin. Meine Tochter ist geschockt. »Fällt dir denn irgendwas auf?«, habe ich sie gefragt. »Ne, aber es ist trotzdem eklig«, war ihre knappe Antwort, und damit war das Thema dann auch erledigt. Klar – mit 15 sind Falten nun wirklich kein Thema, oder sollten jedenfalls noch keins sein.

ADS – Wenn Männer
nicht mehr gucken

Sie gucken einfach nicht mehr. Gestern noch gellten die schönsten Pfiffe von Baustellen oder aus Kanalschächten, wisperte man uns am Kiosk oder an der S-Bahn-Haltestelle die herrlichsten Komplimente – »Hey, geil! Ficki-Ficki?« – zu. Und nun genießt man plötzlich kaum mehr Aufmerksamkeit als ein Sauerstoffatom. Sagen Frauen und beklagen sich über das, was die Soziologie »erotische Tarnkappe« nennt. Das Phänomen, dass Millionen Frauen Tag für Tag aus dem männlichen Radar verschwinden, praktisch unsichtbar werden, bloß weil sie über 40 sind.

Eines Tages geht man aus dem Haus und existiert in der männlichen Wahrnehmung nicht mehr. Man rennt gegen Türen, die einem eben noch aufgehalten wurden, steht wie Frau Lot im Restaurant herum, bevor man endlich merkt, dass einem in diesem Leben wohl keiner mehr einen Stuhl hinschiebt oder einen Mantel abnimmt. Es sei denn, man ist wahnsinnig berühmt oder sehr gebrechlich. Nun kämpft man mutterseelenallein mit schweren Koffern auf dem Bahnsteig, während man beobachten darf, wie im Waggon zwei Männer einer 20-Jährigen dabei helfen, ihren Kinderrucksack auf die Gepäckablage zu stemmen. Ir-

gendwann sitzt man dann bei einer Privatein-
ladung zwischen zwei 30-jährigen Männern, die
sich über einen hinweg über Flatrates und Steuer-
sparmodelle austauschen, als wäre man bloß eine
Serviette. Niemand fragt mehr nach unserer Tele-
fonnummer – außer, man unterschreibt auf der
Straße, dass man ab sofort monatlich 200 Euro gegen Tierversuche spendet.

Fast täglich findet man Indizien für die Theorie von der eindimensionalen männlichen Haltung
Frauen gegenüber: Wo starke Reize wie pralle
Haut, knackiger Po und strammer Busen und Wallehaar fehlen, verlieren Männer offenbar das Interesse. Das alles könnte einen auf den Gedanken
bringen, dass Frauen im besten Wechseljahrsalter
nicht gerade der Honig sind, auf den Männer wie
Bienen fliegen, und man schon die Bundesligaer-
gebnisse der kommenden Woche um den Hals tragen muss, um bei ihnen wenigstens noch Aufmerksamkeit zu erregen. Von anderen Erregungs-
zuständen ganz zu schweigen. Jede Frau fürchtet
dieses männliche Aufmerksamkeitsdefizitsyndrom (kurz: ADS) und zittert davor, in der öffentlichen Wahrnehmung für tot erklärt zu werden.
Geopfert auf dem Altar der Jugend, begleitet von
Sätzen wie: »Mit einer Frau, bei der alles hängt,
krieg ich einfach keinen mehr hoch.« Umso wichtiger werden die raren Momente, die Ausnahmen
von dieser Regel. Weil es in manchen Bars so fins-
ter ist, dass nicht mal mehr Eulen sich zurechtfin-
den würden, weil das Licht bisweilen gnädig ist
oder sich clevere Kellner – zu Recht – ein dickes

Trinkgeld ausrechnen, wenn sie so tun, als wären sie kurz davor, sich von uns den Ausweis zeigen zu lassen, um festzustellen, ob wir alt genug für zwei Weißweinschorle sind.

Wie an die Führerscheinprüfung, den ersten Kuss, den ersten Sex, so erinnern wir uns dann an das letzte Mal, dass jemand unsere Existenz wahrgenommen hat, ohne dass wir uns dafür vor ein Auto werfen oder nackt in den Supermarkt gehen müssen. Im Tagebuch steht jedenfalls: »21.09.2001. War heute mit Conny in einer Bar. Der Keeper sagte: ›Na Mädels! Was kann ich euch bringen!‹ Mädels!! Ich hätte fast geweint.«

Es soll einen trösten, dass heute die Devise gilt »40 ist die neue 30«, 40-jährige Frauen heutzutage so gut in Schuss sind wie vor einigen Jahrzehnten noch die 30-jährigen, sich die erotische Halbwertzeit also um ganze zehn Jahre verlängert hat. Das hebt ja dann die 50-Jährigen in den Rang von 40-Jährigen. Und so weiter. Aber erstens ist es ziemlich stressig, dauernd jünger wirken zu müssen, um bei Männern wenigstens noch einen hormonellen Knallfrosch zu zünden, statt wie früher das Silvesterfeuerwerk einer deutschen Großstadt abzufackeln. Und zweitens, was nützt es, wenn Begehren und erotische Ausstrahlung für ein paar Jahre begnadigt werden, wenn sie ohnehin schon so gut wie in der Todeszelle sitzen?

Andererseits ist es schon seltsam: Da beklagt man sich jahrelang über das unmögliche Betragen des Mannes auf der Straße, verdammt die »primitiven Proleten«, die einem Unflätiges hinterher

schreien und uns auf primäre Geschlechtsmerkmale reduzieren, statt mit uns über Quantenchro-
modynamik diskutieren zu wollen, um dann ausgiebig darüber zu jammern, dass man nicht mehr
in ein Beuteschema passt, in dem auch aufblasbare
Gummipuppen, Paris Hilton und Jenna Jameson,
die »Julia Roberts des Pornos« (*Stern*) zu Hause
sind. Und wir machen das Runzel-Ich dafür verantwortlich. Dabei muss eine gewisse männliche
Zurückhaltung nicht zwingend etwas mit Ma-
terialermüdung von Oberschenkeln, Brüsten und
Wangen zu tun haben. Es gibt tausend andere
Gründe, weshalb Männer nicht gucken, die nicht
persönlich gemeint sind. Hier die wichtigsten:

Die Wirtschaft ist schuld

Es ist die angespannte Arbeitsmarktlage in der
Bauwirtschaft und die daraus resultierende Bau-
stellenverknappung, die verhindert, dass Frauen
als Sexobjekte gewürdigt werden. Selbst wenn
man noch eine Baustelle findet, haben die dort beschäftigten Arbeiter oft einfach keine Zeit mehr
aufzublicken, die Lippen zu spitzen, um unser
umwerfendes Aussehen entsprechend zu würdigen. Die Rezession und nicht unsere Krähenfüße
sind schuld, wenn es auf Deutschlands Straßen auf
einmal so merkwürdig ruhig geworden ist. Eine
ganze Anmach- und Belästigungskultur ist vom
Aussterben bedroht und es ist fraglich, ob unsere
Töchter jemals erleben werden, wie ihnen ein 50-
jähriger Maurer mit Bierbauch und Goldkettchen
nachschreit: »Wenn du Gott suchst, der hängt zwi-

schen meinen beiden Beinen« oder in einem lichten Moment der Selbsterkenntnis seufzt: »Super Arsch!«. Sollte man das tatsächlich schmerzlich vermissen, könnte man ja beispielsweise sein Geld verstärkt in Immobilienprojekte investieren oder wahlweise im eigenen Garten eine Tiefbaustelle eröffnen.

Tatjana Gsell ist schuld

Für manche Frauen ist es irgendwie schon ein Problem, dass gerade die Frauen, die alle Voraussetzungen erfüllen, bei Männern für vermehrten Speichelfluss zu sorgen, ihren Verstand offenbar gegen ein 15-teiliges Nail-Set ausgetauscht haben. Nicht nur zum Karneval als Tatjana-Gsell- oder Jessica-Stockmann-Double zu gehen bedeutet zwar zur Hauptdarstellerin von Männerphantasien, aber auch von Witzen wie: »Dieses Jahr fällt Weihnachten auf einen Freitag! – Blondine: Hoffentlich ist es nicht der 13.!« zu werden. Und so entsteht der Eindruck, dass man nur entweder einigermaßen bei Trost *oder* ein Partyluder sein kann und anscheinend erst mal seine Gehirnzellen im Schminkkoffer einschließen muss, um das Vollbild »Sexobjekt« zu erfüllen. Das kann einen schon davon abhalten, all jene Register zu ziehen, von denen wir ja im Grunde wissen, dass sie beim Mann so gut ankommen wie eine Dauerkarte für seinen Fußballverein oder ein Wochenende mit einem Ferrari: Dazu braucht man ja theoretisch bloß sämtliche kleinen Unterschiede quasi mit Flutlicht auszuleuchten und ein paar Hinweisschilder in

Form von Wonderbras, Blondierungsmittel und High-Heels zu benutzen, damit auch der Dämlichste merkt, dass es sich hier um eine Frau und nicht etwa um ein Blumengesteck handelt.

Gäbe es auch nur eine einzige Frau mit Dekolleté bis zum Knie, mit Supertaille und Wallehaar im Vorstand der Deutschen Bank oder als Ministerin in einem der wichtigen Ressorts, als Mathematikprofessorin oder als Astronautin – wir würden es alle tun. So aber scheint der Barbie-Look das Gegenteil von Intelligenz zu sein. Man muss zu Recht befürchten, sofort sämtliche akademischen Grade, inklusive Grundschulzeugnis und Jugendschwimmer, aberkannt zu bekommen, sobald man auch nur in die Nähe eines pinken Lippenstifts und von Wasserstoffperoxid kommt. Damit haben Tatjana Gsell und ihre Schwestern gründlich dafür gesorgt, dass es im wahrsten Sinne des Wortes nicht das Klügste ist, so auszusehen wie sie. Selbst wenn es funktioniert, gerade weil es funktioniert. Denn was hat man letztlich schon davon? Doch bloß die Restposten der männlichen C-Prominenz.

Die männliche Verunsicherung ist schuld

Klar gucken Männer noch. Und wie. Sie trauen sich bloß nicht mehr, ihrer Freude wie früher angemessen Ausdruck zu verleihen. Sie haben alle ein bisschen Angst vor erwachsenen und/oder selbstbewussten Frauen und davor, in aller Öffentlichkeit als »widerwärtige, schwanzgesteuerte Machos« abgekanzelt zu werden. Oder auf total harmlose Fragen wie »Würden Sie Samstag mit mir ausgehen?« Antworten wie diese zu bekommen: »Tut mir leid, dieses Wochenende habe ich Kopfschmerzen.« Gar nicht auszudenken, wie solch eine Frau reagiert, wenn man ihr hinterherpfeift oder etwas ruft, von dem man hofft, dass es die eigene Mutter nie erfahren wird. Vielleicht wird man ja auf offener Straße handkastriert? Geteert und gefedert und aus der Stadt gejagt? Mit dem Auto angezündet? Könnte ja außerdem sein, dass man irgendwie auf einer schwarzen Liste im Internet, also an einem Pranger landet? Möglicherweise haben ältere Frauen ihr Plus an Lebenszeit ja auch dazu benutzt, eine jener Kampfsportarten zu erlernen, mit denen man einen Mann mit einem Schlag so unauffällig töten kann, dass nicht mal Dr. Quincy eine Spur entdecken könnte? Kurz: Erwachsene Frauen sind erwachsenen Männern ein wenig unheimlich. Nie weiß man, wie sie reagieren, und ob in so einer an sich harmlos wirkenden Mittvierzigerin nicht eine voll austrainierte Dreckschleuder steckt, dazu fähig, einem Mann mit einem einzigen Satz auf Lebenszeit das Selbstbewusstsein zu rauben. Um Männern diese Befürchtungen zu nehmen, sollte man sich vielleicht Buttons anschaffen, auf denen steht: »Pfeifen erwünscht« oder »Ich sag's auch nicht deiner Freundin!«.

Das Bauchweghöschen ist schuld
Ein weiterer Grund für den Aufmerksamkeitsschwund: Je älter wir werden, umso sparsamer ge-

hen wir mit unseren sekundären Geschlechts-merkmalen um. Was einst mit Faltenröcken und Kniestrümpfen hoffnungsfroh begann, sich über Jeans mit bauchfreiem Top, über windelkurze Mi-niröcke, freischwingende Brüste, High-Heels, of-fene Haare und unbedeckte Oberarme vielver-sprechend weiterentwickelte, mündet oft schon mit Ende 30 im sogenannten Business-Outfit oder wahlweise in der Mutti-Uniform: Jeans, Sweat-shirt, Kurzhaarschnitt. Spätestens ab 40 sind die meisten von uns nur noch selten bauchfrei oder ohne BH unterwegs. Es sei denn, die Wohnung brennt und man konnte sich nicht schnell noch et-was überwerfen. Ansonsten arbeiten wir mit der demokratischen Version der Burka – mit stütz-stabverstärkten Bauchweghöschen, vollstabilisie-renden BHs, praktischen Frisuren und blick-dichten Strumpfhosen manchmal so hart an unse-rer Verpanzerung, dass dagegen jeder Brücken-pfeiler wie ein Aphrodisiakum wirkt. Die Ange-strengtheit, von seinen Makeln abzulenken, teilt sich auch dem Betrachter mit und bewirkt eine distanzierte Kühle, die nicht gerade motivierend wirkt.

Die Undeutlichkeit ist schuld
Eigentlich kein Wunder, wenn Männer verhalten reagieren. Die Botschaften, die Frauen ab einem gewissen Alter aussenden, sind oft einfach so un-deutlich, als würden sie von Ralf Zacherl vorgele-sen. Dabei sind Männer wie Stichlinge. Sie brau-chen Eindeutigkeiten, um entsprechend angespro-

chen zu reagieren. Wünscht man, dass die Sache mit den Pfiffen nicht aufhört, setzt man deshalb am besten auf Signale, die so unübersehbar sind, dass man sie praktisch noch vom Weltall aus als »Schlüsselreiz« erkennen kann und sogar Außerirdische schon anfangen zu speicheln. Man muss nur Mut zu Signalen haben, die so auffällig sind wie ein Playboy-Bunny im Bundestag, also weit über das hinausgehen, was die meisten Frauen noch als einigermaßen sozial verträglich und altersadäquat empfinden. Die geschlechtsspezifischen Aus- und Ansichten dürfen beim Mann keinerlei Zweifel hinterlassen, dass er eine Frau vor sich hat und nicht etwa einen Rollenkoffer. Was bei Männern – die ja oft nicht mal bemerken, wenn ihre Frau 20 Kilo abgenommen hat – nicht so einfach ist. Legt man also unbedingten Wert darauf, bei wildfremden Kerlen die Hormone in Wallung zu bringen, will man unbedingt Sexualobjekt sein, braucht man bloß total offensiv und auch ein wenig schamlos zu sein. Sie glauben das nicht? Um festzustellen, wie unempfindlich Männer in Altersfragen eigentlich sind, genügt es im Prinzip, DSF oder einen der anderen wichtigen Fernsehkanäle mit ihren Lockrufen »RUF MICH AN!«, vorgetragen von ziemlich nackten Frauen, anzuschalten, um festzustellen, dass Männer sich mit älteren Frauen gar nicht so haben, wie wir immer denken. Dort wird eine offenbar besonders beliebte Form der Seniorengymnastik vorgeführt: Statt mit Medizinbällen oder lustigen Gummibändern zu turnen, versuchen über 60-jährige Frauen dort, mit der Zunge ihre Brustwarzen zu erreichen. Die würden wohl nicht da sitzen und vorführen, dass auch Brüste einen Stretchanteil haben können, gäbe es dafür keinen Markt!

Trotzdem leiden wahrlich nicht alle Männer unter ADS – dem Aufmerksamkeitsdefizitsyndrom – bloß weil Frauen nicht ewig 20 sein können (auch wenn es manche 30 Jahre lang versuchen). Häufig sorgen Frauen mit ihrer Runzel-Ich-Panik selbst für ihr Verschwinden. Sie glauben: Es guckt ja sowieso keiner mehr und wenn, dann hat der erotische Vorlieben, die viel mit seiner Mutter zu tun haben und die man lieber nicht vertiefen möchte. Kaum ist der Gedanke im Bewusstsein angekommen, schon ist die Frau unsichtbar. Auf ewig weg vom Erotik-Markt. Und wenn überhaupt noch etwas an ihr leuchtet, dann das Grablicht ihres Selbstbewusstseins: »Mich will niemand!« Es liegt auch irgendwie an uns, ob wir Männer zum Gucken, ja auch zum Pfeifen und Pöbeln bringen. Wenn wir wollen. Aber manchmal wollen wir einfach nicht.

Und: Bleiben wir realistisch. Jugend allein stellt bei der Erregung männlicher Aufmerksamkeit zwar einen gewissen Wettbewerbsvorteil dar. Aber Männer können immer noch ganz anders, als Frauen von ihnen denken. Das zeigt sich allein beim Thema »Seitensprung«, wie es eine Freundin, Martina (42), zehn Jahre verheiratet, eine Tochter, erfahren hat. Vor Monaten noch hatten wir – theoretisch – das Thema »Affäre« durchdiskutiert. Waren der Frage nachgegangen, weshalb

Männer fremdgehen. Gelegenheit? Die Illusion, dass es ja doch nicht rauskommt? Unsere Meinung: »Weil sie es können« – fand Martina zu schlicht. Sie vertrat die Auffassung, dass es das optisch ansprechendere Angebot sei, das Männer auf Abwege führt. »Da muss schon eine kommen, die umwerfend aussieht. Ein Mann will sich doch verbessern und nicht unter den Möglichkeiten bleiben, die er auch daheim hat.« Vor kurzem trafen wir uns wieder. Sie war ziemlich verheult und total erschüttert. Ihr Mann hatte ihr gerade einen Seitensprung gestanden: »Mit einer fünf Jahre älteren Frau.« Eine ehemalige Kollegin, die sie noch von einer Weihnachtsfeier in Erinnerung hatte. »Echt nichts Besonderes. Eher so eine unauffällige, graue Maus.«

Ändert sich also im Grunde gar nichts, obwohl wir immer älter und dabei – wovon wir überzeugt sind – zunehmend unansehnlicher werden? Ist es Männern völlig schnuppe, wo sich unsere Brüste gerade aufhalten, solange sie sich noch in Sichtweite befinden? Ist es ihnen egal, dass wir um die Oberarme aussehen, als würden wir einen Kimono tragen, selbst wenn wir nackt sind? Bleibt ihre Freundlichkeit, ihre Aufmerksamkeit, ihre Begeisterung frisch wie damals, als wir 25 waren? Ist die Erde eine Scheibe?

Natürlich verändert das Runzel-Ich zwischen Männern und Frauen eine Menge. Fast alles. Aber oft ganz anders, als wir befürchten. Sollte dennoch eintreffen, wovor wir Angst haben – dass wir also einfach von Männern nicht mehr wahrgenommen werden – handelt es sich oft um das Phänomen, das Psychologen eine sich selbst erfüllende Prophezeiung nennen: Männer gucken nicht mehr, weil wir selbst glauben, dass es nichts zu sehen gibt. Geht es aber bloß ums Schauen, können wir uns nämlich ganz beruhigt zurücklehnen. Männer gucken *immer*. Wenn sie etwas zum Gucken bekommen. Und dass es etwas gibt, dafür können wir schließlich sorgen. Wenn uns so viel daran liegt und wir alle Register ziehen, uns zu Hinguckern zu machen. Dann klappt das, bis wir über 80 sind. Siehe Gina Lollobrigida oder Sophia Loren, die mit ihrem Big-Hair, den ausladenden Dekolletés und den Smokey-Eyes immer noch die Insignien der Schönheitsgöttinnen und damit die üblichen Primär-Reize tragen.

Anders liegt der Fall, wenn aus dem Gucken Liebe werden soll oder wenn's mal Liebe war und Männer glauben, bereits alles gesehen zu haben, bloß weil man ein paar Jahre mit ihnen verheiratet ist. Dann ist das männliche Aufmerksamkeitsdefizitsyndrom vielleicht schon chronisch und man könnte praktisch nackt auf dem Frühstückstisch liegen und der Gatte würde nur sagen: »Pass doch auf, wer soll das denn jetzt noch essen?«.

Gerade in der Liebe scheint das Runzel-Ich die schlimmsten Verheerungen anzurichten. Weil sich in ihm die beiden apokalyptischen Reiter des Alterns: Verfallsdatum und Torschlusspanik zu einer hochexplosiven Mixtur verbinden, die eigentlich wie Robbenschlachten international geächtet gehört. Was droht sind Kälte, Ablehnung, Gleichgültigkeit, Unfreundlichkeit, Häme und dass uns lebenslang niemand mehr sagt, welch außerordentlich schöne, begehrenswerte und hinreißende Frauen wir sind. Von romantischen Einladungen, leidenschaftlichem Sex und Geschenken in der Höhe eines halben Monatslohns wollen wir hier gar nicht erst sprechen. Bleibt also die Frage: Wie viel Schönheit braucht der Sex? Das Begehren?

Die wichtigsten Lebens-Erfahrungen

- Derjenige, der zuerst einschläft, ist immer der, der schnarcht.
- Man bekommt nie das zum Geburtstag, was man sich wünscht. (Außer, man sorgt selbst für die Erfüllung seines Wunsches.)
- Die Chancen, jemanden zu sehen, den man lange nicht getroffen hat, wachsen enorm, wenn man gerade mit Zungenvollnarkose als Folge von fünf Betäubungsspritzen beim Zahnarzt sitzt.
- Man soll sich niemals nochmal mit einem Mann treffen, der Service-Personal schlecht behandelt.
- Es lohnt sich immer, für gute Qualität mehr Geld auszugeben.
- Wenn ein Mann sagt »Du bist zu gut für mich!«, stimmt es meistens.
- Man kann gerade dann besonders glücklich sein, wenn nicht alles perfekt ist.

- Ganz egal, wie sehr es danach aussieht: Frage nie eine Frau, ob sie schwanger ist.
- Man sieht immer dann am besten aus, wenn gerade keiner guckt.
- Nein, das Flugzeug wird nicht abstürzen.
- Alles, was man mit 30 an seinem Körper unmöglich findet, wird einem mit 45 geradezu paradiesisch erscheinen.
- Man kann nie genug weiße Blusen haben.
- Wenn die Schuhe im Geschäft schon nicht passen, werden sie einem den Gefallen auch daheim nicht tun.
- Man wird es bedauern, nicht wenigstens so lange einen Bikini getragen zu haben, solange man seine Füße noch sehen konnte.
- Alle, die behaupten, das Alter sei besser als die Jugend, lügen.
- Aber: Man kann trotzdem auch ab 45 sehr glücklich sein.

Der Single und das Runzel-Ich
Oder:
Die Frau als Weihnachtskuchen

Mit ungebundenen, sympathischen, gut aussehenden, intelligenten, verantwortungsbewussten Männern über 40, die sich für gleichaltrige Frauen interessieren, verhält es sich wie mit den Arbeitsplätzen in Deutschland: Es gibt einfach nicht genug für alle. Dennoch wird immer weiter so getan, als müsse man sich nur ordentlich anstrengen, um einen zu bekommen. Auf diesem Prinzip basiert Hartz IV und von diesem Gerücht lebt der gesamte Single-Markt, inklusive große Teile der Kosmetik-Industrie.

Es ist bestimmt das Runzel-Ich, das für die Männerverknappung sorgt, sagen sich nämlich die Frauen. Schließlich zeigt die Erfahrung: Je mehr wir uns altersmäßig nach vorne bewegen – desto mehr potenzielle Bewunderer lassen wir hinter uns. Liegt einem mit 20 vom 18-Jährigen bis zum Greis theoretisch die ganze Männerwelt – ja, auch Keanu Reeves – zu Füßen, fällt man bereits mit 30 bloß noch in das Beuteschema für Männer ab 30. Danach muss man schon zwei Dekaden überspringen und froh sein, wenn sich 60-Jährige erbarmen. Je älter wir also werden, umso karger wird die Auswahl und ist man erst mal 60, wird man vermutlich eher nochmal schwanger, als einen klugen, aufgeschlossenen, lebensfrohen, gesunden, attraktiven Mann zu finden, der noch lebt *und* sich für eine Gleichaltrige interessiert.

Indizien für diese trostlose Perspektive finden sich mehr als genug. In den Kontaktanzeigen – gerade der Blätter für den Intellektuellen – liest man wöchentlich mehrfach, wie sich die Vertreter der Kukident-Generation sogar für Frauen entschieden zu jung fühlen, die ihre Töchter sein könnten. Immer häufiger erzählen Single-Freundinnen, wie sie aus Altersgründen abgelehnt werden, als wären sie ein Schinken mit abgelaufenem Verfallsdatum. Beispiel: Carola, 52, in einem Single-Internetportal hatte sie eine an sich ganz vielversprechende Bekanntschaft gemacht. »Zuerst haben wir uns nicht geschrieben, wie alt wir sind. Wir haben uns sogar gegenseitig versichert, dass das ja wirklich nicht so wichtig wäre, und wir auf ganz andere Dinge Wert legen. Wir hatten eine Weile einen richtig guten Mail-Kontakt.« Als dann aber endlich raus war, welche Jahrgänge da aufeinander getroffen waren, fand die Sache ein abruptes Ende. »Der hat mir doch eiskalt gesagt, ich wäre leider nicht mehr in der Altersklasse, die für ihn interessant ist. Dabei war er fast 20 Jahre älter als ich! Und es war mein Satz, den er da sagte! Ich bin zu jung für ihn!«

Gut, man könnte sich natürlich noch weiter nach oben orientieren, also im Freundeskreis der Großväter wildern, gäbe es da nicht ein kleines Problem: Dass die meisten Männer dann bereits tot sind oder in einem Zustand, bei dem man nicht mehr weiß, war das jetzt Ekstase oder ein Herzinfarkt? Spätestens ab 50 wünscht man sich dann, man könne wie der Anemonenfisch mal eben das Geschlecht wechseln, um wie Single-Männer aus dem Vollen, also aus potenziellen Kandidaten zwischen 30 und 55 schöpfen zu können. Weil vermutlich noch ein überfahrenes Gürteltier auf dem Single-Markt bessere Chancen hat als eine Single-Frau in oder jenseits der Wechseljahre. Was nützt es also, wenn uns alle Welt bescheinigt, dass der Spaß am Sex ab 40 zunehmen soll, wenn nicht zugleich die Frage beantwortet wird: Mit wem eigentlich?

»Christmas-Cakes« nennt man in Japan Frauen, denen es nicht gelungen ist, in der Blüte ihrer Jahre unter die Haube zu kommen. Sie haben – wie ein Weihnachtskuchen im Februar – gründlich den Termin verpasst, an dem sie noch genießbar gewesen wären und nun will sie keiner mehr. In Japan gilt das schon für Frauen ab 25. In Deutschland darf man erst mal so Mitte 30 werden, um sich als Single wie ein Trostpreis zu fühlen. Und auch das ist – wenigstens hierzulande – relativ neu. Immerhin hatte die allein lebende Frau schon mal ein durchaus erfreuliches Image. In den 80er Jahren galt es als ziemlich cool, duftete nach Aufbruch, Selbstbestimmung und klang nach aufregendem Sex, eine Single-Frau zu sein. Damals war der Gedanke noch recht neu, dass Frauen auch ohne Männer auskommen, ohne deshalb zu verarmen oder im Restaurant keinen Tisch zu bekommen.

Die Single-Frau war damals so etwas wie die

Speerspitze einer neuen Generation, die sich lieber selbst am Biographie-Büfett bediente, als sich von der Gesellschaft das Stammessen »Hausfrau und Mutter« vorsetzen zu lassen. Ein viel bewundertes Alpha-Weibchen: Erfolgreich, wählerisch und nicht bereit, ihre Selbständigkeit für jemand aufzugeben, der es praktisch findet, dass böse Mädchen überall hinkommen. Besonders beim Putzen. Single war Avantgarde. Ein exklusives Etikett. Die Single-Frau galt als eine Trophäe, die Mann sich erst mal verdienen musste. Was nicht einfach war. Die von Gloria Steinem ausgegebene lautete »Eine Frau ohne Mann ist wie ein Fisch ohne Fahrrad«, übersetzt: Frauen können prima ohne Männer auskommen. Und es oblag den Männern, Frauen vom Gegenteil zu überzeugen. War das mal geschafft, gab es bei Männern durchaus so etwas wie Stolz auf eine Frau, die zwar nicht ganz, aber doch ziemlich unabhängig war vom männlichen Urteil und vom männlichen Einkommen sowieso. Und sie strengten sich an. Was blieb ihnen auch anderes übrig. Wollten sie sich im letzten Jahrtausend noch einmal paaren, dann mussten sie ein bis zwei Grundregeln akzeptieren: Männer und Frauen sind gleichwertig und es steht *nicht* in den Zehn Geboten, dass Frauen in der Küche zu Hause sind.

Seitdem hat sich einiges geändert. Möglicherweise, weil es mittlerweile so viele Singles gibt und dieser Zustand also nichts Besonderes mehr ist. Mag auch sein, dass es an der Wirtschaftslage liegt, die zunehmend härtere Bedingungen stellt, denen man nur ungern allein ausgesetzt ist, oder weil es manchmal praktisch ist, jemanden zu haben, der ans Telefon geht, wenn man gerade noch in der Badewanne liegt. Jedenfalls ist das Gegenteil von Zweisamkeit heute Einsamkeit. Ein Defizit, eine kleine biographische Katastrophe und deshalb allenfalls eine Übergangserscheinung.

So denken Frauen, sind unglücklich, leiden und stecken – um den Makel auszugleichen – besonders viel Ehrgeiz in Schönheitspflege und Männersuche. Manchmal so viel, dass die Fahndung nach dem Lebenspartner und die Konservierung zu Hauptbeschäftigungen werden. Angetrieben von der Befürchtung, dass stimmen könnte, womit die amerikanische Zeitschrift *Newsweek* vor Jahren Singles den Angstschweiß auf die Stirn trieb: Dass es für eine Frau ab 40 wahrscheinlicher ist, von einem Terroristen ermordet zu werden, als noch einmal zu heiraten. Auch deshalb wollen alle möglichst schnell auf die andere Seite des Gartenzauns kommen. Dorthin, wo das Gras grüner sein soll, bloß weil ein Mann drauf steht. Der Richtige natürlich. Der ist für die Single-Frau inzwischen so etwas wie eine Kelly-Bag, deren Erfolg beruht ja auch zu großen Teilen auf dem Prinzip der künstlichen Verknappung – je weniger es gibt, je länger man auf sie warten muss, umso interessanter werden sie, umso mehr Gelegenheit hat man, sich Männer als Geheimrezepte für ein wunderbares, glückliches Leben, frei von Trübungsfaktoren, sozusagen als den Himmel auf Erden auszumalen. Bleibt die Frage: Ist das wirklich so oder ist es nur, weil wir denken: »Wenn die anderen einen haben, dann brauche ich bestimmt auch einen. Er kann mir ja später erklären, wozu er eigentlich gut ist«? Jedenfalls ist es, wie eine Frau in der Zeitschrift *Brigitte Woman* schrieb: »Ein freier Mann geht unter der Hand weg wie eine gute Wohnung.«

Allerdings gilt das nicht für alle. Manche wären zu haben, die will aber keine. Das Zukunftsinstitut in Kelkheim, das eine große Single-Studie durchführte, nennt sie die »männlichen Frust-Singles«. Männer, die deshalb bislang von Frauen verschmäht wurden, weil es ihnen an Bildung und Ausbildung mangelt. Ein ziemlich unattraktiver Restposten, zumal für die, die laut der Studie die größten Risiken tragen, ohne Partner zu bleiben: die besonders gebildeten und beruflich erfolgreichen Frauen. Der Grund, so Forscher: Die besonders gebildeten und erfolgreichen Männer, die also, die aus Frauensicht prima passen würden, die favorisieren Partnerinnen mit geringerer oder allenfalls gleich guter Ausbildung. Offenbar fürchten Männer, sich einen potenziellen Konkurrenten ins Haus zu holen, jemanden, der – wie sie selbst – wenig Neigung verspürt, seine Fähigkeiten im Haushalt zu vergeuden.

Es entbehrt natürlich nicht einer gewissen Ironie, dass ausgerechnet die beiden Single-Typen aufeinander angewiesen sein sollen, die sich am weitesten von ihren Rollen-Klischees entfernt haben: die erfolgreichen Frauen und die unqualifizierten Männer. Müssen die Männer also Abendkurse besuchen und die Frauen im Gegenzug etwas von ihrer Anspruchshaltung verlieren, also endlich aufhören, darauf zu beharren, dass Männer mit Messer und Gabel essen und »dem« und »den« auseinander halten können, wenn es denn nochmal klappen soll zwischen den Geschlechtern? Es scheint fast so. Offenbar ist das Single-Dasein für Frauen so etwas wie die Strafe dafür, die besseren Schul- und Universitäts-Abschlüsse zu haben und das Diplom nicht hinter den selbst gebügelten Bettlaken gleich neben der Gehaltsabrechnung verstecken zu wollen. Findet es eine Frau nicht enorm ausfüllend, einen Mann glücklich zu machen und ihren Intellekt mit dem Auswendiglernen von Kochrezepten, mit Bügelanleitungen und Schönheitstipps zu beschäftigen, hat sie nämlich keinen Mann verdient und darf nur noch Sex mit batteriebetriebenen Geräten haben, die »Black Lover« oder »Wollust Riese« heißen.

Single-Frauen müssen sich fragen lassen, ob sie nicht vielleicht zu anspruchsvoll, zu fordernd, zu kapriziös sind. Zu wenig bereit, sich geistig auch mal so tief herunterzulassen, dass man schon Grubenlampen braucht, um sich zu orientieren, um sich Männern anzupassen, deren Horizont schon bei der Lektüre des *Kicker* Dehnungsstreifen bekommt. Wenn es der Sache – der Beziehungsfindung und dem Beziehungsfrieden – dient, wäre das doch nicht zu viel verlangt.

Absurd? Schön wär's! Obwohl oder gerade weil das Argument: »Ich Ernährer, du gefälligst putzen!« mit jeder berufstätigen Frau ein wenig mehr an Überzeugungskraft verloren hat. Ebenso wie die einfache Formel: »Wer weniger verdient, bleibt daheim, wenn Kinder da sind!« nicht mehr als Ausrede vorm Erziehungsurlaub funktioniert, seit Frauen erstens bisweilen mindestens genauso viel verdienen und zweitens wenigstens zu Teilen erkannt haben, dass Arbeit nicht nur Fron ist, sondern auch Spaß machen kann und vor allem: unabhängig (weshalb sonst hätten sich Männer über Jahrtausende danach gedrängt, das Haus zu verlassen?).

Mädchen machen die besseren Abschlüsse und immer mehr Frauen bewähren sich in allen Bereichen des öffentlichen Lebens. Wie man es dreht und wendet: Es gäbe keinen einzigen vernünftigen Grund, weshalb Frauen auf ihre Möglichkeiten, selbständig, unabhängig und anspruchsvoll zu sein, verzichten sollten. Nicht mal Kinder. Schon gar nicht die. Die Zahlen aus dem gebärfreudigeren Ausland belegen, dass Frauen da, wo sie arbeiten können, weil die Kinderbetreuung geregelt ist, auch mehr Kinder bekommen. Niemals würde man dort – schon aus Gründen der geistigen Gesundheit – auf andere Frauen hören, die behaupten, Kinder könnten schlimme Narben im Gehirn davontragen, wenn sie vor ihrem dritten Geburtstag von einem anderen Menschen als der Übermutti Vollzeit betreut werden. Und natürlich steigt das Selbstmordrisiko nicht, wenn Frauen neben ihrem Muttersein noch arbeiten. Im Gegenteil. Studien belegen, dass Frauen, die einen Job ausüben, psychisch stabiler sind. Je mehr Stunden sie außer Haus verbringen, desto besser sind sie in Balance.

So ist der Vorwurf, hierzulande könnte es noch

schlimmer kommen – nicht wegen Hartz IV oder Edmund Stoiber, sondern weil Frauen ihre Kinder »wegorganisieren« – abstrus. Eher sollte man sich über zwei Drittel aller Frauen mit Kleinkindern sorgen, die daheim bleiben – auch weil die Betreuungssituation in Deutschland so erbärmlich ist und Frauen sich oft völlig allein gelassen und überfordert fühlen, ohne die geringste Chance, ordentlich darüber klagen zu können. Muttersein ist schließlich hierzulande immer noch *der* Grund schlechthin, sich andauernd total glücklich fühlen zu müssen. Und die Kinder? Denen tut es offenbar ganz gut, nicht 24 Stunden am Tag eine Mutter zur freien Verfügung zu haben. Erst kürzlich wieder – wie bereits 2003 – hat eine Studie, diesmal die der Bonner Psychologieprofessorin U. Röhr-Sendlmeier, nachgewiesen, dass Kinder berufstätiger Mütter schulisch die erfolgreicheren sind.[28]

Um es kurz zu machen: Es gibt mittlerweile keinen einzigen vernünftigen Grund, freiwillig in Zeiten zurückzukehren, in denen der Mann noch Mann und die Frau noch Rippe war. Es ist, wie Virginia Woolf schreibt: »Die Frau hat jahrhundertelang als Lupe gedient, welche die magische und köstliche Fähigkeit besaß, den Mann doppelt so groß erscheinen zu lassen, wie er von Natur aus ist.« Jetzt hat sie diese Aufgabe mal eben ein bisschen schleifen lassen und schon nimmt der Mann das übel. Mangelt es ihr an Bereitschaft, ihn ins Übermenschliche aufzublasen, und versucht sie stattdessen, eigenes Format zu gewinnen, wird sie abgestraft. Nicht nur von Männern, die mit Desinteresse reagieren. Auch von Frauen, die Männer bedauern, die es an die Seite von Feministinnen verschlagen hat. Wobei bereits eine Frau, die findet, ein Mann könne auch abwaschen, wenn er essen will, mittlerweile wieder diesen Tatbestand erfüllt. So schreibt die *Welt am Sonntag*: »Nach 45 Jahren Frauenbewegung und 26 Jahren *Emma* kehrt am Anfang des 21. Jahrhunderts ein Gespenst zurück, von dem wir glaubten, es längst verbannt zu haben. Es ist der jüngere Bruder der Torschlusspanik und heißt Verfallsdatum.«[29] Eva Herman und ihr vorauseilender Gehorsam, »Eva-Prinzip« genannt, was übersetzt so viel bedeutet wie »Bitte, bitte nimm mich, ich werde bestimmt auch ganz brav sein und keine Widerworte geben!«, ist nur eine Folge davon.

Sie meinen, das könne man nicht verallgemeinern? Nicht in Zeiten von Angela Merkel und Hillary Clinton? Dass längst eine neue Männergeneration am Start sei, bereit und gewillt, einer Frau auf Augenhöhe zu begegnen und sie nicht nach ihrem Jahrgang und ihrer Bereitschaft auszuwählen, seine Hemden zu bügeln? Dass bei Männern das Interesse wachse, sich emotional auf Verbindlichkeiten, aber auch praktisch auf die Hälfte der häuslichen Pflichten einzulassen? Das mag im einen oder anderen Fall stimmen. Andererseits tarnt die neue Aufgeschlossenheit manchmal bloß die alte Anspruchshaltung. Wie bei jenem Jungmann – Anfang 30 –, der in einem Interview mit einer Frauenzeitschrift angab, er würde Frauen, die ihr eigenes

Leben führen, immer etwas Spannendes zu erzählen haben, immer vorziehen. Alles andere sei ihm zu eindimensional. Auf den Hinweis der Interviewerin, wie das denn dann mit seiner Frau laufen würde, die ihm zuliebe ihren Beruf aufgegeben habe und nun bei ihrem gemeinsamen Kind daheim sei, antwortete er lässig, ja, auch eine Hausfrau könne einem doch noch neue Horizonte eröffnen. Klar, da sehen wir ihn förmlich vor uns, wie er sich dafür interessiert, wo sie heute die Hipp-Gläschen gekauft hat und weshalb sie jetzt zweimal die Woche ins Yoga will. Vielleicht liest sie aber auch jeden Tag den Politik-Teil der Tageszeitungen, weil eine Frau ja nicht nur Mutter und »Familienmanagerin« sein soll, wie es so nett in einer Staubsaugerwerbung heißt. Sie muss auch noch Anregendes zum Gespräch beitragen. Na danke!

Selbst bei den knapp 30-Jährigen bedeutet, einen Mann haben zu wollen immer noch, sich Fragen zu stellen, von denen wir bislang glaubten, dass sie wie Paradekissen und Klorollen-Überzüge in der Vergangenheit verschwunden sind: Bin ich zu fordernd, zu egoistisch? Darf ich ihn merken lassen, dass ich studiert habe? Darf ich darauf beharren, mich gemäß meiner beruflichen Qualifikation im Job weiterzuentwickeln? Aber auch: Bin ich schön genug, um Begehren zu wecken?

Es scheint, als sei das Single-Dasein – zumal das späte – so etwas wie die Sollbruchstelle der Emanzipation, die weibliche Achillesferse. Der Punkt, an dem der Mann sich wieder mit Macht in den Mittelpunkt des Geschehens rückt, umso mehr, als er nicht anwesend ist. Eine ideale Ausgangsposition, um die Bedingungen festzulegen. Aus Angst vor Einsamkeit im Altersheim. Einem Leben ohne Sex und dafür voller Einladungen, die mit den Worten eingeleitet werden: »Ich hoffe, dass du dich wohlfühlst, es sind nämlich nur Paare da.« So ziehen Frauen wie Eva Herman Register, von denen man annahm, dass sie wie der sardische Pfeifhase ausgestorben sind.

Heute gilt es wieder als durchaus salonfähig zu behaupten, dass eine Frau, die von einem Mann Teilnahme, Unterstützung und Abwasch erwartet, eben keinen »verdient« habe. Ganz so, als sei der Vollbesitz eines Partners für Frauen ein Nachweis von Weiblichkeit, geistiger und emotionaler Gesundheit. Logisch, dass man unter diesen Voraussetzungen noch mehr unter Druck gerät, will man einen Mann, und das möglichst vor dem 40sten Geburtstag, falls Kinder gewünscht sind. Keiner redet darüber, wie schwer es ist, sich mit Männern einig zu werden, die sagen: »Also, wenn du *zufällig* schwanger werden solltest, dann würden wir das schon *irgendwie* hinkriegen! Aber ansonsten können wir ruhig noch etwas warten. Ich fühle mich mit meinen 47 Jahren noch nicht reif dafür.« Alle finden, man hätte sich das mit dem Kinderwunsch doch wirklich früher überlegen können. Selten wird darüber gesprochen, wie schwer es ist, sich mit Männern auseinanderzusetzen, die behaupten, es würde sie in ihrer Kreativität beschränken, wenn sie Verabredungen einhalten sollen, und die irgendwie denken, dass der Nachschub an von der Suche erschöpften und ziemlich kompromissbereiten Frauen groß genug ist, um sich zu betragen, als seien sie gerade 14 geworden. Wird es trotz aller Bereitschaft, sich dem anzunähern, von dem wir annehmen, dass es das männliche Anspruchsniveau ist, nichts mit der großen Liebe, fragen wir uns weiterhin: »Stimmt etwas nicht mit mir?« Und versuchen noch angestrengter Aussehen, Auftreten und Flirt-Taktik zu optimieren.

So kann das nichts werden. Angespanntheit ist nun nicht gerade das, was Liebesgott Amor beflügelt. Von Eros ganz zu schweigen. Das Dilemma, gleichzeitig spontan und kontrolliert sein zu müssen, schön begehrenswert und entspannt, sorgt dann für noch mehr Stress. Ebenso wie die Widersprüche, die dem Widerstreit zwischen aktiv sein wollen und der Befürchtung, passiv könne besser ankommen, innewohnen. Es ist ein Problem, einerseits ganz traditionell romantisch erobert werden zu wollen, eine starke Schulter zu suchen, andererseits aber längst viel zu selbständig zu sein, um dem Traumprinzen das Zepter allein zu überlassen, vor allem, wenn der mal wieder denkt, er würde den Weg besser kennen als sein Navigationssystem. Da muss man auch mal sagen: Das kann auch einen Mann irritieren. Was soll er denn nun? Ihre Wünsche nach Selbständigkeit und Autonomie respektieren oder Führungsqualitäten beweisen? Es gibt Krach. Man stellt fest, dass man sich das mit der Liebe doch anders vorgestellt hat, ist wieder Single und noch ein wenig verzweifelter als beim letzten Mal. Nun weiß man ja, wie aussichtslos die Sache sein kann. Vielleicht, so denkt man, wäre ein Facelift doch gar nicht so schlecht. Sieht man jünger aus, ist die Auswahl größer und damit wohl die Wahrscheinlichkeit, einen zu finden.

Es würde sich ja beinahe lohnen, sich sogar die Nase an den Hinterkopf operieren zu lassen. Jedenfalls für den Piloten mit musischer Begabung, der in seiner Freizeit als Unterwäsche-Model für Calvin Klein arbeitet und Häuser einrichtet. Der, mit dem man alles bereden kann, der einem schon an der Tür die Kleider vom Leib reißt, weshalb die Nachbarn schon auf Schalldämmung drängen. Natürlich würde man sich wortlos verstehen und alle Interessen teilen. Sogar die für Bridge und »Desperate Housewives«. Wenn sie sagt, sie will am Wochenende in die Stadt zum Shopping, dann sagt er: »Au ja!« Selbstredend hat er immer die tollsten Geschenke parat, solche, die man seinen Freundinnen gar nicht zeigen mag, weil die sonst plötzlich anfangen zu weinen und über Scheidung reden. Manchmal muss sie ihn ein wenig streng verwarnen, weil er sonst zu viel in der Küche steht, anstatt sich mal auf dem Sofa auszuruhen. Und der einzige Grund, weshalb er manchmal böse wird, ist, dass man sich zu viele Gedanken ums Aussehen macht. Weil er ja vor allem die inneren Werte liebt. Also die, die man weder schminken noch mit Falten-Filler bestechen kann.

Es hat also einen kleinen Haken, das Beziehungs-Erwartungspaket: Man will jemanden, der nicht allein auf Äußerlichkeiten steht. Anders geht's ja eigentlich nicht, weil man ja gemeinsam noch älter werden will. Und wenigstens da funktioniert das Wünschen: Denn aufs Aussehen kommt es auch beim Single im fortgeschrittenen Alter eigentlich gar nicht so sehr an. Jedenfalls nicht so sehr, wie Frauen denken. Schon eher spielt die Fähigkeit eine Rolle, Erwartungen zu reduzieren. Die an den Mann und die an Beziehungen.

Es liegt nicht allein am Runzel-Ich und an schwindender Attraktivität, wenn die gefühlte Wirklichkeit sagt, dass es keine Männer mehr gibt. Auch jüngere Frauen haben das Problem. Nur dass sie sich eben erfolgreicher einreden können, mehr Zeit für die Suche zu haben und damit vielleicht größere Chancen. Es sind vor allem die falschen Vorstellungen. Die Zweisamkeit wird dermaßen idealisiert, dass ein normales Single-Leben dagegen einfach schrecklich trostlos wirkt. Natürlich ist es schön, jemanden zu haben, mit dem man den Tag durchsprechen kann (falls er spricht). Aber Liebe ist nicht glamourös. Jedenfalls nicht andauernd. Und Männer allein sind nicht seligmachend. Wie Frauen übrigens auch nicht.

Leider will man davon lieber nichts wissen. Selbst wenn man schon einige Beziehungen hatte, die nicht sonderlich gut verlaufen sind, nimmt man an, zu den Ausnahmen zu gehören, die halt immer an die Falschen geraten, während alle anderen den Regelfall – tiefste Verständnisinnigkeit, traumhaften Sex, überwältigende Leidenschaft – leben. Man ist ja nicht dabei, wenn das Traumpaar aus dem

Bekanntenkreis sich unflätigst beschimpft, bloß weil er findet, dass Ordnung etwas für Spießer ist, und weiß auch nicht, dass in manchen Ehen Weihnachten öfter ist als Sex. Deshalb müsste man eigentlich Beziehungs-Zwangspraktika für solche einrichten, die länger als drei Jahre Single sind, bloß damit die mal ein wenig Dankbarkeit für ihr Leben zeigen. Während sie nämlich vor dem Fernseher sitzen und darüber traurig sind, ganz allein »Gilmore Girls« schauen zu müssen, sitzt irgendwo eine Ehefrau und bekommt gerade zwei neue Zornesfalten zu den zehn, die sie schon hat, weil ihr Mann wieder mal fragt, was sie eigentlich »an dem Schwachsinn« findet. Und während die Single-Frau krank im Bett die Einsamkeit beklagt und dass niemand ihr eine schöne Suppe kocht, steht die Ehefrau mit 39 Grad Fieber in der Küche, weil ihr Mann gerade mal wieder die Firma, also praktisch die Welt, rettet. Um all das mal zu kapieren, könnten Singles doch prima drei Monate – sagen wir mal – bei Gerhard Schröder und Doris Schröder-Köpf verbringen. Da hätte der Exkanzler endlich eine sinnvolle Beschäftigung und der Single würde schnell mal merken, dass man für ein Leben mit einem Mann dasselbe braucht wie für eines ohne: Nein, nicht umwerfendes Aussehen, Augencremes und den BMI von Stangensellerie. Es sind Selbstverantwortung, Humor, Geduld, Abstand, ein eigenes Zimmer (weil es schon blöd ist, sich nach einem Streit in ein Ehebett legen zu müssen) und Realitätssinn. Ohne diese Basics passiert, was man am meisten fürchtet – gerade weil man es am meisten fürchtet: Man wird immer das Gefühl haben, von den Liebesgöttern verlassen zu sein. Wenn man sich zu viel von der anderen Seite des Zaunes verspricht und nicht glauben mag, wie unspektakulär es dort zugeht. Dass dort Hemden gebügelt werden und Männer auf Sofas herumlümmeln, statt vor ihren Frauen auf Knien zu liegen. Würde der Single mal seine verbandelten Freundinnen fragen, wann sie das letzte Mal all das verspürt haben, wonach er sich so sehnt und wovon er glaubt, dass es zur serienmäßigen Ausstattung einer Ehe gehört – dann würde er vielleicht öfter sehr glücklich allein nach Hause gehen.

Zumal das Single-Leben ein paar unschlagbare Vorteile besitzt, die uns Eva Herman – wie so vieles – wohlweislich verschwiegen hat. Untersuchungen belegen, dass ein Leben als Single für Frauen, wenigstens statistisch gesehen, reinst Wellness ist. Laut einer WHO-Studie sind Single-Frauen nämlich weniger depressiv als Verheiratete. Andere Studien belegen, dass sie sich gesünder ernähren, schlanker und auch beruflich viel erfolgreicher sind als ihre verheirateten Geschlechtsgenossinnen. Weibliche Solistinnen verfügen zudem über deutlich höhere Einkommen als ihre verheirateten Altersgenossinnen, könnten sich also ein frohes Leben finanzieren, in dem man niemandem erklären muss, weshalb man dringend noch eine schwarze Hose braucht, obwohl man schon vier hat.

Man könnte also als Single sehr glücklich sein. Theoretisch. Praktisch klingen Sätze wie »Allein, aber nicht einsam!« wie Durchhalteparolen, mit denen man lange, öde Durststrecken überwindet. Ähnlich wie: »Frau, aber trotzdem nicht dumm!« oder »Ausländer und dennoch Mensch!« Wenn es also unbedingt ein Mann sein soll und Sie sicher sind, nicht auch mit einer Katze, einem Theaterabonnement und vielen guten Freunden sehr glücklich werden zu können, dann haben Sie nur eine Chance: Vergessen Sie den Traumprinzen und hören Sie auf, die Liebe als einen Rosengarten mit lauter Pflegefällen zu betrachten. Bejammern Sie nicht das Runzel-Ich, wenn es nicht auf Anhieb klappt. Kümmern Sie sich überhaupt nicht so viel um Aussehen und Wirkung auf Männer.

Fragen Sie sich lieber, ob es nicht einträglichere Projekte gibt, als dem Runzel-Ich den Generalschlüssel für Ihr Selbstwertgefühl zu überlassen. Sie könnten beispielsweise den Vorstand der Deutschen Bank übernehmen, Papst werden oder Krankenkassen-Chefin, einfach um nicht länger einem Mann die Entscheidung zu überlassen, wie viele Frauen jährlich an Brustkrebs sterben müssen, bloß weil an der Vorsorge gespart wird.

Es ist nicht nur viel angenehmer, nicht darüber zu grübeln, ob es am Aussehen liegt oder an der Konfektionsgröße und sich stattdessen öfter mal wie Scarlett O'Hara zu sagen: »Ich denke morgen darüber nach!« Es ist auch viel einträglicher. Man gewinnt Freundschaften, Anerkennung, auch Geld, Souveränität – alles Dinge, die man sich besser selbst besorgt, anstatt darauf zu hoffen, dass ein Mann sie einem nach Hause bringt. Da kann man ja schon bei den ganz normalen Einkäufen wie Butter und Milch lange warten. Und man hat etwas, das wesentlich Erfolg versprechender ist als der Versuch, mit 25-Jährigen um die männliche Aufmerksamkeit zu konkurrieren.

Klingt paradox, eher wie der Hauptausgang zum Single-Dasein, weil doch alle Zahlen belegen, Erfolg macht Frauen einsam. Aber das tut der Versuch, sich dümmer und sehr viel jünger zu machen als man ist, auch. Man wird sich ganz schnell ganz schön allein fühlen in einer Beziehung, in der man sich nicht so geben darf wie man ist, nicht so klug, nicht so eloquent, nicht so selbständig und vor allem nicht so alt.

Klar, man will uns einreden, dass zum Beispiel Erfolg einem nicht den Lebensmenschen ersetzt, das Herz wärmt, einem abends die Füße massiert, Erfüllung bringt. Andererseits sind Männer genau mit diesem Konzept in den letzten paar Jahrtausenden ziemlich gut gefahren, ohne dass sie an Einsamkeit gelitten hätten. Im Gegenteil. Je mehr Aufmerksamkeit sie uns entzogen haben, umso mehr haben wir ihnen unsere Gefühle hinterhergetragen, alles versucht, um sie von der Notwendigkeit und der Nützlichkeit einer liebenden Frau zu überzeugen. Wir wollten unbedingt und gerade dann besonders gebraucht werden, wenn er uns mal wieder zeigte, dass er ja angeblich auch prima ohne uns auskommt. Da haben Männer viel früher als Frauen erkannt, dass minimaler Aufwand oft maximale Aufmerksamkeit verspricht. Aber auch: Dass es durchaus noch andere Quellen von Lust und Selbstbestätigung gibt, die einen tatsächlich unabhängiger von Beziehungen machen. Solche, die Bette Davis folgendermaßen beschrieb: »It is only work that truly satisfies.« Klingt das zu unweiblich? Zu ehrgeizig? Zu kalkuliert? Aber sind das Frauen nicht sowieso? Bloß, dass sie ihren Ehrgeiz in wenig einträgliche und nachhaltige Bereiche investieren. In die Liebe, in Diäten, ins Jungbleiben und in Männer, die sie noch nach 20 Jahren behandeln, als wären sie ihnen gerade zugelaufen, und kaum mehr sprechen als Marcel Marceau. Da können uns die Hürden gar nicht hoch genug sein.

Weshalb also nicht mal in Projekte investieren, die nachhaltiger sind als die meisten Ehen? Sich daran halten, was die Schauspielerin Hannelore Elsner einmal sagte: »Man darf sich vom Beziehungsglück nicht abhängig machen.« Schon gar nicht bei einer Scheidungsquote von bis zu 50 Prozent und im Hinblick auf die Prognose, die die Publizistin und emeritierte Literaturprofessorin Hannelore Schlaffer stellt: »Entgegen allen Behauptungen der Presse ist das Heer der einsamen verlassenen alternden Weiblichkeit groß und wird es bleiben. Es gibt keine alte Venus.« Deprimierend? Ja, wenn man sein ganzes Sinnen und Trachten auf eine Beziehung gelenkt hat. Wenn einem ein Mann alles sein sollte. Hat man dagegen noch ein eigenes Leben, mehr zu bieten, als ein angestrengt konserviertes Dekolleté, dann klappt es vielleicht doch noch mit einem Mann. Ganz unmöglich ist es jedenfalls nicht, einen zu finden. Selbst in fortgeschrittenem Alter. Das musste kürzlich auch *Newsweek* einräumen. 20 Jahre, nachdem sie die Single-Welt mit ihrer Meldung von der Unerreichbarkeit des Liebesglücks für Frauen ab 40 erschüttert hatte, schrieb das Magazin, die Chancen stünden doch wesentlich besser als behauptet, auch in diesem Alter nochmal zu heiraten. Und das kann einem doch wirklich Hoffnung machen. Besonders in Zeiten von Al Quaida.

Aber weil Hoffnung einem weder Kaffee ans Bett bringt noch die Reifen wechselt, hier ein paar Antworten auf die Frage: Wie schön muss ich eigentlich sein, um einen Mann zu finden? Brauche ich künstliche Wimpern oder tun es auch meine eigenen? Und wie viel Schummelei in Form von Hair-Extensions, Wonderbras und Bauchweghöschen sind erlaubt?

10 Dinge, auf die man bei der Suche nach einem Mann getrost verzichten kann:

Kunst am Nagel

Noch nie hat ein Mann gesagt: »Süß, die Herzchen auf deinem Fingernagel!« oder »Ist das ein Picasso oder ein van Gogh auf deinem Zeigefinger?«. Bunte Federn, Strasssteine, kunstvolle Motive oder Sternchen auf Fingernägeln stehen bei Männern ähnlich hoch im Kurs wie ein Dutzend auf dem Bett drapierte Kuscheltiere und lässt sie befürchten, die gemeinsame Zukunft könne aus Duftölen, Kerzenleuchtern und Kuschelrock bestehen. Auch

Nägel, die eigentlich praktisch sind, weil sie bei der Gartenarbeit etwa mühelos die Schaufel ersetzen, kommen bei Männern nicht so gut an. Vielleicht fürchten sie, beim Sex in Streifen geschnitten zu werden? Das bedeutet nicht, dass man ganz auf Nagelpflege verzichten sollte – denn auch abgekaute Nägel wirken – so eine Umfrage – auf Männer eher abschreckend.

Perfektion

Frauen, die offenbar sogar dann mehrere Stunden an sich arbeiten, wenn sie bloß etwa zum Briefkasten gehen, treiben Männer vor allem Sorgenfalten auf die Stirn. Schließlich fragt sich der Mann angesichts sorgsam eingedrehter Locken, eines Stylings, das so kunstvoll ist, dass man es bei Sotheby's versteigern könnte, zu Recht: Wenn sie so viel Zeit mit ihrem Äußeren verbringt, wie will sie sich dann noch um mich kümmern? Um die Zweisamkeit? Um meine Hemden? Visionen von nervtötenden Dialogen tauchen im Männerhirn auf: »Bestimmt wird sie mich ständig fragen: Bin ich hübsch? Sitzt die Frisur? Steht mir das Kleid?« Der Mann weiß: Da kann er nur verlieren. Andauernd wird er Rücksicht nehmen müssen, auf Kalorientabellen, auf zarte Nylons, auf den Sitz der Haare. Gar nicht eingerechnet die Termine des Star-Friseurs, der Kosmetikerin und des Nail-Studios, die aus seinem Leben einen einzigen Beauty-Marathon machen werden. Von den Kosten ganz zu schweigen. Da hätte er ja gleich Veronica Ferres heiraten können. Die kann den ganzen Aufwand wenigstens von der Steuer absetzen.

Zu viel Make-up

Wer mehr Make-up verwendet als Liberace, braucht sich nicht zu wundern, wenn es nicht klappt – jedenfalls nicht mit Männern, die sich für Frauen interessieren. Was eher nach Spachtelarbeit denn nach Verschönerung aussieht, lässt mehr Vermutungen über das zu, was sich unter den undurchdringlichen Schichten verbirgt, als einer vertrauensvollen Annäherung zuträglich sein kann. Falten? Ausschlag? Guido Westerwelle? Schließlich denkt sich der Mann zu Recht: Sie wird es wohl nötig haben und ist nur mäßig daran interessiert, die ganze Wahrheit über ihr eigentliches Aussehen ausgerechnet in seinem Bett zu lüften.

Außerdem: Zu viel Make-up macht unnötig alt. Es kriecht in die Falten und man sieht aus wie ein geschminktes Kreditkartenlesegerät.

Diät

Sicher, man kann auch mit über 40 »aal-schlank mit flunderflachem Bauch« sein, so *Bild*. Vorausgesetzt, man widmet sein gesamtes Leben der Aufzucht und Pflege dieses Bauches, hat also nicht mehr allzu viel Zeit für andere Dinge. Also auch für Männersuche, lauschige Tête-à-Têtes in luxuriösen Restaurants mit kalorienschweren Leckereien und Zweisamkeit. Aber wozu diese Selbstkasteiung? Man kann nicht oft genug betonen: Männer mögen keine Frauen, die so klapprig wirken, als würden sie den nächsten Abend nicht ohne Sauerstoffzelt überstehen. Das hat viele Gründe. Zum einen haben die wenigsten ein Sauerstoffzelt, zum anderen verlieren sich mit Hardcore-Abspeck-Maßnahmen zunehmend die weiblichen Formen, damit die für Männer durchaus erfreulichen Unterschiede zwischen den Geschlechtern. Dann ist so ein Zusammensein mit einer notorisch unterernährten Frau wahrlich kein Zuckerschlecken, weil nicht nur die Figur, sondern auch die Nerven ziemlich dünn werden und man unter 50 Kilo etwa alle fünf Minuten in Tränen ausbricht. So ein ständiger Verzicht will außerdem belohnt werden. »Für wen mache ich das eigentlich alles?«, fragt sich der Hungerhaken und erwartet Lastenausgleich in Form von angemessenen Zuwendungen. Das kann auch anstrengend sein.

Vor allem aber besitzt Essen einfach zu viele Beziehungsqualitäten, um »das gesellige Verteilungserlebnis«, wie Verhaltensforscher es nennen, einfach durch das Nagen an einer Selleriestange oder den gemeinschaftlichen Verzehr von Kressesuppe einmal am Tag zu ersetzen. Es ist einfach trostlos, einem anderen dabei zuzuschauen, wie er ein- und dasselbe Salatblatt so oft umdreht, bis es ein Schleudertrauma hat, statt es sich endlich in den Mund zu stecken. Umgekehrt kann es natürlich auch etwas verstörend wirken, wenn man sich Portionen bestellt, die so ausufernd sind, dass man praktisch schon einen Fremdenführer braucht, um durchzukommen. Aber das betrifft ja ohnehin nur eine Minderheit. Für alle anderen Normalgewichtigen zwischen Größe 38 und 46 gilt: keine Sorge, dass die paar Pfund mehr die Chancen minimieren. Was Frauen schon als unerträglich übergewichtig empfinden, rangiert bei Männern noch unter »schlank«. Auch das wurde durch Studien belegt.

Funkelndes

Schmuck kommt zwar von Schmücken – aber wie bei allem, also etwa Botox, Schwarzwälder Kirsch oder Margaritas, hängt die Wirkung vor allem von der Dosis ab. Wenn man mehr Schmuck trägt, als bei einer türkischen Hochzeit zusammenkommt, und also praktisch schon als Blitzableiter arbeiten könnte, dann braucht man sich nicht zu wundern, wenn Männer etwas verschreckt reagieren. Auf sie wirkt die ganze Pracht, als wäre man auf der Suche nach einem, der die letzten freien Plätze am Körper mit Edelmetallen ausfüllt. Und – was fast noch schlimmer ist – als würde die Frau, wie der Kopfgeldjäger den Skalp, den Schmuck als Trophäen der vergangenen Beziehungen an sich tragen. Überhaupt sollte man sich, je älter man wird, umso mehr in vornehmer Schmuckzurückhaltung üben. Ein schönes Teil pro Körper genügt völlig. Außer man ist Elizabeth Taylor. Meistens ist es schon ein Tick zuviel, gleichzeitig eine Kette, Ringe und Ohrringe zu tragen. Ganz verzichten sollte man auf mehrere Schichten Kaufhausgold an Hals und Fingern. Lieber in etwas richtig Wertvolles investieren. Die Preisdifferenz zwischen einem Dutzend Talmiketten und einem schönen Designerschmuck ist meist gar nicht so groß.

Beauty-Ersatzteillager

Künstliche Haare, Push-up-BHs und nun auch noch Höschen, die aus jedem Flach-Po einen Jennifer-Lopez-de-Luxe-Hintern zaubern: Jedes einzelne Hilfsmittel mag zwar hilfreich sein, weil es das Selbstbewusstsein päppelt und Lieblingsmängel ausgleicht. Zu viel ist aber bei der Partnersuche so gefährlich wie die Behauptung »Ich liebe Fußball!«. Schließlich wird man an seinen Anfangs-Investitionen gemessen. Meint: Wer hoch einsteigt, muss das Niveau schon ein wenig halten können, auch, um dem Mann das Schockerlebnis seines Lebens zu ersparen, wenn einem etwa beim Sex ganze Haarbüschel ausgehen oder der eben noch pralle Busen beim Ausziehen plötzlich um die Hälfte geschrumpft zu sein scheint. Es ist der Leidenschaft nicht gerade zuträglich, wenn man sich so nach und nach der Ersatzteile entledigt und vom Pamela-Anderson-Double zur Angela-Merkel-Kopie mutiert. Nichts gegen die Kanzlerin, aber die spricht vermutlich etwas andere Männer an als die Baywatch-Blondine, und der eine oder andere könnte etwas irritiert reagieren.

Wulstlippen

Männer lieben bekanntlich deutliche Signale und was kann deutlicher sein als ein Paar Lippen, das aussieht, als hätte man es sich von einem Malawisee-Buntbarsch geliehen? Eigentlich eine plausible Überlegung – aber Männern offenbar nicht bekannt. Die finden diese enormen Wülste ähnlich faszinierend wie einen blutigen Autounfall: Es ist schrecklich, aber man muss ständig hingucken. Vor dem Nahkontakt aber fürchten sie sich ein bisschen – vermutlich liegt es an der Ur-Angst vorm Gefressenwerden. Solche Lippen lassen ja einigen Interpretationsspielraum offen. Zumal man ja nicht so recht sieht, was sich hinter den Wülsten verbirgt. Vielleicht ein Schredder statt der üblichen 32 Zähne? Schon macht sich Kastrationsangst breit. Keine gute Voraussetzung für eine entspannte Begegnung!

Blondierungen

Es stimmt nicht, dass man nie zu dünn oder zu blond sein kann. Manche sind – wie Sabine Christiansen – sogar beides. Das ehemalige Erkennungszeichen der Diven und Filmgöttinnen, der Beautys, Prinzessinnen und Sexbomben gilt zwar immer noch als der Generalschlüssel für das Epizentrum des männlichen »Lendendenkens« (Umberto Eco)[30], besonders in Tateinheit mit Wallemähne. Allerdings sind die Zeiten vorbei, als »blond« als exklusives Markenzeichen galt. Und wer sich auf den Hollywoodklassiker »Gentlemen prefer blond« beruft, dem sei gesagt, dass seine amerikanische Autorin Anita Loos damals gleich noch »but Gentlemen marry brunettes« hinterherschob.

Sicher besitzt die Haarfarbe einige Signalwirkung. Vor allem, wenn sie naturbelassen ist. Die meisten Blondinen aber sind von der Schöpfung vielleicht blond gedacht, aber nicht blond gemacht, müssen also auf chemische Unterstützung zurückgreifen. Die ewige Färberei aber reduziert selbst das üppigste Haar leicht auf ein paar traurige Strähnen. Es mag an der Gier nach immer noch mehr blond oder aber an der irrigen Annahme liegen, dass viel viel hilft oder auch einfach an Unkenntnis darüber, dass die Blondine auch nicht mehr ist, was sie mal war, wie Sabine Horst in der *Zeit* schreibt: »Blondsein ist bloß eine Image-Option unter anderen.« Und: »Was jede darf, macht keinen mehr heiß.«[31] Deshalb: Besser ein schön glänzendes Brünett als ein ermattetes Chemie-Blond und wenn es schon blond sein muss: unbedingt in Farbexperten investieren.

Bräune
Soll Gesundheit vortäuschen, ist aber tödlich für die Haut: der Solariums-Besuch oder stundenlange Sessions in der prallen Sonne, am besten noch ohne Sonnencreme. Eine leichte Bräune wirkt wunderbar gesund und entspannt – aber wenn man ganzjährig herumläuft wie eine gegerbte Echse, macht das einen eher ungünstigen Eindruck. Man sieht aus, als würde man auf dem Rummel als Kartenlegerin arbeiten und daheim Voodoo-Puppen quälen, die fatale Ähnlichkeit mit Ex-Liebhabern haben. Deshalb: Lieber ein wenig Rouge auflegen – wirkt viel freundlicher.

Übertreibungen
In der Beauty-Theorie entwickeln anziehende Merkmale selbst dann einen besonderen Magnetismus, wenn man sie bis ins Groteske übertreibt.

Bestes Beispiel: Der kleine schwarze Schwan vom Aasee in Münster, der sich in einen XXL-Artgenossen aus Holz, ein Schwanen-Tretboot, so unsterblich verliebt hatte, dass man im örtlichen Zoo sogar ein eigenes Winterlager für das ungleiche Paar einrichtete. Meint: Man kann in Sachen »Weiblichkeit« also eigentlich gar nicht zu viel des Guten tun. Zumal Männer bekanntlich starken Reizen durchaus zugetan sind (um mal zurückhaltend zu formulieren was passiert, wenn eine Blondine mit einem so ausladenden Dekolleté, dass man dafür eigentlich schon ein Navigationssystem braucht, ein Restaurant betritt). Ein Phänomen, das einen aber nicht dazu verleiten sollte, zu ähnlichen Mitteln zu greifen. Es mag entsetzlich chauvinistisch erscheinen – aber Männer machen schon feine Unterschiede zwischen Frauen, die sie und alle anderen Herren im Raum gern mal anschauen und der einen Frau, die sie exklusiv nur für sich haben wollen. Übrigens: Frauen sind nicht anders, wenn ein junger Schönling mit Knackpo einen Raum betritt, sie speicheln nur nicht so auffällig.

11 Antworten auf die Frage:
Warum sind Sie eigentlich noch
nicht verheiratet?

1. Ich schätze, ich hatte einfach riesiges Glück.
2. Weil ich die Frage so gern höre.
3. Ich warte, bis ich endlich alt genug dafür bin.
4. Weil ich auch aus Fehlern anderer lerne.
5. Weil meine Fans sonst enttäuscht wären.
6. Warum sind Sie nicht dünn? (wahlweise auch: klug, reich, witzig)
7. Ich habe mit Brad Pitt verabredet, dass wir so lange nicht heiraten, bis die Schwulen-Ehe weltweit volle Rechte erhält.
8. Meine Liebhaber würden das nicht verstehen.
9. Ich müsste sonst vermutlich mit den One-Night-Stands aufhören.
10. Weil ich weiterhin Sex haben will.
11. Ich bin noch nicht verzweifelt genug.

Wie viel Schönheit
braucht der Sex?

Weibliche Schönheit diene dem Fortbestand der Menschheit, sagt die Wissenschaft. Männer brauchten einfach ein paar optische Grundvoraussetzungen, um sich zum Sex herabzulassen. Ohne eine gewisse Attraktivität ginge einfach nichts. Einerseits. Andererseits gibt es Gegenstimmen. Zum Beispiel die von Heino. Der behauptet: »Eine Frau braucht immer ein Gefühl, der Mann kann gegebenenfalls auch mit einer unattraktiven Frau, ohne etwas zu empfinden, Sex haben.«[32] Eigentlich ist es nicht überraschend, dass man auch ganz ohne Empfindungen Sex haben kann. Vor allem mit Heino. Aber im Prinzip fänden wir es doch netter, es *mit* Empfindungen zu tun und total großartig wäre es außerdem, eine davon wäre »Wie ich diese Frau begehre!«, und eine andere: »Mann, sieht die toll aus. Besonders nackt!«. Ein Eindruck, von dem Frauen fürchten, dass er besonders im Bett und vor allem ab 45 mindestens so schwer herzustellen ist wie der Weltfriede. So ohne Hilfsmittel wie Bauchweg-Mieder, bewusstseinsverändernde Drogen oder raffinierte textile Verschleierungstaktiken, die gekonnt Cellulite, Hängebrust und Speckfalten verbergen.

Es stimmt nämlich leider nicht, was die Schauspielerin Jeanne Moreau einmal sagte: »Gott ist ungalant. Er hat alle Falten im Gesicht konzentriert, obwohl anderswo genug Platz wäre.« Gott hat auch den anderen Platz weidlich ausgenutzt und uns Falten an Stellen beschert, von denen wir gar nicht wussten, dass sie überhaupt die Fähigkeit zum Plissee besitzen. Nehmen Sie mal einen Spiegel, legen Sie ihn auf den Boden und machen Sie darüber nackt ein paar Liegestütze, schon wissen Sie, was wir meinen und weshalb etwa 99 Prozent aller Stellungen des Kamasutra für die Jahrgänge vor 1965 praktisch ersatzlos aus dem Repertoire gestrichen werden sollten. Nicht altersgemäß und extrem unschmeichelhaft.

Eigentlich müsste das Kamasutra sowieso den Warnhinweis tragen: »Die unvorteilhaftesten Positionen aller Zeiten« oder »Wie ich es schaffe, mich in fünf Minuten in eine narzisstische Krise zu stürzen, die größer ist als das Ozonloch«. Aber man muss das verstehen: 200 nach Christus, als das Werk entstanden sein soll, wurde man vermutlich einfach nicht alt genug, um zu berücksichtigen, dass eine Frau ab 40 womöglich etwas mehr wiegt als beispielsweise Nicole Ritchie und dass es deshalb geradezu unmöglich ist, die »Schwingende Schaukel« (der Mann hebt die Frau im Stehen auf seine Hüfte und hält sie dort fest) zu absolvieren, ohne dabei auszusehen wie ein Nilpferd, das sich an eine Giraffe klammert (sofern Sie eine Giraffe und nicht etwa ein Zwergkaninchen daheim haben, was die Sache noch aussichtsloser macht). Auch das »Nageleinschlagen« ist ganz und gar nicht altersgerecht. Erstens ist die Gebrauchsanweisung komplizierter als die Betriebsanleitung eines Atomkraftwerks. Sehr ungünstig für Leute, die schon Mühe haben, sich allein die PIN-Nummer ihres Handys zu merken. Außerdem möchte man sich beim Sex auf etwas anderes konzentrieren als darauf, sich nicht den Oberschenkelhalsknochen zu brechen. Was »Die Schubkarre« (ja, genau: der Mann hebt die Beine der Frau, die stützt sich auf ihren Händen ab) an Desillusionierung in einer an sich intakten Beziehung zu leisten vermag, daran will man nicht mal denken, und zum »Stoßenden Sattel« fällt einem dann sowieso bloß noch ein, wie schwer es ist, vor dem nächsten Jahrtausend einen Termin beim Orthopäden zu bekommen, und dass man sich seine Problemzonen ja gleich mit Flutlicht ausleuchten und dabei laut detaillierte Beschreibungen der Makel verlesen kann. So würde man wenigstens keinen doppelten Bandscheibenvorfall riskieren und hätte dasselbe Ergebnis: totale Ernüchterung.

Selbst ein einfaches Obenauf ohne viele Verrenkungen kann über 40 heikel sein, sackt doch so nackt und im Sitzen vieles sogar noch weiter ab, als die Beliebtheit von Angela Merkel kurz nach der Wahl. Man könnte dagegen anarbeiten. Aber es ist erfahrungsgemäß einfach extrem schwierig, gleichzeitig den Bauch einzuziehen, den Po anzuspannen, das Kinn vorzurecken, damit man die beiden anderen dahinter nicht mehr sieht und außerdem daran zu denken, was es nochmal war, das beim Sex Spaß machen soll.

Vielleicht ist das ja die Ursache dafür, dass die Schlafzimmerbeleuchtung in vielen Wohnungen im Laufe der Jahre immer spärlicher wird. So spärlich, dass sich eigentlich schon die Anschaffung eines Blindenhundes lohnen würde. Ließ man sich früher noch bei grellem Tageslicht nackt betrachten, gern auch irgendwo in der Natur, wechselt man ein paar Jahre später die 60-Watt- heimlich gegen eine 40-Watt-Birne aus. Gern würde man auch den Empfehlungen einschlägiger Sex-Ratgeber folgen und dauerhaft ganz auf Kerzen und schließlich vielleicht ganz auf Glühwürmchen umstellen, würde sich nicht ziemlich schnell herausstellen, dass die – entgegen anderslautenden Gerüchten – in männlichen Sex-Phantasien so viel Platz haben wie Pferdeposter oder Nail-Sets. Im Gegenteil. Für 76 Prozent der deutschen Männer ist es laut Wissenschaftsmagazin *PM* das Größte, es im Hellen zu tun, die Frau zu sehen, statt sich, wie es acht von zehn Frauen am liebsten hätten, wie Fledermäuse im völligen Dunkel zu paaren.[33] Natürlich könnte man auch einfach ein Laken über sich legen oder für Ablenkungen sorgen, etwa den Fernseher laufen lassen, Autoprospekte auslegen, ganz auf Telefonsex umstellen oder für jene Ablenkungen sorgen, die Sex-Ratgeber empfehlen – etwa Lebensmittel missbrauchen, um dabei das Verruchte mit dem Nützlichen zu verbinden: einfach mal vergessen, was die Mutter gesagt hat – dass man mit Lebensmitteln nicht spielt – und etwa eine Dose Sprühsahne benutzen, um seine Problemzonen großflächig zu bedecken. Bestimmt gehen auch Nutella, Honig, flüssige Schokolade in der Familienpackung. Allerdings sieht man bei den rauen Mengen, die man allein braucht, um bloß drei Speckfalten zu tarnen, schnell wie ein wirklich sehr großes Stück Schwarzwälder Kirsch aus und muss sich mal wieder die Frage gefallen lassen, wer das eigentlich alles essen soll. Ganz abgesehen davon, dass die Nahrungsmittel nicht nur in der Kalorienbilanz, sondern auch in der Bettwäsche massive Spuren hinterlassen.

Und wozu das alles? Um beim Sex die besten Haltungsnoten zu erzielen. Um ausgerechnet im Bett darüber nachzugrübeln, in welcher Position die Brüste noch fast wie neu aussehen könnten, anstatt rechts und links unter den Armen zu verschwinden (es gibt übrigens keine Position – außer Ihre Brüste sind wirklich neu!). Was sonst soll man glauben, zeigt doch der eigene Mann nach etwa zehn gemeinsamen Jahren oft sogar am Wort zum Sonntag mehr Interesse als an seiner Frau.

Wenn der amerikanische Kinsey-Nachfolge-Report »Sexwende« behauptet, dass nur knapp die Hälfte aller 40-Jährigen noch ein Sexleben hat, dann findet kein Sex auch und vor allem in Beziehungen statt. »Er begehrt mich einfach nicht mehr!«, sagen sich die Frauen, sind unglücklich darüber, offenbar nicht mehr attraktiv genug zu sein. Dabei liegt es also ebenso wenig am Aussehen wie am Wetter in Timbuktu, wenn sich die Sex-Frequenz bereits im Laufe der ersten fünf Jahre einer Beziehung halbiert, sondern an allen möglichen anderen Faktoren. Zum Beispiel, dass es in Langzeitbeziehungen eben noch tausend andere Ausdrucksformen von Zuneigung gibt, als sich ständig gegenseitig die Kleider vom Leib zu reißen. Aber auch: Dass sich beim Keinen-Sex-Haben ein gewisser Gewöhnungseffekt einstellt. Meint: Irgendwann hat man so lange keinen gehabt, dass das nächste Mal fast mit so vielen Erwartungen verbunden ist wie das allererste Mal, mit allen dazugehörigen Scham- und Peinlichkeitsgefühlen. Beinahe erscheint es einem bequemer, einfach nichts zu unternehmen, als kläglich an dem großen Premieren-Druck zu scheitern, der immer größer wird, je länger man wartet. Inklusive der Angst davor, abgelehnt zu werden, sollte man nach einem neuen Anfang suchen.

Man kann es sich schließlich lebhaft vorstellen, wie verschreckt ein Mann reagiert, wenn man ihm nach einer, sagen wir mal, einjährigen erotischen Durststrecke abends beim Essen eindeutige Avancen macht. Jetzt? Hier? Vor dem Tatort? Ohne Terminabsprache? Genauso hätte man ihm vermutlich sagen können, dass er ab morgen in Frauenkleidern zur Arbeit muss. Da nimmt man sich doch lieber ein Stück Schokolade und vertröstet sich aufs nächste Wochenende, vielleicht sogar besser aufs nächste Jahr. Ein Fehler. Weil es schade ist um die verpassten Gelegenheiten und weil gerade bei längeren Sexpausen gilt: Es einfach wieder tun. Ganz egal, wie ungünstig einem der Zeitpunkt erscheint, wie nüchtern die Atmosphäre und vor allem, wie viele Hoffnungen man mit einem Sex-Comeback verbindet. Klar wäre es toll, das erste Mal nach einer längeren Pause wäre so umwerfend, dass man es danach praktisch täglich tun will. Aller Voraussicht nach wird es das aber nicht. Es ist wie mit dem ersten Mal im Fitness-Center nach einer längeren Pause. Man hat den Muskelkater seines Lebens – aber immerhin einen Anfang und das Wissen: Mit jedem weiteren Mal wird es besser.

Sind jetzt endlich die schlaffen Schenkel oder die Krähenfüße – kurz das Runzel-Ich – als weitere Ursache für Verkehrsberuhigung im heimischen Bett dran? Nein! Noch lange nicht. Jedenfalls nicht vor: zu viel Nähe. Verschmelzung ist einer der weiteren großen Stolpersteine beim Sex in der Langzeitliebe. Je inniger zwei zusammenleben, aber auch je distanzloser sie miteinander umgehen, desto mehr verliert nämlich die Sexualität an Spannung. Bei extremer Nähe tritt dann sogar etwas in Kraft, was die Experten Inzest-Tabu nennen. Man lebt wie Brüderchen und Schwesterchen zusammen, nennt sich gar »Mama« und »Papa« und muss sich nicht wundern, wenn man seine Libido irgendwann noch seltener braucht als die Weihnachtsdekoration.

Leidenschaft benötigt nämlich Fremdheit, das Gefühl, dass der andere einen noch überraschen kann, aber auch Abstand und die Höflichkeit, jemanden nicht wie ein bequemes Möbel als bloßes Lebens-Ausstattungsmerkmal zu betrachten. Sätze wie: »Ich weiß doch, was du schon wieder sagen willst!« oder »Setz dich doch mal gerade hin!« oder »Wie du schon wieder rumläufst« fallen nicht gerade unter die Rubrik »Aphrodisiakum« und zerstören mehr als jede noch so runzelige Stirn. Den gleichen Effekt besitzt das bei Frauen in Langzeitbeziehungen oft weit verbreitete Bedürfnis, den Mann als Montagsproduktion der Schöpfung mit Mitleid, Überheblichkeit oder gar als niedere Lebensform zu betrachten. Ganz egal, wie viele Gründe bisweilen ganz objektiv dafür sprechen (und es sind sicher manchmal einige) – will man dauerhaft mit einem Mann zusammenleben und mit ihm in schöner Regelmäßigkeit Sex haben, dann sollte man diese abschätzige Haltung aus seinem Repertoire streichen. Wer geht schließlich schon gern mit jemandem ins Bett, der einen eigentlich für einen totalen Ausfall hält? Das bedeutet nicht, alles hinzunehmen, was einem so geboten wird. Streit ist durchaus wichtig. Mit das Wichtigste überhaupt. Allerdings nur, wenn er auf Augenhöhe stattfindet und nicht wie so oft zwischen einer Heiligen und einem Barbaren.

Guter Sex braucht Unsicherheit, Spannung, Aggression, Aufregung und die Bereitschaft, ein Risiko einzugehen. Aber auch: Nicht immer alles zu teilen, sich eigene Bereiche zu erhalten, nicht jeden Abend zusammen zu verbringen, vielleicht auch mal getrennt Ferien zu machen. Neugier, Interesse, Respekt – das alles ist der Treibstoff für guten Sex. Viel wichtiger als ein festes Bindegewebe und vor allem: viel anregender als all die Tipps, die wie ein erotischer Jungbrunnen wirken sollen.

Sex-Ratgeber sind genau genommen für das Liebesleben mittlerweile so etwas wie die Anti-Aging-Essenz fürs Gesicht. Sie sollen die Falten im Sexleben glätten. Die Hoffnung: Der Mangel an prallen Brüsten und anderen körperlichen Attraktionen ließe sich vielleicht durch ein pralles Unterhaltungsprogramm auffüllen. Schaut man sich die gängigsten Vorschläge aber mal genau an, sind sie ungefähr so wirkungsvoll wie Anti-Cellulite-Mittel. Sex außerhalb des Bettes? Vermutlich trägt dieser Tipp nicht wenig zu folgender Statistik bei. Laut einer britischen Umfrage sind die häufigsten Verletzungen, die Männer beim Sex erleiden, nämlich wie folgt:

1. aufgeschürfte Knie
2. gezerrter Rücken
3. verstauchtes Handgelenk
4. verstauchter Knöchel
5. aufgescheuertes Hinterteil
6. Beinverletzungen
7. aufgescheuerte Ellenbogen
8. zerkratzter Rücken
9. Beule am Kopf
10. Knochenbrüche

Was in der Theorie, also in Filmen wie »Wenn der Postmann zweimal klingelt« noch ziemlich sexy wirkt, erweist sich in der Praxis als überbewertet. Sicher ist auch in einer Badewanne Paarung theoretisch möglich. Wenn beide nicht größer sind als Pinguine. Das gilt auch für Autos. Und von hinten übers Waschbecken gebeugt? Na ja, man könnte dran denken, wäre ein Licht, das einem erlaubt, noch winzigste Härchen am Kinn zu erwischen, nicht das Gegenteil von dem, was man sich unter einer vorteilhaften Ausleuchtung von Besenreisern vorstellt. Ein Bärenfell haben die meisten nicht zur Hand – und falls doch, würde man sicher viel Interessantes über Feuermachen durch Reibung lernen. Was ein Parkettboden aus einem ohnehin nicht mehr ganz taufrischen Rücken macht, will man gar nicht erst zu Ende denken, und Besenkammern kommen ernsthaft nur für Leute in Frage, die sich wie der Bonobo nicht mal fünf Minuten beherrschen können.

Auch gemeinsam einen Porno zu schauen klingt besser als es ist. Nicht weil Frauen da unbedingt immer eine »intelligente Story« brauchten. Das wäre ja so, als würde man von David Hasselhoff den Macbeth erwarten. Aber es ist schon etwas störend, wie furchtbar angestrengt die männlichen Darsteller in den Frauen arbeiten und ihnen ständig ins Gesicht ejakuliert wird, als wäre Sperma irgendwie gut für die Haut. So gäbe es auch einiges zu »Dirty Talking« (überraschen Sie Ihren Mann ruhig mal mit »Ich will, dass du mir das Hirn wegbumst«), aber auch zu Fesselspielen zu sagen.

Abwechslung kann nicht schaden. Solange sie nicht in Leistungsdruck ausartet und man sich genötigt fühlt, Dinge zu tun, die einige Lichtjahre von den eigenen Bedürfnissen entfernt liegen. Da bringen kleine Veränderungen oft mehr als die großen Hauruck-Maßnahmen. Wenn man beispielsweise eigentlich mehr so ein Feinripp-Typ ist, fühlt es sich nicht nur peinlich an, wenn man plötzlich im Leder-Geschirr auftritt. Es sieht auch peinlich aus. Und man ist nicht verklemmt, bloß weil man in seinem Leben noch keine Zucchini missbraucht hat (kleiner Warnhinweis: *immer* mit Kondom, sonst gibt es schlimme Entzündungen!). Letztlich verhält es sich mit den Sex-Tipps wie mit den Schönheitsratgebern: Es liegt in der Natur der Sache, dass die Möglichkeiten begrenzt sind.

Fakt aber bleibt: Die Leidenschaft ist wie ein kleines Kind, das sich schnell langweilt. Sie braucht aber Abwechslung und Anregung, um zu gedeihen – nicht makellose Schönheit. Es genügt, wenn das gemeinsame Leben auch außerhalb des Schlafzimmers spannend bleibt, wenn man sich wenigstens gelegentlich aneinander freuen kann. Wenn man sich auch nach 20 Jahren noch die Mühe macht, sich für den anderen etwas hübsch zu machen, statt im Jogginganzug auf dem Sofa herumzuflegeln. Ein bisschen Aufwand muss schon sein – wenigstens so viel, wie man auch für alle anderen, für Freunde oder Kollegen, betreiben würde.

Dabei hat man als Langzeitpaar den unschlagbaren Vorteil, dass die Schönheit, auch die beim Sex, sich aus ganz anderen Quellen speist als die, die man regelmäßig in der *Vogue* oder im Kino sieht: aus Vertrautheit, aber auch aus Stärke und dem Privileg, den anderen lange genug zu kennen, um in ihm immer auch die Person sehen zu können, die er war, als man ihn kennenlernte. Für den Partner ist man schließlich immer auch noch die 30-Jährige, in die er sich damals verliebt hat. So wie man auf einem Klassentreffen – 25 Jahre Abitur – nach einer gewissen Eingewöhnungszeit (wer sind eigentlich all die alten Menschen?), nach und nach die 18-Jährigen wiedererkennt, mit denen man damals in der Schule war.

Eine Möglichkeit, die denjenigen leider fehlt, die nach einer längeren erotischen Durststrecke nun endlich wieder einmal angebandelt haben. Eigentlich würde sich die Frage – wie viel Schönheit der Sex braucht – zwar auch in diesen Fällen von selbst, nämlich mit etwas Logik beantworten lassen:

1. Ein Mann, der sich für einen interessiert, denkt offenbar nicht mit Abscheu, sondern durchaus mit Vorfreude daran, einen nackt zu sehen, und an all das, was darauf folgen kann.

2. »What you see is what you get«, sagen die Amerikaner. Denken Sie also nicht, es gäbe beim Auspacken größere Überraschungen, dass also Ihr bekleidetes und das nackte Ich so etwas wie Ihre private Version von Dr. Jekyll und Mr. Hyde wären. Es sei denn, Sie haben mehr Haare an Ihrem Körper als ein Wildschwein, sind bis über die Ohren tätowiert oder besitzen die beneidenswerte Fähigkeit, durch Ihre Kleidung etwa 30 Pfund wegzumogeln (falls ja, wo kaufen Sie ein?).

3. Sie sind verliebt, Sie möchten, dass der andere Ihnen vertraut? Warum vertrauen Sie ihm dann nicht? Warum unterstellen Sie ihm, dass ihm ein paar vermeintliche Makel mehr bedeuten als die 1321 anderen Dinge, die toll an Ihnen sind?

Das sagt einem der Verstand. Das Runzel-Ich sagt: Ich nackt? Ausziehen? Sex haben? Morgens ungeschminkt neben ihm aufwachen? Kann ich stattdessen nicht lieber einen Pitbull küssen? *Das geht jedenfalls gar nicht*!

Doch, das geht. Am besten, bevor Sie die Premiere so lange rauszögern, dass er schon denken muss, Sie haben ein Enthaltsamkeitsgelübde abgelegt oder einen schlimmen Ausschlag. Nur weil Ihnen ein neuer Mann so wichtig ist und das Sex-Comeback nach einer längeren Beziehung und einer kurzen Durststrecke mindestens perfekt sein sollte.

Aber was ist perfekt? Kann ja sein, dass der Sex in der Zeit, die man ohne ihn verbracht hat, mehr komplette Make-over erfahren hat als Demi Moore, während man selbst, erotisch betrachtet, quasi noch Schulterpolster trägt. Was ist zum Beispiel aus dem guten alten Baumwollschlüpfer geworden? Steht der neben den Dinosauriern im Museum? Wie trägt man heute seine Schamhaare? Oder hat man gar keine mehr?

Dann wäre da noch die Frage des Marketings. Wäre es klug, die Wahrheit zu sagen, also, dass man erstens seit ein paar Jahren keinen Sex mehr hatte und sich zweitens total geniert, sich nackt auszuziehen? Ist das nicht, als würde man quasi mit einer Schultüte neben ihm im Bett liegen? Manche Männer fänden das bestimmt spannend. Doch der, in den man sich verliebt hat, hoffentlich nicht. Der würde vielleicht »Oh Gott, was für eine Verantwortung!« denken – das Gegenteil von »geil!«. So muss sich Woody Allen in dem Film »Der Schläfer« gefühlt haben, als er – aus Versehen eingefroren – nach 200 Jahren wieder aufwacht und sich in Luna, eine Frau der Zukunft verliebt: auf dem gleichen Entwicklungsstand wie das rumänische Raumfahrtprogramm.

Man könnte natürlich an Dr. Sommer schreiben. Aber irgendwie ahnt man sowieso schon, was der einem antworten würde: »Liebe Leserin, es ist vollkommen verständlich, dass du nervös bist, dir seltsame und verrückte Dinge durch den Kopf gehen. Aber um es gleich zu sagen: Du brauchst keine Angst zu haben. Dein Freund ist bestimmt mindestens ebenso aufgeregt wie du. Entspanne dich also ein bisschen. Nicht zuviel. Weil Lampenfieber nämlich dazugehört, jedenfalls wenn es eine Premiere werden soll, die du niemals im Leben vergessen wirst. Und das wird es ganz bestimmt. Und noch etwas: Falls du noch nicht volljährig bist, zeig diesen Brief lieber nicht deinen Eltern.«

Nun, warten Sie immer noch auf die Antwort auf die Frage, wie viel Schönheit der Sex genau braucht? Die suchte kürzlich auch eine neue Serie des britischen BBC-Senders Channel 4 mit dem vielversprechenden Titel »How to look good naked«. Pro Folge wurde jeweils eine Kandidatin vorgestellt. Viele der vorgestellten Frauen hatten sich ihrem eigenen Mann schon seit Jahren nicht mehr nackt gezeigt. Einige hatten ihren Männern strikt verboten, sie an bestimmten – für sie besonders heiklen – Körperteilen wie etwa dem durch Schwangerschaften etwas erschlafften Bauch zu berühren. Die Hilfestellung bestand nun im Wesentlichen darin, den Frauen zunächst einmal angezogen ein neues Körpergefühl zu vermitteln.

Der Grundgedanke: Wer sich in seinen Kleidern wohlfühlt, hat weniger Probleme, nackt zu sein.

Es zeigte sich, dass es wie so oft bei den großen Dingen die Details sind, die viel bewirken. Etwa auch das Wissen, dass Männer Frauen gerade dann wunderbar weiblich und griffig finden, wenn die schon denken, sie seien so fett, dass sie eine eigene Postleitzahl brauchen. Für sie ist es viel schlimmer, mit jemandem zusammen zu sein, der Teile des eigenen Körpers zur erotischen Sperrzone erklärt. Das mag etwas schlicht klingen. Aber das ist das männliche Anforderungsprofil an Frauen, mit denen sie gern schlafen, glücklicherweise auch. Laut einer Umfrage brauchen Männer nämlich kaum mehr für guten Sex, als dass eine Frau gut riecht, sich ein wenig bewegt, sagt, was ihr gefällt, und es auch genießt. Schön wäre außerdem auch, sie würde sich die Beine rasieren und das Intim-Piercing ablegen und sie würde vor allem keine Warnhinweise aufstellen: »Problemzone! Bloß nicht berühren! Vorsicht – Selbstschussanlage!« Sind diese Mindestanforderungen erfüllt, denken Männer beim Sex einfach an Sex und eben nicht daran, dass ihre Partnerin nicht wie Eva Longoria aussieht oder mal wieder zum Friseur gehen müsste. Und schon gar nicht denken sie daran, wie sie selbst aussehen. Weil man beim Sex einfach immer gut aussieht, wenn man dabei an Sex und nicht an Schönheitsmakel denkt.

Von Graugänsen, Silberzwiebeln und besten Imitationen von 40-Jährigen Oder: Wie Frauen altern

Frauen altern toll. Ganz entspannt und total lässig. Solange sie jung sind. Dann sagen sie wie das Model Eva Padberg: »Ich freue mich aufs Älterwerden. Dann bekomme ich hoffentlich viele Lachfalten um die Augen – die machen ein Gesicht so charmant!«[34] Kein Wort über die etwa 25 weiteren Falten-Varianten, die allein um den Mund ihr Basislager aufschlagen und keine Antwort auf die Frage, weshalb eigentlich alle jüngeren Frauen glauben, die einzige Heimsuchung des Runzel-Ich bestünde lediglich in lächerlichen »Lachfalten«. Gucken die uns nicht an?

Statt sich zu ärgern, kann man sich jedoch entspannt zurücklehnen. Spätestens ab 40 lernt die begeisterte Faltenfreundin die ganze Vielfalt des Runzel-Ich kennen und mutiert zwischen zwei Krähenfüßen zur versierten Vertuschungsexpertin. Manche rechnen nun ihr Alter einfach in Hundejahre um oder ziehen die Zeit ab, die sie an Postschaltern und Supermarktkassen gewartet haben, dividieren das Ganze durch ihren IQ und nennen, was übrig bleibt, Kader Loth. Andere behaupten einfach stoisch jahrzehntelang, unter 40 zu sein, obwohl ihre Geburtsurkunde vermutlich noch in Keilschrift ausgestellt wurde und man sich genau daran erinnern kann, dass man einmal jünger war als diese Schauspielerin, die nun ein Alter angibt, mit dem sie unsere Tochter sein könnte. 70-Jährige sitzen in Talk-Shows und sagen »Wenn ich dann mal alt bin ...« und selbst ansonsten kluge Frauen wie Else Lasker-Schüler verschweigen ihr Geburtsdatum, als würde es sich dadurch von selbst immer weiter nach vorne verschieben. Ihre Antwort auf Fragen nach ihrem Alter: »Ich bin 18 oder 1000.«

Ausnahmen wie jene Frauen, die in vorauseilendem Trotz – »Sollen doch alle wissen, wie alt ich wirklich bin – bereits 52!« sagen, bevor man noch ihren Namen kennt, bestätigen die Regel: Fragen nach dem Alter rangieren bei Frauen über 45 in der Beliebtheitsskala auf demselben Schreckensniveau wie die nach Gewicht, Zahl der Liebhaber und dem letzten Sex. Was soll schon dabei herauskommen? Doch nur zweifelhafte Komplimente, die klingen, als hätte man bei der Weltmeisterschaft im Konservieren gerade die Gewürz-Gurken aus dem Feld geschlagen und sich noch vor die eingelegten Heringe gesetzt: »Für Ihr Alter sehen Sie aber noch sehr gut aus!« oder »Du hast dich aber toll gehalten!«. Sätze, die schon allein deshalb abfällig sind, weil man sie niemals zu einer 30-Jährigen sagen würde.

Man muss das verstehen: In einer Welt, in der Frauen vor allem an ihrer Attraktivität gemessen werden und Jugend sozusagen Synonym ist für Attraktivität, bedeutet 50 zu sein und annähernd so auszusehen, als würde man sich freiwillig aus dem Sandkasten ausschließen, in dem alle spielen. Längst haben die Jugendlichen im Fernsehen die Macht übernommen und manche Serie ist so konsequent von allem befreit, was über 60 ist, dass man fast glauben möchte, in Deutschland seien Falten verboten. Auch die Innenstädte sind fest in der Hand der H&M-, Pimky-, Mexx- und Zara-Generation, als wäre man mitten im Science-Fiction »Logan's Run«, in dem ein Computer-Diktator den Menschen ein sorgloses Leben bietet – bis zu ihrem 30sten Geburtstag, dann werden sie getötet.

Sicher, diese Ignoranz gilt auch für Männer. Aber bei ihnen meint Jugendlichkeit vor allem »Leistungsvermögen« und nicht gutes Aussehen. Typisch deshalb, wenn die Zeitschrift *Bunte* bei der Abstimmung »Welcher Star hat sich am besten gehalten?« sieben Frauen und bloß drei Männer zur Wahl stellt. Geht es dagegen um gesellschaftliche Bedeutung – wie etwa 2006 bei einer Abstimmung des Hessischen Rundfunks –, kehren sich die Verhältnisse sofort um. Dann stehen bei den »100 größten Hessen« 86 Männer 14 Frauen gegenüber, von denen sich die meisten wie etwa Elisabeth von Thüringen schon in jenem Zustand befinden, in dem die zuständigen Redakteure wichtige Frauen offenbar am liebsten sehen: beerdigt. Darüber könnte man sich sehr lange, sehr intensiv empören. Das allerdings macht ja noch älter, als man sowieso schon ist. Deshalb würden die meisten Frauen ab 50 lieber tot über einem Zaun in Mecklenburg-Vorpommern hängen, als sich öffentlich über den Jugendterror zu beklagen. Ähnlich wie beim Thema »Falten« ist dafür die beste Zeit nämlich schon vorbei, wenn man endlich in dem Alter ist, ein qualifiziertes Urteil darüber zu fällen. Wer würde sich schon darüber beschweren, bloß an Attraktivität gemessen zu werden? Doch nur die, die nicht mehr attraktiv genug sind!

Da machen es diejenigen unter uns, die auch nach ihrem 50sten Geburtstag noch als »erotisch« durchgehen, solche wie Iris Berben oder Sophia Loren, eigentlich nur noch schlimmer. Sie erfüllen nicht als typische Über-50-Jährige oder 70-Jährige dieses Weiblichkeits-Plansoll. Sie brillieren vielmehr in der Kategorie »Beste Imitation einer 40-Jährigen« oder »Gelungenste Vortäuschung von Jugend«. Ausnahmen, die wegen ihrer öffentlichen Präsenz aber die Optik bestimmen und das weibliche Plansoll so weit heraufsetzen, dass das ganz gewöhnliche Altern mit all seinen sichtbaren Heimsuchungen einem dagegen wie eine Charakterschwäche erscheint. »Es geht doch!«, belegen die vermeintlich »jung gebliebenen« Frauen und bringen damit den Vorwurf in die Welt: »Warum siehst du eigentlich nicht so aus?«

Jünger zu sein als man ist, ist fast schon Pflicht und sei es nur, dass man ein paar Jahre verschweigt. »Ach, es geht ja eigentlich nicht mal so sehr um das Alter, sondern darum, was man damit verbindet«, sagen dann an sich ziemlich vernünftige Frauen, wenn man sie uncharmant daran erinnert, dass sie schon vor vier Jahren ihren 50sten Geburtstag gefeiert haben. »Unter einer 54-jährigen Frau stellt man sich einfach so eine ältliche Person vor, mit kaum mehr Anziehungskraft als ein Küchenmixer. Das bin ich nicht!« Gleich denke man doch an »Wechseljahre« und daran, biologisch schon mal das oberste Kriterium für »Alter«, nämlich den Verlust der Reproduktionsfähigkeit, zu erfüllen. Männer dagegen könnten sich noch bis weit über das Rentenalter hinaus in der Illusion der evolutionären Nützlichkeit suhlen, sich mit jüngeren Frauen umgeben und gleichaltrige als Spiegelbild des eigenen Verfalls meiden. Privat und im Job. Auch im Berufsleben spielt es sicher eine Rolle, dass Männer nicht gern mit ihrem eigenen Alter konfrontiert werden, wenn es Frauen ab 40 so schwer gemacht wird, einen Kredit für eine Unternehmensidee oder auch einfach nur eine neue Stelle als Sekretärin zu bekommen. Jedenfalls solange Männern das Lenken überlassen wird. So lange bleibt uns erhalten, was Jeanne Moreau als Urheber von weiblicher Alternsangst erkannte: »Frauen fürchten nicht das Alter. Sie fürchten die Meinung der Männer über alte Frauen.«

Alt werden ist wie eine Anleitung zu »Depression leicht gemacht«. Vor allem, wenn man Sätze von Frauen liest, die es bereits hinter sich haben. So wie Simone de Beauvoir: »Plötzlich entdeckt man, dass der Weg nirgendwohin führt, außer zum Grab.« Man muss das verstehen. Alt werden bedeutet Verlust. Nicht nur an Anziehungskraft, Anerkennung und potenziellen Sexpartnern. Man verabschiedet sich von hohen Schuhen (wegen der Sturzgefahr), von langen Haaren (unpraktisch) und wie Elizabeth Hurley von seinen Tanktops.

Die Kinder – so man welche hat – brauchen einen kaum noch. Der Job zieht sich zäh – weil man mit 20 nicht mal den Hauch einer Ahnung hat, wie viel seiner Lebenszeit man mit einem Beruf verbringen muss, und gleichzeitig wird der berufliche Aktionsradius kleiner. Außer, man ist Politiker. Die Eltern werden älter und brauchen Hilfe, ausgerechnet in jener Phase unseres Lebens, in der wir intensivst mit uns beschäftigt sind. Zu allem anderen zeigen die Rentenberechnungen, dass wir heute praktisch unser gesamtes Einkommen in Altersvorsorge investieren müssten, um morgen wenigstens noch Wasserwelle, Senioren-Teller und Kaffeefahrt bezahlen zu können.

Wie soll man also bitte schön dann noch das Beste aus seinem Leben machen, wenn das Beste offenbar vorbei zu sein scheint? Eher fühlt man sich – frei nach dem Schriftsteller Anthony Powell – beim Altern, als würde man für ein Verbrechen bestraft, das man gar nicht begangen hat. Und es ist deshalb auch nur zu verständlich, wenn man den Zeitpunkt bis zur Vollstreckung »alt sein« noch möglichst lange hinauszögern will. Indem man sein Geburtsdatum verschweigt, behauptet: »Älter werde ich später«, ignoriert, dass Zeit fließt, laut Isaak Newton »ohne Beziehung zu irgendeinem äußeren Gegenstand«, also auch nicht zu Faltenkiller, Skalpell & Co. Dennoch sind die mehr als bloß Verschönerungsmaßnahmen. Sie sind Begnadigungen. Vergrößern sie doch den Abstand zu einer Zukunft, die einem so rosig erscheinen muss wie Langzeitferien in Bagdad.

Leider ist einem das andere Extrem – die Alterns-Enthusiastin – beim älterwerden auch keine große Hilfe. Frauen, die die Wechseljahre mit dem Baum der Erkenntnis verwechseln und sich betragen, als müssten Falten wegen ihrer enorm stimmungsaufhellenden Wirkung eigentlich unter das Betäubungsmittelgesetz fallen. Der Alters-Cheerleader findet es sooo toll, was das Altern für uns Frauen tut: Die duften Falten machen ein Gesicht erst interessant, die Haare werden dünner, was ja auch irgendwie nur schön ist, braucht man doch gleich weniger Shampoo, und schließlich verliert man genug Zähne, um einer arbeitslosen Zahnfee eine Vollzeit-Stelle zu verschaffen. Nicht zu vergessen diese wahnsinnigen Möglichkeiten, die sich ergeben, hat man erst mal die Wechseljahre hinter sich, die Kinder aus dem Haus und genug Zeit, ganz tief in die eigene Seele zu blicken.

»Endlich Ich« titelt deshalb ein Internetportal. Aber was waren wir dann vorher? Du? Wir? Die anderen? Ein Kulturbeutel? Egal. Alt werden ist einfach dufte, behaupten die Cheerleader (von englisch cheer = Beifall und to lead = führen, also sinngemäß das Publikum zum Beifall führen) des Alterns und behandeln die Wechseljahre, als seien die eine Auszeichnung. Dann schreiben sie hoffnungsfrohe Bücher wie »Endlich 50!« oder »Don't worry, be fifty«. Irgendwie erinnert das fatal an Geburtsvorbereitungskurse, in denen einem erzählt wird, »der Wehenschmerz ist ein konstruktiver Schmerz«, tut also eigentlich gar nicht weh, jedenfalls nicht schlimm und wenn trotzdem, soll man auf keinen Fall jammern oder es anderen weitererzählen, damit die Geburtenrate nicht noch weiter sinkt. Ähnlich ist es mit dem Älterwerden. Auch da erzählt man uns, es handele sich um ein großartiges Naturereignis, das man auf gar keinen Fall durch künstliche Hilfsmittel wie Schönheitsoperationen verfälschen darf, weil man ja sonst das Allerbeste verpasst.

Kurz: Man befindet sich in einer ähnlichen erfreulichen Lage wie ein Gelegenheitsjogger, der plötzlich einen Iron-man absolvieren soll, ohne auch nur annähernd dafür trainiert zu sein. Es sei denn, man fühlt sich durch Tipps wie »das innere Licht zum Leuchten bringen« oder muntere Aufforderungen wie »Wir wollen mit Ihnen die Schönheit der Reife feiern!« ausreichend darauf vorbereitet, dass der Östrogenspiegel den gleichen Stand wie das Bruttosozialprodukt von Haiti erreicht, das Bindegewebe erschlafft, Osteoporose an den Knochen nagt, man nächtelang glockenwach im Bett liegt und die Schleimhäute trockener sind als die Sahelzone. Vielleicht hätte es einen stutzig machen sollen, dass es zur Arbeitsplatzbeschreibung eines Cheerleaders gehört, immer dann besonders großen Wirbel zu machen, wenn ein Spiel schlecht läuft? Oder dass die Pluspunkte, die Alters-Enthusiasten so gern anführen, manchmal klingen wie die To-Do-Liste eines Todeskandidaten kurz vor der Hinrichtung: »Ich kann mich über jeden Fussel freuen: über Vogelgezwitscher, Blumenkelche, Wolkenformen, lärmende Zikaden, thermikfliegende Möwen oder Bussarde«, so die Journalistin Gabriele Krone-Schmalz in dem Buch »Frauen über 50«.[35] Auch das ist eine Form von Trostlosigkeit: das Alter in einem grellen Rosarot anzustrahlen, damit es ein bisschen appetitlicher wirkt. Harald Schmidt würde vermutlich sagen: Hier wird mal wieder Gammelfleisch umetikettiert.

Verdrängen, Verleugnen oder Verzuckern – entspannt wirkt weder das eine noch das andere. Dabei läuft es mit dem Altern für uns Frauen zwar nicht so toll, wie die Alters-Cheerleader behaupten, andererseits aber auch gar nicht so übel wie die Alterspaniker befürchten. Und nicht bloß, wenn man die Alternativen bedenkt, etwa, dass Frauen noch Anfang des letzten Jahrtausends im Schnitt bloß 48 Jahre alt wurden und man schon früh sterben muss, um den Heimsuchungen des Runzel-Ich dauerhaft zu entgehen. Frauen haben heutzutage eine Menge mehr Möglichkeiten, im Gespräch zu bleiben, als bloß mit Bestleistungen beim Konservieren. Sie können beruflich ganz neue Wege gehen, Geld verdienen und sich damit Unabhängigkeit – auch vom männlichen Urteil – sichern. Sie besitzen eine Menge Kaufkraft und damit eine besondere Anziehung. Sogar auf Branchen, in denen Frauen über 50 bislang soviel Begeisterung auslösten wie eitriger Ausschlag und in denen das Durchschnittsalter der Beschäftigten aus Prinzip gewöhnlich so niedrig gehalten wird, dass man sich dort eigentlich eher um einen Kindergartenplatz als um eine Arbeitsstelle bewirbt: in den Werbeagenturen. Dort hat man die ältere Frau und ihr Geld als überlebenswichtige Ressource für die

Wirtschaft entdeckt – und nähert sich ihr angemessen respektvoll, aus Gründen, die der Stern kürzlich so beschrieb: »In drei Jahren wird mehr als ein Drittel der Konsumenten in der westlichen Welt älter als 50 sein. Experten rechnen mit 15 Prozent Gewinneinbußen bei Unternehmen, die es verpassen, diese Käuferschicht zu erreichen.«[36]

Was Geld in weiblichen Händen – gerade denen mit ein paar Altersflecken – bewirkt, zeigt sich derzeit in der Kosmetik-Industrie. Die hat Frauen im Seniorenalter mittlerweile richtig lieb und will sie deshalb auf gar keinen Fall allein Klosterfrau Melissengeist und der Hitparade der Volksmusik überlassen, sondern hätschelt die reife und – wie der Stern titelte – »reiche Haut« mit altersadäquaten Rollenmodellen wie Diane Keaton, Susan Sarandon oder Jane Fonda. Ein echter Fortschritt. Nicht mal unbedingt, weil wir uns endlich nicht mehr von knapp 20-jährigen Models erzählen lassen müssen, mit der richtigen Creme vermöge eine 50-jährige Haut noch genauso wie ihre auszusehen. Es ist einfach ziemlich beruhigend, smarte und souveräne Frauen in fortgeschrittenen Jahren zu sehen. Für die es vielleicht nicht mehr das Wichtigste ist, wie Männer sie finden, und die trotzdem ein erfülltes Leben führen. Und die vor allem zeigen, dass man auch jenseits der Wechseljahre noch eine Menge Aufmerksamkeit erregen kann. Nicht als Schönheitskönigin, sondern schlicht als Kaufentscheidungsträger. Egal, ob es sich nur um den Erwerb eines Lippenstifts oder eines Autos handelt.

Eine Erfahrung, die sich prima auch in andere Lebensbereiche übertragen lässt. Warum etwa noch Firmen finanziell unterstützen, in denen die weiblichen Angestellten offenbar nach Geburtsjahr und BMI ausgewählt wurden? Weshalb Designer sponsern, die ihre Mode für die Figur von 14-Jährigen, aber den Etat von 60-jährigen Vorstandsvorsitzenden entwerfen? Warum Nachrichtenmagazine kaufen, deren Frauenquote bloß noch von der eines Männerklosters unterboten wird, und für die man schon Kanzlerin oder Nobelpreisträgerin werden muss, um überhaupt – wenn auch mit der gebotenen, testosterongesättigten Süffisanz – zur Kenntnis genommen zu werden? Und warum Produkte anschaffen, für die erklärte Frauenverächter wie Dieter Bohlen Werbung machen? Frauen treffen ca. 85 Prozent aller Kaufentscheidungen, inklusive die für Männerunterwäsche und immer häufiger auch die für Aktien. Entsprechend sollte das fortgesetzte Beleidigen unserer Intelligenz, unseres Alters eigentlich so gut wie ökonomisches Harakiri sein. Der ganze Umgang, das Bild der Frau von über 50 in der Öffentlichkeit wäre wesentlich freundlicher, wären wir uns dieser Macht bewusster und würden sie hier und da dazu benutzen, ein wenig Druck auszuüben. Selbstbewusstsein, das Wissen um die eigenen Möglichkeiten, statt der Fixierung auf den Verfall, könnte der Anfang einer entspannten Aussicht auf das Älterwerden sein.

Ältere Frauen können durchaus interessant sein. Mittlerweile auch aus ähnlichen Gründen, die ältere Männer für junge Frauen so faszinierend machen. Unschwer lässt sich das Phänomen in seiner unverblümtesten Form in Urlaubsländern wie Jamaika oder Kenia, beliebte Sex-Urlaubsziele für Frauen, beobachten, wo sehr junge Männer in Leidenschaft zu bisweilen ziemlich alternden Frauen entbrennen. Ganz so wie in dem Film »In den Süden« mit Charlotte Rampling, der 2006 ausgerechnet in den prüden USA zum kommerziell erfolgreichsten Kino-Hit des Sommers wurde. Sicher mag der dort gezeigte Handel – kleine Geschenke gegen Liebe – eine besonders fiese Ausbeutung von Armut sein. Andererseits: Wieso soll Geld nicht auch Frauen interessanter machen? Männer finden das in ihrem eigenen Fall doch auch nicht moralisch anrüchig. So wenig es allein die schillernde Persönlichkeit, das hinreißende Aussehen oder das vorbildliche Benehmen von Flavio Briatore ist, das junge Frauen entzückt, so wenig ist es der Knackpo der über 60-jährigen Ivana Trump, dem sie ihren jugendlichen Liebhaber verdankt. Geld, aber auch Erfolg und Zufriedenheit mit dem, was man tut, bedeuten Unabhängigkeit, und Unabhängigkeit wirkt ungemein anziehend. Das kann – für die richtigen Männer – durchaus eine Herausforderung sein. Zumal wenn US-Außenministerin Condoleezza Rice schwärmt, dass so ein Leben wie ihres zeitweise »mehr wärmt als eine noch so schöne Beziehung«, weckt das den Ehrgeiz, sie davon zu überzeugen, dass Männer doch ziemlich nützlich sein können.

Wollen also alle Männer heimlich mit Angela

Merkel oder Condoleezza Rice schlafen? So weit wird es vermutlich nicht kommen. Aber weit genug, um sich endlich nicht mehr an Jugend festzuklammern wie die Nacktschnecke an den Felsen, bloß weil wir glauben, sonst nichts mehr wert zu sein. Stattdessen sollten wir wissen, wie sehr wir uns und unsere Verhandlungsposition auf dem Arbeitsmarkt, aber auch privat mit unserer Alterspanik und mit der Trauer um die verflossene Jugendlichkeit schwächen. Würde man gegen den täglichen Sonnenaufgang ankämpfen, wäre man kaum weniger erfolgreich. Außerdem – so paradox es klingt – kaum etwas macht uninteressanter als der Versuch, sich durch Optik interessant zu machen, findet Dr. Beate Schultz-Zehden, Medizin-Psychologin an der Freien Universität Berlin.[37] Demnach wirkt eine Frau, die neben dem Erhalt ihrer Jugend keine weiteren Interessen hat, sehr schnell sehr langweilig. Dazu passt, was die Psychotherapeutin Dr. Anna Schoch in einer Studie herausfand, die am Max-Planck-Institut für Psychiatrie in München durchgeführt wurde: Dass, wer sich krampfhaft an der eigenen Jugend festhält, sich nicht weiter entwickelt.[38]

Traurig aber wahr: Der verbissene Kampf gegen das Alter ist ebenso wie das Anbiedern an das Runzel-Ich auf Dauer so aussichtsreich wie Hitlers Überfall auf Polen. Aber nur eine Form – wenn auch die verbreitetste – des weiblichen Alterns-Wahnsinns. Daneben gibt es ungefähr 67 andere Methoden »des erfinderischen Ausweichens vor irgendeiner lausigen Wahrheit« (Wilhelm Genazino).[39] Dazu gehören Esoterik, Brecht-Singen und Katzen hofieren – um nur einige zu nennen. Hier die wichtigsten Alterns-Varianten unter dem Vergrößerungsspiegel. Denn in unserem Alter braucht man schon eine kleine Sehhilfe, um sich selbst und den kleinen, gepflegten Irrsinn zu erkennen, dem Frauen ab einem gewissen Alter bisweilen anheimfallen – schließlich sind Runzeln beileibe nicht die einzigen Abbauerscheinungen, um die wir uns Sorgen machen müssen:

Die Esoterikerin

Wenn die Frau ab 50 im Diesseits nicht gebührend gewürdigt wird, dann muss sie sich zwangsläufig jenen Regionen zuwenden, in denen man Frauen ihres Alters, aber vor allem deren Bereitschaft schätzt, keine weiteren Fragen zu stellen. Selbst dann nicht, wenn die Erleuchtungskosten – etwa für ein ganzes Wochenende Chakren-Arbeit, Channeling, Clearing, Schamanismus, Aura-Soma, Pendeln oder Rebirthing – die jährlichen Stromkosten einer Kleinstadt bei Weitem überschreiten. Neun Milliarden Euro werden in Deutschland jährlich mit der Suche nach dem Sinn des Lebens umgesetzt. 250 Millionen Euro erwirtschaften allein esoterische Lebensberater, so schätzt die Evangelische Stelle für Weltanschauungsfragen. Dabei glauben – so das Meinungsforschungsinstitut Allensbach – dreimal mehr Frauen als Männer an Übersinnliches, also etwa an heilende Hände, Kraftworte, geheime Pyramiden-Energien oder daran, früher schon mal gelebt zu haben. Ob als

Huflattich oder Briefbeschwerer? Das lässt sich mithilfe von »Rückführung« mühelos feststellen, mit Ergebnissen, wie sie Hansjörg Heimminger in seinem Buch »Rückkehr der Zauberer« zitiert: »Therapeut: ›Wie fühlst du dich als Flechte?‹ Klient: ›Ja, ganz trocken. Ich weiß nicht, was ich sagen soll … es ist schon etwas Bewegliches an mir, im Vergleich zum Stein.‹«

Das sind Perspektiven, die einem die beiden großen Kirchen leider nicht bieten, und dank derer die Esoterikerin ihrem fortschreitenden Altern anders als ihre ungläubigen Geschlechtsgenossinnen ganz entspannt im Hier und Jetzt und ohne jegliche chemische Zusätze wie Augencremes oder Cellulite-Wickel entgegensieht. Die Zeit bis zur nächsten Daseins-Runde nutzt sie sinnstiftend mit Backen nach Mondphasen, Astralwanderungen und Kraft aus Mutter Erde schöpfen. Dass sie dabei selten von einem Mann gestört wird, liegt daran, dass eigentlich nur noch Christian Anders übrig bleibt, wenn man potenzielle Kandidaten erst mal nach Sternzeichen vorsortiert, die Kompatibilität auspendelt und erwartet, dass ein Mann bei der These, Krebs sei die Folge von »magnetischen Erdstrahlen« nicht sofort behauptet, er müsse jetzt aber dringend noch das Auto umparken, um danach auf ewig im Nirwana zu verschwinden. Auch nicht schlimm. Bekanntlich braucht man bloß eine Bestellung beim Universum aufzugeben und sollte das wegen der Post mal wieder etwas länger dauern, kann man zur Not auch eine Beziehung zu einem Außerirdischen aufnehmen.

Die Familienmanagerin

In jüngeren Jahren gehörte sie zu den Stützen der Gesellschaft. Jedenfalls wenn es stimmt, was die Reklame eines Staubsaugerherstellers behauptet: Da antwortet eine Frau um die 30 – befragt nach ihrem Beruf – freundlich lächelnd, sie führe ein »sehr erfolgreiches, kleines Familienunternehmen«. Es folgen flotte Bilder voller Harmonie und Witz, in denen gezeigt wird, wie sie sich um ihre Familie kümmert, bügelt, tröstet, kocht und Spaß hat mit den Kindern. Auf einigen Bildern ist sogar ihr Mann zu sehen. Nicht, dass der Zuschauer glaubt, der wäre bei einem Autounfall ums Leben gekommen und die Kleinfamilie somit wie die meisten männerlosen Familienunternehmen von Hartz IV bedroht. Wir brauchen ja das Geld, um den Staubsauger zu kaufen, dessen Hersteller diesen Spot in Auftrag gegeben hat, damit wir glauben, das sei ein vollwertiger Ersatz für Laptop und Einkommen.

Leider verschweigt uns die Werbung, erstens woher die Frau denn eigentlich weiß, dass das Familienunternehmen erfolgreich ist? Jetzt, wo die Kinder noch klein sind und man also nicht mit letzter Sicherheit ausschließen kann, dass sie später mal Flugzeuge entführen, Banken ausrauben oder Geiseln nehmen werden. Und zweitens: Was passiert mit der Familienmanagerin eigentlich im Alter? Wenn die Kinder, die hier gemanagt werden, um die Hausfrau mal eben in den paradoxen Stand eines Spitzenverdieners ohne Einkommen zu erheben, älter werden und sich selbst managen können? Wie sehen dann die Perspektiven der Familienmanagerin aus? Bekommt sie dann, wie etwa der frühere T-Online-Chef Thomas Holtrop, eine Abfindung im hohen siebenstelligen Bereich vom Ehemann? Schickt er sie in Altersteilzeit? Wird sie gegen eine Jüngere ausgetauscht, wie das ja in der Wirtschaft üblich ist? Oder setzt man sie auf eine Eisscholle, wie es die Eskimos früher mit ihren Alten machten? Vielleicht bringen die Kinder der Familienmanagerin ja wieder neue Kinder zum Managen. Aber dann hätte sie ja als Vorbild versagt, weil das Familienmanagen doch so toll ist, dass die Tochter sicher auch gern Familienmanagerin werden will und also keine Mutter braucht, die ihr das abnimmt.

Möglicherweise schreibt die Familienmanagerin ein Buch darüber, wie großartig es sich anfühlt, eine Familienunternehmerin zu sein – aus dem gleichen Grund, aus dem Erik der Rote der arktischen Insel Grönland ihren Namen Grænland (altnordisch für »Grünland«) gab: einfach, um auch andere in ein Paradies zu locken, das keines ist. Es fühlt sich einfach besser an, wenn man nicht die Einzige bleibt, die ihr gesamtes Erwerbsleben – insgesamt immerhin über 40 Jahre – an den maximal zwölf Jahren ausrichtet, die Kinder auf regelmäßige Mahlzeiten und fürsorgliche Mütter mit Führerschein Wert legen.

Vielleicht fängt die Familienmanagerin ja im fortgeschrittenen Alter an, ihren Mann zu managen, erstellt ihm also ein neues Ablagesystem für seine Socken, Excel-Tabellen für seinen Speiseplan und berechnet Lagerkapazitäten für die selbstgekochte Marmelade. Denn wie sagt die Familienmanagerin in der Werbung so schön: »Ich arbeite in der Kommunikationsbranche – und im Organisationsmanagement. Außerdem gehören Qualitätssicherung, Nachwuchsförderung, Forschung, Mitarbeitermotivation und Rechtsprechung zu meinen Aufgaben.« Das kann einem schon mächtig Angst machen. Selbst wenn man der Mann einer Familienmanagerin und also derjenige ist, der dieses Organisations- und Kümmer-Monster mit erschaffen hat und es also eigentlich nicht besser verdient.

Die Karrierefrau

Der Beruf war ihr immer wichtig. Wichtiger als manche Beziehung, die darüber in die Brüche ging, dass es eben nicht allen Männern gegeben ist zu verstehen, dass, wenn zwei arbeiten und zwei schmutzen, eben nicht nur eine putzt oder sich um die Ernährung kümmert, bloß weil sie zwei Brüste hat. Schon lange warten deshalb Freundinnen, Kollegen und Eva Herman ungeduldig darauf, dass sich diese Egomanie, dieser Mangel an Bereitschaft sich anzupassen, dieses völlige Fehlen an weiblicher Hingabe und Lust, einen Apfelkuchen zu backen, sich rächt und sie die Quittung bekommt. Wenn sie nur mal älter ist und in Pension. So ganz ohne Job, wird sie nämlich ganz bestimmt ganz schön alt aussehen, wird die Karrierefrau total allein im Altersheim sitzen, das Schicksal und ihre Verblendetheit beklagend, die sie so haben in die Irre laufen lassen. Ohne Kinder, die sie liebevoll bei sich aufnehmen und aufopferungsvoll pflegen, wie es nun mal im genetischen Bauplan von Nachwuchs steht. Gleich nach »Du sollst deine Mutter täglich anrufen!«. Vor allem wird die Karrierefrau gerade im Alter den Mann vermissen, der sich – typisch für sein Geschlecht – für die jahrzehntelangen Dienste an der Haushaltsfront, fürs Kinderaufziehen und Unterhosenwaschen jetzt endlich gründlich revanchiert und spät doch noch zum Traumprinzen mutiert, der Frühstück ans Bett bringt, süße Überraschungen ersinnt und jeden Morgen fragt: »Schatz, womit kann ich dich heute glücklich machen?« Dann wird die Karrierefrau aber mal sehen, wie rundum falsch sie gelegen hat mit ihrer Eigentumswohnung, mit ihren Fernreisen und den Kurztrips in die Shopping-Metropolen der Welt, ihrer ganzen scheckheftgepflegten Biographie, weil einem ja weder ein Topf Crème de la Mer noch ein Chloe-Täschchen die Füße wärmt oder sagt, dass man die großartigste Frau unter der Sonne sei.

Soweit die Eva-Herman-Version des Lebens. Nun die für all die Frauen, die noch alle Groschen beisammen haben: Frauen, die beizeiten eigenes Geld verdienen, finanziell fürs Alter vorsorgen, werden sich voraussichtlich auch im Alter das süßere Leben leisten können, die besseren Pflegeeinrichtungen und die Aufmerksamkeit von allen, von denen man im Alter abhängig werden könnte. Ja, auch die von Männern, die nicht in weißen Kitteln stecken oder ihren Zivildienst im Altenheim ableisten müssen!

Die Kreative

Meistens bahnt sich da ja schon in jungen Jahren etwas an. So wie bei Chiara Ohoven, die erst ihre Lippe und kurz danach bereits ihr eigenes T-Shirt ganz allein gestaltete. Oder Dolly Buster. Bei der war es erst der Busen, dann der Roman und nun ist es die Staffelei. Kreativität sucht sich eben immer ihren Weg. Leider auch gegen widrigste Umstände wie wohlmeinende Freunde und harsche Kritik. Wenn nicht gleich, dann später, wenn der Strom weiblichschöpferischer Urkraft nicht mehr durch den schnöden Broterwerb und/oder durch verständnislose Männer auf Rinnsalgröße begrenzt wird. Dann können Frauen endlich zeigen, welch kreatives Potenzial in ihnen sprudelt und sich ganz ihrer Bestimmung – der Malerei, dem Schreiben oder dem Töpfern – widmen. Waren die Kultur und sie bislang ein ewiger Koitus interruptus, so bündelt die Kreative nun alle Energien, um ihr Jahrhundertwerk – einen Aura-Soma-Bilderzyklus oder einen total witzigen Familienroman, voll aus ihrem privaten Leben gegriffen, wahlweise auch eine umfassende Gesangskarriere oder eine späte Laufbahn als Innenarchitektin mit Feng-Shui-Schwerpunkt – in Angriff zu nehmen. Hat nicht auch Bestsellerautorin Ingrid Noll erst mit 56 so richtig losgelegt? Alter bedeutet eben nichts. Talent alles. Jedenfalls, solange man genug Bekannte hat, die freundlich genug sind, dem kreativen Output in ihren Häusern, Wohnungen, ihrer Aufmerksamkeit und in ihrem Terminkalender Platz einzuräumen. Anderserseits hat so ein spätes künstlerisches Coming-Out auch Vorteile. Es kann durchaus viel Schönes daraus entstehen, manchmal sogar eine zweite Karriere. Man richtet weiter keinen Schaden an, als allenfalls ein paar Geschmacksnerven zu strapazieren. Und so wäre das Aufgehen in einer künstlerischen Tätigkeit eigentlich nicht die schlechteste Alternative beim Älterwerden, würden die Frauen vor lauter Sinnsuche nicht eines übersehen: Dass es nicht gut sein kann, wenn man die Gestaltung der richtig wichtigen Dinge des Lebens – der Politik, der Wirtschaft und des Fernsehprogramms – allein den Männern überlässt.

Die Aussteigerin

Endlich ist Schluss mit dem Gebalze. Dem erniedrigenden Dasein als Sex-Objekt. Nun kann sie sich locker machen, die Waage entsorgen, das Maniküre-Set verschenken, ihre Pflegeausstattung auf Regine-Hildebrandt-Niveau reduzieren und endlich den Jogginganzug auftragen. So lebt es sich doch wesentlich billiger und bequemer. Zumal der Mann ja sowieso nie guckt und es ihm offenbar egal ist, ob er mit einem Stallhasen oder einer Frau zusammenwohnt. Ist es Trotz? Ist es Resignation? Erschöpfung nach jahrelangem Beauty-Stress? War der Sex so langweilig, dass man so gut auf ihn verzichten kann? Jedenfalls versteht die Aussteigerin Weiblichkeit offenbar vor allem als Arbeit, als Dienstleistung am Mann. Vielleicht will sie ihn mit ihrem freiwilligen Verzicht noch auf Spurenelemente von Weiblichkeit vor der Verpflichtung verschonen, ihre Existenz als Wesen mit Ansprüchen und Bedürfnissen zur Kenntnis zu nehmen (und sich den Frust ersparen, trotz der vielen Arbeit am Aussehen abgelehnt zu werden). Lieber sagt sie in vorauseilender Demut: »Ich brauche das alles nicht mehr!«, als gezeigt zu bekommen: »Du bist das alles nicht mehr wert!«

Auszusteigen erspart einem nicht die Enttäuschung. Enttäuschung scheint vielmehr die Ursache dafür zu sein, dass Frauen sich aufs erotische Abstellgleis begeben. Aber wieso Männer vor der Tatsache bewahren, dass Frauen ihres Alters nicht nur existieren, sondern ein Recht darauf haben, auf Händen getragen, bezirzt, verführt und geliebt zu werden? Das haben weder sie noch wir verdient.

Die gut Erhaltene

Nicht mal Shirley Temple hat es geschafft, so lange so jung zu bleiben, ohne dafür ein Double zu beschäftigen. Und jeder fragt sich: Wie macht diese Frau das nur? Und: Wie alt ist sie wirklich? Die Wahrheit weiß nicht mal ihr Tagebuch, und sie wird sie aller Voraussicht nach mit ins Grab nehmen, schon weil praktisch keine bekannte Foltermethode existiert, die ihr Geburtsdatum aus ihr herausbringen würde. Dank regelmäßiger Heißwachsenthaarungen, Permanent-Make-up-Prozeduren und einiger »kleinerer« Eingriffe ist sie ohnehin so schmerzvollimprägniert wie es Hollywood immer von Silvester Stallone in »Rocky« behauptete, und wegen der täglichen Pflege-Marathons, die ihr Aussehen erst zu dem gemacht haben, was es ist, verfügt sie über mehr Selbstdisziplin als General Schwarzkopf. Ihre Jugendlichkeit beschränkt sich also vor allem auf die Optik. Zumal ja jeder weiß, wie schädlich die altersadäquaten Jugendsünden wie Alkopops, Rauchen, Sex nach drei Uhr nachts oder Fastfood für die Haut sein können.

Eine Zwickmühle für die gut Erhaltene, wie sich vor allem bei der Männer-Akquise zeigt. Da spricht sie mit ihrem Aussehen eher solche an, die sich das junge Leben altersgerecht am liebsten mit Schlafentzug, Langzeiturlauben und Risikosportarten versüßen und nur selten über ein geregeltes Einkommen verfügen. Auf den älteren, gut situierten Mann dagegen wirkt sie so anziehend wie Reistage und stilles Mineralwasser, weil nur die wenigsten Männer über 40 große Lust haben, ihr Leben in einer Art Schönheitscamp zu fristen, in der vom Frühstück über die Ernährung – »Wenn du nochmal weißen Zucker kaufst, bring ich dich noch vor deinem Cholesterinspiegel um!« – bis hin zu den Schlafenszeiten alles beinhart dem Beauty-Erhalt unterworfen ist. Natürlich könnte sich die Junggebliebene auch bei Klassentreffen am Vergleich mit Gleichaltrigen schadlos halten, die sich längst nicht so gut erhalten haben. Aber dafür der ganze Aufwand? Irgendwie war Jugend früher doch besser, findet sie, und dass man für all die Mühen der Erhaltung nicht mal annähernd ausreichend belohnt wird …

Das Mädchen

Süß, diese Schleifchen, die sie so gern im Haar trägt, und die Zöpfchen sowieso. »Eigentlich – kicherkicher – bin ich ja schon ein wenig zu alt dafür«, kokettiert sie und schaut einen dabei an, als würde sie einem ganz sicher eine knallen, wenn man nicht sofort sagt: »Auf gar keinen Fall!« Bei ihr weiß man nie: Soll man ihr ein Bravo-Abo schenken oder ihr ganz schonend beibringen, in welchem Lebensjahr sie sich befindet – weil es ihr offenbar gründlich entgangen ist, dass sie nicht mehr 17, sondern über 40 ist. Mindestens. Sie selbst würde sich trotzdem als »Mädel« beschreiben, also als eine Erscheinungsform irgendwo zwischen Jamba-Klingelton-Abo, Tanga, French Manicure, Mojito, H&M und Gucci. Was die kulturellen, erotischen und modischen Trends angeht – sofern sie in *Glamour* oder *In Style* vorkommen, ist sie immer up to date und mittendrin in der Lebenswelt der 20-Jährigen. In ihrem pinken Glitzer-T-Shirt könnte sie jederzeit locker jeder Boygroup den Kopf verdrehen. Und mit ihrer mädchenhaften Figur sowieso. Die ist tadellos, beinahe so, als hätte sie die letzten 20 Jahre auf Eis gelegen. Die treibt Männer aller Altersgruppen immer noch in den Wahnsinn. Allerdings meist nur für eine Nacht. Ständig betreibt sie deshalb mit ihren Freundinnen Ursachenforschung, diskutiert ihren fatalen Hang zu beziehungsunfähigen Problemfällen und wieso es so unverschämt schwer ist, einen Typ zu finden, der toll aussieht, total viel Verständnis für ihr XXL-Robbie-Williams-Poster im Schlafzimmer hat, echt gern um die Häuser

276

zieht, gleichzeitig einem sehr einträglichen Job nachgeht und dabei viel Neigung zeigt, einer vielversprechenden Graphikerin oder Friseurin oder Mode-Designerin oder Beinahe-Moderatorin den beruflichen Durchbruch zu finanzieren. Am besten nach dem Erziehungsurlaub. Seit sie 43 ist, hat sie nämlich doch noch total Lust auf Nachwuchs. Nicht, dass sie unter Zeitdruck stünde. Schließlich hat die Schauspielerin Geena Davis noch mit 47 Zwillinge bekommen, Susan Sarandon ein Kind mit 46 und Beverly D'Angelo kam noch mit 49 nieder. Warum sich also Stress machen? Sie hat ja für alles noch sooo viel Zeit. Das ganze Leben liegt praktisch noch vor ihr. Blöd nur, dass sie nicht weiß, mit wem sie es verbringen wird. Vielleicht – kicherkicher – mit dem süßen Typ da vorne an der Bar, der mit dem geilsten Knackarsch seit Brad Pitt in »Thelma & Louise«?

Die Katzenhalterin

Was der Fünfjährigen die Diddelmaus, das ist die Katze für die Frau im fortgeschrittenen Alter: ein echter Trost. Die Katze gilt schließlich als das perfekte Lebens-Accessoire, Seelenverwandte und scheinbar die ideale Langzeit-Alternative zum zweibeinigen Partner, die Bestätigung, dass es eine Liebe ohne Enttäuschungen, herumliegende Socken und Kampf um die Fernbedienung geben kann. Völlig anders als Männer – so will es der Katzen-Mythos und behaupten es Katzenfrauen-Expertinnen wie Sabine Jansen-Nöllenburg – spürten Katzen instinktiv, was Frauen brauchen und wären also unabhängig von Aussehen und Alter der Katzenfrau je nach Bedürfnislage »beste Freundin, Therapeutin oder Schmusetier«, also alles, was man ab 50 mindestens so dringend braucht wie eine Pinzette für die Kinnhaare.[40] Aber die Katze soll nicht nur »ideale Gefährtin für alle weiblichen Lebenslagen« sein. Nach der Devise »Ich habe eine Katze, also bin ich tiefsinnig«, gilt der Vierbeiner unter Frauen vor allem als Freigeist-Ausweis und Persönlichkeitsstütze. »Von ihrer Unabhängigkeit und ihrem Eigensinn würde sich nämlich manche Frau gern eine Scheibe abschneiden«, heißt es in Katzenfrauen-Expertinnenkreisen. Tut sie aber nicht, weil es ja gerade das Tolle an der Katze ist, dass sie einem praktisch auf der Nase herumtanzt. Grund genug, sich auch nächstes Jahr wieder einen Katzenkalender zu kaufen und sich als denkende, geheimnisvolle, sensible und gleichzeitig ungezähmte Frau zu fühlen, bloß weil man sich ein Tier hält, das kaum besser hört als ein Bürostuhl und das deshalb fatale Ähnlichkeit mit jenen Zweibeinern hat, denen man doch mit der Katze eigentlich aus dem Weg gehen wollte.

Fasst man nämlich den ganzen Katzen-Kitsch mal vernünftig zusammen, kommt man zu folgendem Ergebnis: Die Katze kann richtig nett sein, aber nur, wenn sie will, also nicht gerade ein Nickerchen halten oder herumstreunen oder fressen oder einfach bloß unbelästigt herumliegen möchte. Einer Katze ist es egal, wie man aussieht. Man kann von ihr lernen, wie man immer genau das tut, wozu man Lust hat, ohne sich deshalb schuldig zu fühlen; wie man ungestraft Tapeten in Streifen schneidet, auf das Biedermeiersofa pinkelt, Lederpolster mit den Krallen in Kraterlandschaften verwandelt und andere, die klüger sind, dazu bringt, das alles nicht nur klaglos zu akzeptieren, sondern einen dafür sogar noch zu lieben, zu füttern und einem täglich die Toilette sauber zu machen. Kurz: Katzen sind auch bloß Männer. Mit drei kleinen Unterschieden: das Fressen ist einfacher zuzubereiten, die Lebenserwartung noch niedriger und man kann einer Katze eine Kontrollnummer eintätowieren, damit jeder sieht, dass sie eine Besitzerin hat (eine Idee, die sich bei Männern leider noch nicht durchsetzen konnte). Durchaus verständlich, wenn manche Frau sich lieber an Katzen hält, aber wieso muss sie sich deshalb gleich eine »Design-Katzen-Fußmatte« und ein »Katzen-Lesebuch« anschaffen?

Die Brecht-Interpretin

Eigentlich hat er es ja verdient, der alte Schwerenöter. Zeit seines Lebens hat Bertolt Brecht zahllose Frauen, gerade solche, die ihn verehrten, umgarnten, versorgten und ihn bei seiner Arbeit beträchtlich unterstützten (wenn sie ihm das Stückeschreiben nicht gleich ganz abnahmen), zur Verzweiflung gebracht. Seine Ehefrau Helene Weigel erklärte der gemeinsamen Tochter Barbara: »Dein Vater war ein sehr treuer Mensch. Leider zu vielen.« Also etwa zu Margarete Steffin, Elisabeth Hauptmann, Marieluise Fleißer oder Ruth Berlau, um nur einige zu nennen. Aber es rächt sich eben alles und bei Bertolt Brecht dadurch, dass er nun so etwas wie die Geisel von über 50-jährigen Frauen ist. Denn einer der wenigen Vorteile des Älterwerdens bei Frauen scheint zu sein, dass man erst recht spät endlich Brecht »interpretieren« darf. »Singen« wäre für so ein schwieriges Sujet viel zu lapidar, was erklärt, weshalb Jeannette Biedermann glücklicherweise noch nicht auf »Mackie Messer« gekommen ist. Brecht erfordert nämlich mehr als Platinblond und den BMI von Knäckebrot: Reife, Tiefe, Kultur und ein Vorleben, das schon mal Gegenstand des Feuilletons war. Das schränkt natürlich den Kreis geeigneter Kandidatinnen noch einmal empfindlich ein und schließt etwa »Mutter Beimer«, also Marie-Luise Marjan sowie Cindy von Cindy & Bert, trotz geeigneten Alters, aus. Wer übrig bleibt, hat dann allerdings eine Stellung auf Lebenszeit. Anders als für die Rolle der Julia ist man für Brecht nie zu alt oder zu unansehnlich, kann ihn quasi bis ins Grab hinein interpretieren und somit zu einer Art weiblicher Joopi Heesters des Kulturbetriebs werden.

Die Silberzwiebel

Bekommt man den beigen Anorak, die sanitätshausfarbenen Hosen, den grauen Haarhelm vielleicht gemeinsam mit dem Rentenbescheid? Hat möglicherweise Karl Lagerfeld mit seiner Altersphobie sich an gleichaltrigen Frauen rächen wollen und behauptet, Frauen im höheren Alter kämen in der Farbpalette von Erbrochenem am besten zur Geltung? Oder wird mit der sandfarbenen

Bluse der Anspruch auf einen Seniorenteller dokumentiert, falls man den Rentenausweis gerade nicht zur Hand hat? Jedenfalls scheint es bei manchen Frauen ab 60 einen unstillbaren Drang zu geben, sich mit Beige, Ocker, Ecru, Falb, Holz, Isabell, Teigfarben oder auch mal einem kräftigen Semmelbraun den ewigen Menschheitstraum von Unsichtbarwerden zu erfüllen. Mit einem Styling, das man getrost auch als Seniorinnen-Mimikry – also als Versuch vollkommener Anpassung bei gleichzeitig kompletter Absage an alles Körperliche – verstehen kann.

Offenbar regiert in gewissen Alters-Kreisen geradezu eine panische Angst, man könne einer Frau ansehen, dass sie einmal eine war. Wie sonst wäre es zu erklären, dass alle Grazie sowie die sekundären Geschlechtsmerkmale so gründlich mit Popeline und atmungsaktiven Mikrofasern verhängt werden, bis man nicht mal mehr erkennt, ob es sich um einen Sandhaufen oder Helmut Kohl handelt. Von den Füßen – praktische Gesundheitsschuhe in einem hepatitiskranken Eierschalenton mit rutschfester Kreppsohle in Urinsteingelb – bis zur Frisur Haarfarbe »Silberzwiebel« (Titanic) in der praktischen Pudel-Dauerwelle folgt das Outfit nämlich offenbar der Devise: »Lieber rattengrau als rattenscharf!« Eine Konsequenz, die schon fast wieder als politisches Statement durchgehen könnte. Etwa als Farb-Hungerstreik für den Weltfrieden oder als Protest gegen den kategorischen Imperativ »Draußen nur Kännchen!«. Manchmal fragt man sich wegen der perfekten

Übereinstimmung des Outfits mit dem Hautton aber auch nur: Ist die Frau da gerade nackt unterwegs? Und wenn ja, wie sagt man es ihr?

Ach, es ist nicht leicht, Haltung zu bewahren. Aber es gibt – neben perlenden Getränken – noch ein paar andere Möglichkeiten, sich ein wenig lockerer zu machen. Hier die wichtigsten Entspannungs-Säulen:

- Die Bewertung dessen, was eine Frau ausmacht, auf gar keinen Fall allein den Männern überlassen. Einem Geschlecht, das zu Shorts braune Wollsocken trägt und genug Speichelproben auf deutschen Straßen hinterlässt, um eine umfassende DNA-Analyse der halben Bevölkerung zu machen, sollten Geschmacksurteile ohnehin nur sehr begrenzt zustehen.
- Sehr wichtig – vielleicht das Wichtigste überhaupt: Freundschaften. Wirken wie ein Stimmungsaufheller, ein Seelen-Stabilisator und ein emotionales Breitband-Antibiotikum. Studien haben sogar ergeben, dass – je mehr gute Freundinnen und Freunde eine Frau hat – desto geringer die Wahrscheinlichkeit, dass sie im Alter unter körperlichen Gebrechen leidet und umso größer die Wahrscheinlichkeit, dass sie in dieser Zeit mit ihrem Leben zufrieden ist. Es ist einfach wunderbar, auf Beziehungen zurückgreifen zu können, in denen man sich nicht ständig in Bestform präsentieren muss, weil ganz andere Aspekte im Vordergrund stehen: Nähe, Austausch, Unterstützung und Ver-

ständnisinnigkeit, Freude, gemeinsame Erlebnisse.

– So paradox es klingt: Besonders in Phasen, in denen Sie am liebsten alle Spiegel verhüllen oder in Gegenden umziehen würden, die mit langen Dunkelphasen gesegnet sind, also mindestens Nordsibirien, sollten Sie einfach mal in die Sauna gehen. In Fällen ausgeprägter Schamhaftigkeit tut es auch die Frauensauna (obwohl die gemischte Sauna eigentlich noch viel wirkungsvoller ist). Da sieht man nämlich endlich mal ganz normale Körper. Solche, die nicht am Computer oder in stundenlangen Stylings von Beauty-Fachpersonal bearbeitet wurden. Echte Menschen aus Fleisch und Blut, statt aus Pixel und Make-up. Das tröstet, versprochen!

– Humor. Ohne den geht's gerade beim Altern nicht. Besonders, wenn man sich mal wieder in Dantes siebtem Kreis der Hölle fühlt, etwa weil die neue Chefin ungefähr halb so alt ist wie man selbst und man gerade von der Frauenärztin das Vollbild »Wechseljahre« attestiert bekam. Für etwaige Anlaufschwierigkeiten gibt es ein paar perfekte Nachhilfelehrerinnen: Die »Golden Girls« (Blanche zu Sophia: »Pech für ihn, du kannst dir doch noch so viele angeln.« Sophia: »In meinem Alter schwimmen Fische mit dem Bauch nach oben!« – Sophia: »Stellt euch vor, die Dinosaurier beherrschten damals die ganze Erde.« Blanche: »Na toll, jetzt wird sie uns etwas aus ihrer Schulzeit erzählen.«)[41]

– Man muss es leider immer wieder sagen, und streng genommen sollte es sich jede Frau auf den Badezimmerspiegel kleben: Nein, nicht straffe Haut, glänzende Haare, ein tadelloser BMI, ein Date mit einem 35-Jährigen und ein prall gefüllter Kosmetikbeutel sind die besten Vorsorgemaßnahmen für ein entspanntes Altern – sondern eine gute Rente. Klingt so prickelnd wie Stützstrümpfe und Blasentee, ist aber – neben einem stabilen sozialen Netz – überlebenswichtig. Frauen haben da einigen Nachholbedarf. Mit durchschnittlich 467 Euro bekommen Rentnerinnen in Westdeutschland nämlich nicht einmal die Hälfte der monatlichen Altersrente, die Männer im Schnitt beziehen. Die ostdeutschen Frauen erhalten zwar mehr als ihre westdeutschen Geschlechtsgenossinnen, aber auch ihre 663 Euro bleiben um mehr als ein Drittel unter der Regelrente der Männer in den neuen Bundesländern (1072 Euro).[42] Die Ursachen liegen in den niedrigeren Einkommen der Frauen, in den langen Kindererziehungszeiten oder in Auszeiten, die durch die Pflege von Angehörigen entstehen. Die meisten Frauen wissen wohl, was da auf sie zukommt und dass sie Versorgungslücken schließen müssten. Aber das tut lediglich ein Drittel. Die Mehrheit verlässt sich immer noch auf die Versorgung durch den Mann. Bei einer Scheidungsquote von bis zu 50 Prozent ist das ungefähr so, als würde man bei der Altersvorsorge auf einen Lottogewinn setzen.

Wirklich alt macht

- Namenstage statt Geburtstage zu feiern.
- Wenn man nach neun Uhr abends von Anrufern gefragt wird, ob man schon geschlafen hat.
- Egal wohin man sich im Restaurant setzt – es zieht überall.
- Man fängt an, Nordic Walking als Hochleistungssport zu betrachten.
- Man erlebt zum dritten Mal das Revival der Schlaghosen.
- Kinder fragen einen, ob es nicht gefährlich war, mit Dinosauriern aufzuwachsen.
- Man betrachtet »Beige« als muntere Farbe.
- Am Flughafen muss man allein für Reiseapotheke schon Übergepäck bezahlen.
- Man wechselt eher nochmal den Mann als das Waschmittel.
- Man nimmt lieber einen Kredit für einen Einzelzimmer-Zuschlag auf, als auf Reisen mit einer Freundin das Zimmer zu teilen.
- Ständig spricht man nur noch über Krankheiten.
- Man findet, dass man im Liegen weitaus besser aussieht als im Stehen.
- Wenn die Kerzen auf dem Kuchen mehr kosten als der Kuchen selbst.
- Man hört auf sich zu schminken und findet, dass Haarewaschen einmal die Woche vollkommen ausreichend ist.

Das Runzel-Ich im Mann
Oder: Methusalem, Heesters
und andere männliche
Alterserscheinungen

Wie alle unangenehmen Aufgaben – also Putzen, Kochen, den Kopierer reparieren und sich Entschuldigungen für seine Seitensprünge ausdenken (»Sie hat sich ihm ja förmlich in die Arme geworfen!«) – hat der Mann offenbar auch das Altern komplett den Frauen überlassen. Männer dürfen sich mit 70 noch so fühlen, als hätten sie erst gestern ihre erste Steppenwolf-LP erstanden und könnten sich noch mindestens 40 Jahre Zeit lassen, bevor sie etwa die Kinderfrage für sich final entscheiden. Man darf es ihnen nicht verübeln. Schließlich wird überall hart am Eindruck gearbeitet, dass das Runzel-Ich eine Frau sein muss.

Nicht Männer werden von der Werbung zur besten Abendbrotzeit damit konfrontiert, dass sie ab einem bestimmten Alter anfangen, untenrum unkontrolliert zu tröpfeln, oder gar Gefahr laufen, auch jenseits der Wechseljahre nochmal so was wie einen Blasensprung zu erleben, wenn einer einen Witz erzählt. Nicht für Männer wurde die Menopause erfunden und auch nicht das »Leere-Nest-Syndrom«, wie überhaupt das ganze trostlose Vokabular rund um die Begleiterscheinungen der sogenannten »mittleren Jahre« vor allem um die Frauen kreist. Oder haben Sie schon mal einen

Mann getroffen, der auf Anhieb sagen konnte, was ein »Truthahnhals« ist und wo genau Altersflecken liegen? Männer finden sich deshalb auch jenseits der 40 noch ziemlich knackig und sollten etwaige Zweifel an dieser Theorie auftreten, dann verweisen sie auf prominente Senioren wie Claus Theo Gärtner, Franz Beckenbauer, Ottfried Fischer und Sky du Mont – alles lebende Beispiele dafür, dass einem Mann das Alter gar nichts anhaben kann. Jedenfalls solange sich noch eine junge Frau findet, mit der sich die These bestätigen lässt, dass es keine hässlichen oder alten, sondern nur arme Männer gibt.

Es mangelt den Männern bislang einfach an Übung, sich aus Altersgründen optisch abgewertet, nicht mehr begehrt und erotisch frühpensioniert zu fühlen, Zweifel daran zu hegen, ob man wohl auch morgen noch Ekstase beim anderen Geschlecht auslösen kann. Immerhin durften Männer als Schriftsteller, Ärzte, Herrscher, Denker und Lenker jahrtausendelang selbstherrlich das Bild sowohl des alternden Mannes als auch der alternden Frau prägen. Ganz so, als hätte man der Schlecker-Drogerie das Arbeitsrecht oder der amerikanischen Regierung das Verfassen des Jahresberichts von amnesty international überlassen. Entsprechend blendend sind Männer dabei weggekommen, schreibt Hannelore Schlaffer in ihrem Essay »Das Alter – Ein Traum von Jugend«: »Kein Wort über das Aussehen des Alten, als wäre der Geist über seine irdische Erscheinung erhaben.«[43] Nur wenige seien wie Tolstoj mutig genug gewesen, einen Tatsachenbericht und kein Märchen über das abzuliefern, was sie im Spiegel sahen. Er schrieb: »Das Alter naht – heißt: die Haare fallen aus, die Zähne werden schlecht, es kommen Runzeln, es riecht aus dem Munde. Sogar früher, als alles endet, wird alles schrecklich, widerwärtig; es treten aufgeschmierte Schminke, Puder, Schweiß, Hässlichkeit zutage. Wo ist denn das geblieben, dem ich gedient habe? Wo ist denn Schönheit geblieben? Sie ist der Inbegriff von allem. Ohne sie gibt es nichts, kein Leben.« Für Tolstoj vielleicht nicht. Für den Rest seiner Geschlechtsgenossen schon. Eigens für sie wurde die Definition von Jugend – als Fähigkeit zur Fortpflanzung – erfunden. Meint: Frauen sind alt, wenn sie durch die Wechseljahre sind. Männer dagegen können noch in einem Alter Kinder zeugen, in dem die Wahrscheinlichkeit, dass sie ihren Nachwuchs bis zum Abitur begleiten, gegen Null geht. So wurde Charlie Chaplin mit 73 noch Vater, Anthony Quinn mit 81, Pablo Picasso mit 68 und Luciano Pavarotti mit 67.

Die optischen Anzeichen des Alters – also schlaffe Hinterbacken oder dürre Altersstelzen, Bauchspeck, Doppelkinn, Stiernacken, Triefaugen – sind dabei sekundär. Männer definieren sich nicht über Schauwerte, sondern bekanntlich über Leistung, über Lenken und manchmal auch Denken. So kam das Gerücht in die Welt, es sei der Erfolg, der Männer sexy macht. Seitdem halten sich alle jenseits von Hartz IV für »Frauentypen«, knöpfen sich 67-jährige Rollladenvertreter ihre Hemden so weit auf, dass man praktisch eine Prostata-Untersuchung beim Tanztee durchführen könnte, hängen übergewichtige Sparkassenangestellte der Überzeugung an, Frauen seien ab 30 so dankbar für Prosecco und Schwitzfinger auf den Knien und dazwischen, dass sie sich an den Hotelbars der Republik wie reife Trauben pflücken lassen. Glauben Intellektuelle, das Aufsagen von mehr als drei Gedanken und die originelle Designer-Brille seien das, was für die Miss Germany die Schärpe: Nachweis umwerfender Anziehungskräfte.

Allerdings ist es ist nicht in jedem Fall ein charakterliches Manko, wenn einer sich wie ein Fall für Dr. Sommer beträgt (außer, es ist Udo Jürgens). Es sagt Männern ja niemand, dass sie nicht mehr 17 sind und in ihren viel zu engen Jeans aussehen, als würden sie Strumpfhosen tragen, bei denen an entscheidenden Stellen eine tote Springmaus eingenäht wurde. Keiner bereitet sie darauf vor, wie man mit Stil und Würde im Laufe der Jahre an ein paar Grenzen stößt, gegen die die Chinesische Mauer wie ein Gartenzaun wirkt.

»Männer haben es einerseits gut«, sagt der Psychologe Uwe Kleinemas, Geschäftsführer des Zentrums für Alternskulturen in Bonn. »Bauch und Glatze, also äußere Zeichen des Älterwerdens, berühren sie noch immer weniger als vergleichbare Veränderungen Frauen.« Andererseits aber bezögen viele Männer ihr Selbstbild fast nur aus Leistung: »Ihre Erfolge, ihre Anerkennung, ihre sozialen Kontakte – all das entstammt dem Arbeitsplatz.«[44] Und den anderen Schlachtfeldern männlichen Heldentums, also Sport, Spiel, Spannung. Dort liegen ihre Stärken und damit ist dort auch ihre Achillesferse zu Hause, der Punkt in ihrem Ego, an dem sie angreifbar sind. Auch und vor allem vom Runzel-Ich. Während Frauen sich dann vorm Badspiegel grämen, grämen sich Männer über jeden Hauch von Leistungsabfall, über jedes Seitenstechen und jeden anderen Kerl, der sie – wo auch immer – überholt. Wollen es nicht zugeben, weil das ja wieder so aussehen könnte, als seien sie älter geworden und sich ein echter Mann ja gerade dadurch auszeichnet, dass er unkaputtbar ist. Erklärt man einem Mann, dass es lebensverkürzend sein könnte, in seinem Alter noch zwei Halbzeiten Fußball zu spielen, wird es noch schlimmer. Es ist wie immer, wenn man ihm sagt, er sollte langsamer fahren, vorsichtig sein, auf sich achten, nicht so fett essen: Er denkt: »Jetzt erst recht!« und wird alle Warnhinweise in den Wind schlagen. Jedes Zwicken, jeder erhöhte Ruhepuls ist ein Ansporn, mal so richtig unvernünftig, also voll jugendlich zu sein. »Alt werden ist was für Feiglinge«, rufen sie und behandeln ihren Körper, als würde der sich mit Uran die Halbwertzeit teilen.

Laut Studien des Robert-Koch-Instituts nehmen nur elf Prozent der 45- bis 60-Jährigen an der regelmäßigen Krebsvorsorge teil, im Gegensatz zu beinahe 50 Prozent der Frauen, »und fast immer ist es die Ehefrau, die ihn schickt«, sagt Heinrich M. Schulte, Endokrinologe aus Hamburg der *Welt* und: »Das Gesundheitsbewusstsein ist bei den Männern insgesamt gering ausgeprägt.«[45] Mit ent-

290

sprechenden Folgen. Die sechs Jahre kürzere Lebenserwartung von Männern ist nur eine davon. Die andere eine Lebensqualität, die empfindlich eingeschränkt ist, wenn einem der Mut fehlt, sich den Alterns-Tatsachen zu stellen. Als da wären: erhöhtes Risiko von Herz-Kreislauf-Erkrankungen, Gelenkbeschwerden, Prostataprobleme und der betrübliche Umstand, dass man schon zunimmt, wenn man sich mit einem Schweinebraten im selben Zimmer aufhält, während gleichzeitig die Muskelmasse abnimmt.

Ja, bei genauerer Betrachtung müssen auch Männer Verluste hinnehmen. »Der sogenannte bioaktive Teil des Testosterons, das ungebunden im Blut vorliegt, nimmt mit dem Alter ab«, so die Biologin und Wissenschaftsautorin Vivien Marx. Ein 70-Jähriger produziere demnach nur noch halb so viel Testosteron wie ein Mittzwanziger.[46] Obenrum wird es auf dem Haupt immer lichter. Und untenherum, im Epizentrum der Männlichkeit, läuft auch nicht mehr alles so, wie es der Mann gern hätte. Bisweilen tröpfelt es nur noch und ein einfacher Toilettengang – früher eine Sache von Minuten – dauert so lang, dass es sich schon beinahe lohnen würde, Postkarten zu schreiben. Sexuell mutiert der Mann, nach Selbstüberzeugung als·»Immerkönner« gedacht, nun zur Teilzeitkraft ohne feste Arbeitszeiten. Die Libido erlahmt. Erregungs- und Erektionsphase verzögern sich. Sicher könnte es auch damit noch zu höchst befriedigenden Akten kommen – zumal es ja durchaus Vorteile hat, wenn sich ein Mann ein wenig mehr

Zeit nehmen muss. Er sieht das allerdings anders, wenn sein bester Freund plötzlich unzuverlässig wird. »Eine Erektion ist eine mysteriöse Sache. Immer wenn sie nachlässt, hat man Angst, dass man sie das letzte Mal gesehen hat«, beschreibt Hollywood-Star Michael Douglas das Phänomen der allgemeinen männlichen Verunsicherung.[47] Die ist umso größer, je mehr ein Mann es gewohnt ist, dass alles nach seiner Pfeife tanzt. Ein Durchhänger und sei er auch nur vorübergehend, ist deshalb nichts weniger als ein Weltuntergang. Die Lösung, die solche Männer dann anvisieren, das Problem mit der Kraft ihres Geistes und eisernem Willen zu bewältigen, bringt sie dann oft erst richtig in die Bredouille. Es folgt das sogenannte »Penis-Paradox« wie Dudley Seth Danoff, Autor des Buches »Superpotenz«, es nennt: »Je härter man daran arbeitet, das Problem zu beheben, desto schlaffer wird er.«[48] Das erzeugt wiederum Stress und der macht die Sache auch nicht gerade einfacher.

Stresshormone sind wahre Lustkiller. Sie blockieren die Produktion von Sexualhormonen und können selbst den feurigsten Don Juan schachmatt setzen. Das wäre weiter nicht schlimm – würden Männer einfach sagen, dass sie derzeit einfach zu angespannt sind oder sich Sorgen machen oder keine Lust haben oder lieber Tatort gucken wollen. Doch das können sie nicht. Lieber würden sie mit Hú Jintâo, dem Staatspräsidenten der Volksrepublik China, ein Gespräch über das Massaker am Platz des himmlischen Friedens führen, als freiwillig das Thema anzusprechen, das auf der Peinlichkeitsskala für sie noch vor Schweißfüßen und Haarausfall rangiert, wie erst kürzlich wieder eine Umfrage unter 3500 Männern im Alter zwischen 18 und 65 Jahren im Auftrag der Pharmafirma Yamanouchi Europe ergab. Also schlucken sie Viagra. Das bringt aber leider auch nicht mehr Blut in den Kopf. Und ändert nichts an einer weiteren Schreckensmeldung: Dass auch die scheinbar unbegrenzte Zeugungsfähigkeit ein Mythos ist, wie eine Untersuchung von US-Forschern belegt. Demnach sind ältere Männer nicht nur zunehmend unfruchtbar. Späte Väter laufen auch Gefahr, ein Kind mit einer Erbkrankheit zu zeugen. Das berichtete das Team um Andrew Wyrobek vom Lawrence Livermore National Laboratory im kalifornischen Livermore in den »Proceedings of the National Academy of Sciences«. Das Ergebnis basiert auf einer Samen-Untersuchung von 97 gesunden, nicht rauchenden Männern im Alter von 22 bis 80 Jahren. Am häufigsten fanden die Forscher im Sperma älterer Männer eine Genmutation, die zu Achondroplasie, einer gestörten Knorpelbildung, und damit zu Zwergenwuchs führt. Darüber hinaus ist der Nachwuchs betagter Väter stärker gefährdet, unter dem Apert-Syndrom zu leiden, das sich in Gesichtsdeformierungen, einem sogenannten Turmkopf, fehlgeformten Fingern (Löffelhände) und Zehen sowie geistiger Behinderung äußert.

Dennoch regiert in der Öffentlichkeit noch immer das Bild des vitalen, omnipotenten Kerls. Etwaige Leistungstiefs? Konzentrations-, Schlaf- und Erektionsstörungen? Dafür hat der Mann das

Motorrad und die Blondine erfunden. Kaum ein Wort über Impotenz, über Frustration, Stagnation oder jene tiefe Verzweiflung, die den Sexualforscher Ernest Borneman zum Gift greifen ließ, nachdem ihn seine junge Freundin verlassen hatte. Stattdessen nur Chancen, Erfolgsmeldungen, stoische Ignoranz und die Überzeugung, Männer hätten das Verfallsdatum von Süßwasserpolypen. Das kostet sie mindestens ebensoviel Kraft wie die Frauen der Schönheitsstress.

Während sich Frauen im Beauty-Bereich stets an unerreichbaren »Idealfiguren« abarbeiten, wählen auch die Männer ihre Maßstäbe am liebsten in XXL. Nur, dass ihr Albtraum nicht Cameron Diaz heißt, sondern »wie ein Riese aus weißglühendem Stahl«[49] aussieht, der natürlich immer keck sein selbstredend mächtiges Haupt erhebt und nicht schlapp im Jogginganzug auf dem Sofa ruht. Daneben gibt es 1000 weitere Variationen des direkten Größenvergleichs: angefangen beim Kampf um den teuersten Rasenmäher, die größte Stereoanlage, das beeindruckendste Einkommen, bis hin zur schlimmsten Verletzung beim Fußball.

Bloß beim Aussehen, da blieb das männliche Ego weitgehend unbehelligt vom Runzel-Ich. Ein Mann braucht nicht schön zu sein – wie Peter Alexander einmal behauptete. Entsprechend vollimprägniert gegen optische Anfechtungen im eigenen Körper-Großraumbereich schien das männliche Ego bislang auch zu sein. Mit Folgen: Während in Deutschland nur 42 Prozent aller Frauen Übergewicht haben, liegt die Quote bei den Männern immerhin bei 52 Prozent.[50] Auch trockene faltige Haut, schütteres Haar, Geheimratsecken oder ein Bierbauch hinderten den Mann bislang nicht daran, sich als Hauptgewinn zu fühlen. Im Gegenteil. Das meiste davon galt sogar als Bonus. Nick Nolte, Clint Eastwood, Sean Connery, Mick Jagger, Jack Nicholson, Harrison Ford, Paul Newman und Woody Allen – Männer mit Gesichtern wie Irrgärten bewiesen jahrzehntelang, dass Männer einfach immer nur interessanter werden und die Frauen an ihrer Seite deshalb auch immer jünger. Noch im Greisenalter können sie die Welt retten und nebenbei fünf Mal Sex pro Nacht haben. Die Frage aus einer Frauenzeitschrift: »Was nützt einer Frau der IQ wie der von Einstein, wenn sie aussieht wie sein Zwillingsbruder?« hätte auf den Mann gemünzt eine ganz einfache Antwort gefunden: »Viel!«

Hat man jemals über eine Frau sagen gehört, dass sie erst im Alter so richtig attraktiv wurde? Wenig erstaunlich, wenn Studien immer wieder belegten, wie viel selbstsicherer Männer im Vergleich zu Frauen mit ihrem Aussehen umgehen, mit nichts als der Rechtfertigung: dass sie eben Männer sind. Trotzdem pflanzten sie sich fort, wurden begehrt, geküsst, geheiratet und eifersüchtig bewacht. Fast hätte man sich ein Beispiel daran nehmen können, endlich mal etwas Vernünftiges von Männern lernen: wie viel man mit wenig Einsatz, bloß mit Seife, Shampoo, Zahnpasta und ohne Besitz wenigstens eines Nasenhaarschneiders erreichen kann. Mit Gerüchten wie dem von der erotisierenden Wirkung des Männerschweißes. Frei nach Olli Kahns Devise: »Das einzige Tier bei uns zu Hause bin ich!«, waren sie jahrzehntelang sogar stolz darauf, wie feuchte Socken zu riechen und so viel Pelz auf dem Handrücken spazieren zu tragen, dass man fast schon von Fellpflege sprechen konnte.

Doch mittlerweile ist es für Männer auch im Beauty-Bereich nicht mehr so einfach, sich von allen Instandhaltungs-, Konservierungs- und Verschönerungs-Mühen zu befreien. Männer erleben gerade eine kleine, ziemlich fiese Revolution am eigenen Leib. Sogar in die Arenen der Männlichkeit: Stammtisch, Fußball, Job ist die pflegende Kosmetik porentief eingedrungen. Dank David Beckham und seinem offenen Bekenntnis zu Pflegeprodukten und Friseurbesuchen zum Preis einer Doppelhaushälfte. Einmal sah man sogar Olli Kahn mit einem Kulturbeutel über den Parkplatz flitzen, Gerhard Schröder mit seltsam nachgedunkeltem Haar und Mascara bei Johannes B. Kerner. Dann kam Weihnachten und plötzlich standen neben »Schlagbohrer«, »Eishockey-Dauerkarte« auch »Pflegespülung« und »Handcreme« auf dem Männer-Wunschzettel. Nun sollten sie auf einmal auch gut aussehen, etwas für sich tun, attraktiv, gepflegt, durchtrainiert sein, sich ohne Mamas Hilfe kleiden können, wissen, dass man keine schwarzen Socken zu blauen Hosen trägt und Pullover nicht wie Antiquitäten mit den Jahren immer kostbarer werden. Kurz: Das Runzel-Ich hatte das männliche Selbstbewusstsein überfallen und okkupiert.

296

Nun genügt es nicht mehr, eine Flasche Irish Moos im Bad stehen zu haben und unfallfrei ein Duschgel benutzen zu können. Männer sollen und wollen Pflegeprodukte anwenden, bei denen schon der Beipackzettel höhere Anforderungen an sie stellt als die Betriebsanleitung eines DVD-Players. Das belegen jedenfalls die einschlägigen Zahlen. Demnach gaben Männer schon im Jahr 2002 immerhin 700 Millionen Euro für Körperpflege aus, wobei die Zuwachsrate jährlich bei 19 Prozent liegen soll.[51] Das lässt uns hoffen, dass man bald mit allen Männern so flüssig über Schönheitsprobleme parlieren kann wie mit John Jürgens. Der Sohn von Udo Jürgens erklärte der *Bunten*: »Ich bin bekennender Männerkosmetik- und Duft-Fan. Da ich oft die ganze Nacht durcharbeite, benutze ich ein Augen-Gel, damit sich die Fältchen nicht vermehren. Aber mein wichtigstes Beauty-Ritual besteht darin, dass ich Duft aufsprühe.«

Was Männer so im Bad treiben[52]

Schminken: 17%
Wäsche waschen und Bügeln: 15%
Besondere Haarpflege: 16%
Schuhe putzen: 13%
Lesen: 15%
Faulenzen: 11%
Rauchen: 10%

Nun stehen immer mehr Männer morgens vor dem Spiegel und fragen sich: »Bin ich schön?« Und: »Wie konnte das passieren?« Sicher liegt es auch daran, dass Frauen sich selbst versorgen könnten und nun also mehr für die Anschaffung eines Mannes sprechen muss als seine Steuerklasse. Theoretisch. Sollten Sie sich aber nun an der real existierenden Utopie – dem gepflegten, frisch rasierten, eingecremten, wunderbar duftenden, erlesen gekleideten und tadellos frisierten Mann – erfreuen wollen, den wir laut Statistik ja alle praktisch daheim auf dem Sofa sitzen haben müssten, gerade dabei, sich die Nägel zu machen, während die Haarpackung einwirkt, wird man eine kleine Enttäuschung erleben. Da sitzt er nämlich nicht. Und er liegt auch nicht darunter, falls Sie sich gerade bücken wollten. Wenn Sie sich wundern, wo er abgeblieben ist und wieso er Ihnen diesen Kerl mit Dreitagebart, in Freizeithosen und einem ziemlich fleckigen Hemd dagelassen hat, dann gibt es dafür ein paar ganz plausible Erklärungen. Eine davon ist, dass sich für Männer eine gut funktionierende Beziehung auch dadurch auszeichnet, sich mehr oder weniger gehen lassen zu können. Eine andere: dass zu Hause ja niemand guckt. Außer der eigenen Frau und das ist nicht gerade das, was sich ein Mann unter einem lohnenden Publikum vorstellt, sonst würden sie ja auch häufiger putzen oder öfter mal die Kinder ins Bett bringen.

Das ist jetzt nicht gehässig gemeint. Es ist einfach nur so, dass Männer so wenig wie übrigens auch Frauen all die Beauty-Mühen allein dafür auf sich nehmen, um beim anderen Geschlecht zu punkten. Jedenfalls nicht, wenn sie schon gepunktet haben, also das Baggern unter »Erfolge« abgelegt wurde. Dann genügen regelmäßige Duschen und der Gebrauch des Eau de Toilette, das man zuverlässig zum Geburtstag oder zu Weihnachten bekommt. Kurz: Für den Privatgebrauch muss ein Mann sich pflegerisch nicht überanstrengen, jedenfalls, solange Frauen nicht anfangen zu kichern, sich die Nase zuhalten oder in Tränen ausbrechen, wenn er den Raum betritt. Da tritt er dann gern ein wenig kürzer, putzt sich also höchstens alle zwei Tage auch abends die Zähne, trägt T-Shirts so lange, bis die praktisch darum betteln, in die Waschmaschine zu dürfen und schneidet sich die Fußnägel erst dann, wenn die Alternative wäre, die Schuhe eine Nummer größer zu kaufen. Ansonsten verhält es sich mit der Pflege und den Verschönerungsarbeiten beim Mann wie mit der Hausarbeit: Er kann, aber nur wenn er will und wenn es unbedingt sein muss.

Bevor wir jetzt ein bisschen stolz darauf sind, Männer gleich massenweise in die Arme von Drogeriefachverkäuferinnen, in Parfümerien, Fitness-Center und Kosmetik-Studios zu treiben: Es ist vor allem der Job, der dies Wunder vollbringt. Längst sehen Männer ein gepflegtes Äußeres als essenziell für ihren beruflichen Erfolg an. Umso mehr, als manche Betriebe grundsätzlich keinen über 40 mehr einstellen und als eine Art Behindertenquote schon Entwicklungshilfeprogramme für über 50-Jährige ins Leben gerufen wurden. Derzeit geht hierzulande die Mehrheit (61 Prozent) der Männer zwischen 54 und 65 keiner regelmäßigen Erwerbstätigkeit mehr nach. Bei der Post ist heute sogar weniger als ein Prozent der Beschäftigten älter als 60 Jahre.[53] Da wird jugendliches Aussehen wie eine Investition in die Karriere so wichtig wie das Managerseminar und der Montblanc-Kugelschreiber.

Was Männer durch eine Operation ändern lassen würden[54]

Fett absaugen: 44%
Körperhaare mit Laser entfernen: 19%
Waschbrettbauch aus Silikon: 19%
Nase verkleinern/begradigen: 16%
Penis verlängern: 14%
Haartransplantation: 11%
Doppelkinn entfernen: 9%
Gesichts-Lifting: 5%

Logisch, wenn mittlerweile nicht mehr nur Politiker und Manager, sondern auch Sparkassenangestellte und Kulturschaffende über gut gefüllte Badezimmerschränke verfügen, sich unters Messer legen, um Falten und Tränensäcke loszuwerden oder sich Haare implantieren lassen. Natürlich nicht wie wir Frauen aus schnöder Eitelkeit, kindischer Verzweiflung darüber, die Jugend auch optisch nicht einfach so bis ins Seniorenalter verlängern zu können. Wie in so vielen Bereichen seines Lebens, hat der Mann auch zwischen sich und den Creme-Tiegel eine ganze Menge Vernunft gebracht. Auf keinen Fall will er sich dem Verdacht aussetzen, dass ihm die Gurkenmaske auch noch Spaß macht, er sich aus Selbstgefälligkeit die Haare tönt, ihn Lust auf eine lecker riechende Fußcreme zu entsprechenden Ausgaben treibt oder er sich Gedanken über die optimale Form seiner Augenbrauen macht. Wie bei Gerhard Schröder, auch der »Kaschmirkanzler« genannt, dient der ganze Pflege- und Styling-Aufwand wieder mal einem höheren Zweck, der Partei, der Wählergunst, dem Bild des Deutschen im Ausland oder einfach dem Erhalt des Lebensstandards.

Diesen Vorwand brauchen Männer als Passierschein für das ursprünglich weibliche Terrain der Kosmetik. Selbst wenn ein Mann also schon so lange in den Spiegel schaut, dass man annehmen könnte, er stehe kurz davor, sich selbst einen Heiratsantrag zu machen, täuscht der Eindruck. Er prüft bloß nüchtern seinen optischen Kontostand. Damit gehört er vermutlich zum Typ des Vollpflegers. Eine von vier möglichen männlichen Pflegevarianten:

Der Pflege-Totalverweigerer
Männer joggen nicht bloß mal ein bisschen. Sie trainieren immer gleich für den Ironman oder aber sie sitzen so lange bewegungslos auf dem Sofa, bis man ihnen vorsichtshalber mal einen Taschenspiegel vor die Nase hält, um zu sehen, ob sie noch at-

men. Was immer ein Mann tun muss, er tut es richtig, also in Extremen. Auch bei der Pflege schlägt dieses Prinzip durch. Besonders bei jenen, die den natürlichen Säureschutzmantel ihrer Haut nicht durch den Gebrauch von Seife zerstören wollen und glauben, Schweißflecken seien so etwas wie ein sekundäres männliches Geschlechtsmerkmal. Sie sind so damit beschäftigt, nichts für sich zu tun, dass sie es nicht mal schaffen, täglich die Unterwäsche zu wechseln. Laut einer Studie des Marplan-Instituts in Offenbach trifft dies auf immerhin 38 Prozent der Männer zu. Besonders die über 54-Jährigen wissen offenbar nicht, dass Unterhosen keine Wunschbändchen sind, die man so lange trägt, bis sie abfallen. In dieser Altersgruppe wechseln nämlich bloß noch 50 Prozent täglich. Wie viele hierzulande – wie angeblich fünf Prozent der Briten – die Hose einfach umdrehen, um sie noch länger anbehalten zu können, ist bislang nicht untersucht – und ehrlich gesagt, so genau will man es auch gar nicht wissen.[55]

Sicher ist nur: Dass es natürlich noch immer eine Menge Pflege-Totalverweigerer da draußen gibt, die den Kauf einer Creme als eine Art getarnte Geschlechtsumwandlung fürchten. Die glauben, es fängt mit Waschlotion an und am Ende näht man Gardinen. Wenn es aber stimmt, was der Industrieverband Körperpflege und Waschmittel e.V. behauptet, dass der deutsche Mann täglich 22 Minuten im Bad verbringt, also gerade mal fünf Minuten weniger als die Frauen, bleibt natürlich die Frage: Was tut einer, der dort eigentlich nichts zu tun hat, in einem Raum, in dem gewöhnlich nicht mal ein Fernseher steht, man nicht Fußball spielen kann und in dem es kein Essen gibt? Ganz sicher nicht Putzen. Eher hat er seine 22 Pflege-Minuten großzügig dem anderen männlichen Pflege-Extrem gespendet: dem Voll-Pfleger.

Der Voll-Pfleger

Er hantiert nicht nur unfallfrei mit Pinzette, Föhn, Luffahandschuh, elektrischem Cremeeinklopfer und Nasenhaarschneider. Er weiß auch, dass Liposome und Hyaluron keine neuen Planeten sind, hält freie Radikale nicht für einen Grund, mal wieder die Ausländergesetze zu verschärfen, und trägt gelegentlich sogar ein wenig Make-up. Denn es macht einfach einen schöneren Hautton. Selbstverständlich besitzt er nicht bloß eine Gesichtscreme, sondern ein ganzes »Pflegeprogramm«. Zudem besucht er regelmäßig eine Kosmetikerin, geht zur Pediküre, zur Maniküre und ist trotzdem nicht zwingend schwul.

Derzeit kommt der Mann ohne Zahnbelag und Brustbehaarung vor allem in der Werbung, in den Medien und in Magazinen wie *Men's Health* vor. Das trägt ihm den Vorwurf ein, es handele sich bei ihm bloß um ein Gerücht. Allerdings haben wir schon von dem einen oder anderen lebenden Voll-Pfleger gehört, von Freundinnen, die mit einer Mischung aus Entzücken und Befremden von Kontakten zu diesem Typus berichteten. Von Männern, die mit dem gleichen Enthusiasmus die Beauty-Abteilungen der Kaufhäuser durchstöbern wie andere den Heimwerkermarkt. Von Kerlen, mit denen man sich um die Pflegeproben der Frauenmagazine streiten muss und die in Tränen ausbrechen, weil sie auf der Stirn ein neues Fältchen entdeckt haben. Solche, die beim Essen Kalorien zählen, plötzlich so komisch auf ihrem Stuhl herumrücken, weil sie gerade ihr tägliches Pobacken-Training absolvieren, die einen bitten, ihnen beim Auftragen der Heißwachsstreifen auf dieselben behilflich zu sein. Und wie man sich selbst ein wenig dafür hasst, dass man tatsächlich gesagt hat, ob der Liebste seine Feuchtigkeitsmaske nicht genauso gut im Keller einwirken lassen könnte, weil jetzt gleich die Eltern auf einen Kaffee kommen.

Sollte der Voll-Pfleger in Serie gehen, könnte es nicht nur mit dem Stauraum im Badezimmerschrank eng werden, sondern auch mit unserer Toleranz. Aber man kann schließlich nicht ständig dem gepflegten Mann hinterhergreinen und sich dann beschweren, dass er den dafür notwendigen Aufwand betreibt. Was wäre man dann? Auch nur ein Mann.

Der Spät-Einsteiger

Bis vor kurzem stand er noch so staunend vor dem Kosmetikschrank wie der Sechsjährige vor dem Chemie-Baukasten. Fassungslos beobachtete er, dass so ein Frauenkörper ja fast mehr verschiedene Produkte zur Pflege benötigt als sein Auto, bloß dass der nachher nicht so glänzt, und wünschte sich, die Technik seiner Stereoanlage wäre nur ein Bruchteil so gründlich wissenschaftlich abgesichert wie die Augencreme seiner Frau. Aber für irgendwas müssen die horrenden Kosten ja auch gut sein, die da fällig werden. »45 Euro! Bloß für eine Creme!«, das wollte ihm jahrzehntelang einfach nicht in den Kopf. Mit der Ausdauer eines Marathonläufers rechnete er ihr regelmäßig vor, was man von dem schönen Geld alles hätte kaufen können: »Ein Sandstrahlgerät, zwei CDs, eine Gartenpumpe«, und erwähnte nebenbei, dass seine Mutter ihr Leben lang mit einer Dose Nivea auskam. Machte man ihn darauf aufmerksam, dass man gerade, weil man nicht wie seine Mutter aussehen will, den ganzen Aufwand betreibt, erklärte er uncharmant, dass wir alle altern und dass das alles sowieso keinen Sinn habe.

Doch eines Tages betritt man das Bad und erwischt ihn dabei, wie er gerade Fußcreme im Gesicht verreibt. Natürlich nur, weil er wissen will, welchem faulen Zauber seine Frau auf den Leim gegangen ist. Behauptet er wenigstens. Bis er sich so nebenbei danach erkundigt, wohin genau man sich den Conditioner appliziert. Und wo sie gerade da ist, kann sie ihm vielleicht auch bei der Lösung seiner Schuppenprobleme helfen? Die Nasenhaare, nun die müssen ja eigentlich auch nicht sein. Ob sie vielleicht eine Pinzette hat? Kurz: Der Mann hat in den Spiegel geschaut und die Zeichen der Zeit erkannt. Gut, vielleicht will er nur seiner neuen jungen Kollegin imponieren oder ist auf dem Fußballplatz von seinen Kumpels aus der Alte-Herren-Mannschaft gerade »Mumie« geschimpft worden, weil er kaum mehr Einsatz bringt als Tutanch-Amun und seine Haut auch ein bisschen so aussieht, als hätte sie die letzten Jahre unter Sandstein verbracht. Aber kann einem das nicht herzlich egal sein? Wichtig ist doch bloß, was hinten bei rauskommt, wie ein – zwar sehr großer, aber leider sehr schlecht frisierter – Deutscher mal gesagt hat.

Und so sollten wir dankbar sein, wenn ein Mann anfängt, sich auffällig unauffällig für die Wirkweise von Body-Lotions (»Habe ich jetzt eigentlich trockene oder anspruchsvolle Haut?«) und sogar für die Anwendung von Feuchtigkeitsmasken zu interessieren (»Wehe du machst die Tür auf, wenn es klingelt!«). Und: Einmal angefangen, hört es nicht mehr auf. Endlich hat man wieder ein Thema am Frühstückstisch. Und sei es nur, um zu erklären, dass der Conditioner *nach* dem Shampoo aufgetragen wird und das Haarspray *nicht* unter die Achseln gehört. Dann dauert es nicht mehr lange, bis er fehlerfrei Kosmetik-Chinesisch spricht und ihm Worte wie »Bi-Skin«, »Ox-Cellular« oder »dentritische Hautzellen« so flüssig von den Lippen gehen wie früher nur »Abseitsfalle« oder »Blutgrätsche«. Ansonsten gibt es ja noch die Learning-by-Doing-Methode. Die empfiehlt sich allerdings nur, wenn man alle hochpreisigen Produkte und die Enthaarungscreme rechtzeitig vorm Zugriff des Einsteigers in Sicherheit gebracht hat.

Der Pflege-Nachwuchs

Eigentlich braucht man sich nicht zu wundern, dass Deutschland beim Pisa-Test so schlecht abgeschnitten hat oder es einfach an einer Jugendrebellion fehlt. Die Jungs von heute haben fürs Lernen oder Protestieren gar keine Zeit mehr. Sie stehen vorm Spiegel und cremen! Laut dem Trendbüro Hamburg haben 56 Prozent der sechs- bis 13-jährigen Jungen schon ihre eigene Gesichtscreme und 47 Prozent ein eigenes Parfüm. 34 Prozent der 15- bis 25-Jährigen blockieren das Bad sogar bis zum Rauswurf und verzichten so für die Schönheit sogar auf Play-Station, MTV und/oder MSN-Chat. Um 19 Prozent pro Jahr soll der Markt der Männer-Kosmetik so in absehbarer Zeit bis ins Unermessliche anwachsen. Und mit ihm die Auswahl einschlägiger Angebote.[56]

Schon jetzt hat der Mann die Auswahl zwischen 5000 Einzelprodukten aus etwa 290 Herrenserien, haben Kosmetikerinnen in den Großstädten bis zu 25 Prozent männliche Kunden. Bis das Londoner Beispiel auch in Deutschland flächendeckend Schule macht – dort wurde bereits der erste Spa nur für Männer mit dem Namen »Man« eröffnet –, ist es also nur noch ein kleiner Schritt. Etwas länger wird es dauern, bis auch der soziale Wohnungsbau die Notwendigkeit einer vergrößerten Nasszelle erkannt hat und die Einkommen dem doppelten Kosmetik-Budget angepasst sind. Spannend wird auch die Frage sein, wie es der Mann wohl verkraften wird, sich sein Taschengeld nun zwischen Fußball-Dauerkarte und Peeling aufteilen zu müssen. Ganz zu schweigen von den Schmerzen, die das Augenbrauenzupfen oder das Heißwachsenthaaren so mit sich bringen – und das bei einem Geschlecht, für das eine leichte Erkäl-

tung schon ein Grund ist, mit dem Leben abzu-
schließen.

Egal, in welchem Pflege-Stadium der Mann
sich befindet, die Feststellung, dass es natürlich
auch an einem Mann noch etwas zu verbessern
gibt, ist gemacht. Damit kommt nun etwas in das
Männerleben, das dort bislang so wenig Platz hatte wie der regelmäßige Besuch bei der Maniküre:
Selbstzweifel. Sind 1970 noch 80 Prozent der Männer mit ihrem Äußeren vollkommen zufrieden gewesen, so waren es Anfang des neuen Jahrtausends
nur noch 50 Prozent. Das Runzel-Ich sorgt also
für ein wenig Gerechtigkeit zwischen den Geschlechtern – soweit man es gerecht finden kann,
dass sich nun beide Geschlechter von Jugendwahn
und Schönheitsterror stressen lassen.

»Adonis-Komplex« (benannt nach dem mythi-
schen Geliebten der griechischen Schönheitsgöt-
tin Aphrodite) heißt das neue Psycho-Phänomen,
unter dem immer mehr Männer leiden. Sie quälen
sich im Fitness-Center oder hungern sich ihr Gewicht krampfhaft herunter. Besonders bei jungen
Männern führt die neue Fixierung aufs Aussehen
zu Essstörungen wie Bulimie und Anorexie. Mal
wieder ein Beweis dafür, dass es immer die Falschen trifft. Und eben nicht solche, die Selbstzweifel so sehr verdient hätten, wie der Chef einer Bekannten – Ende 40 –, der eine gleichaltrige Frau
deshalb nicht einstellen mochte, weil er – wie er
sagte – keine Lust hatte, ständig »so ein altes Gesicht« vor sich zu sehen.

Wir wollen hier allerdings nicht behaupten, alle Männer wären gleich und wir wären also alle mit demselben verheiratet. Besonders beim Altern zeigt sich die Vielschichtigkeit des männlichen Charakters. Da hat jeder Mann so seine eigenen Methoden, auf Verluste an Spannkraft, Ausdauer und Aufmerksamkeit bei Frauen unter 30 zu reagieren: Verdrängen, Flüchten, Jürgen Drews. Wir sollten uns beizeiten dafür wappnen und uns ein wenig in die Alters-Typen-Skala einarbeiten. Schon um zu wissen, warum manche Männer ab einem bestimmten Alter anfangen, noch seltsamere Dinge zu tun als gewöhnlich. Es liegt am Runzel-Ich. Es nimmt an Frauen wie Männern die erstaunlichsten Verwandlungen vor. Hier die wichtigsten Männer-Metamorphosen:

Der Sportler

Erich Kästner sagte schon: Entweder man lebt, oder man ist konsequent. Der Sportler hat sich fürs Konsequentsein entschieden. Gut, die Power-Halse hat er schon mal besser hinbekommen und beim Snowboarding muss er nun langsam mal ein bisschen aufpassen, damit er sich nicht noch das zweite Ohr abreißt. Aber ansonsten ist er in Topp-Form, besser als so mancher 18-Jährige. Zumindest hat er mehr Zeit und Geld als diese Altersgruppe und kann also jeden Blödsinn – Heli-Skiing, Sky-Diving, Free-Climbing – mitmachen. Hauptsache, es steht »Trendsportart« drüber. Angst hat er vor nichts. Bloß davor, als alt zu gelten. Allein der Gedanke treibt ihm mehr Schweiß auf die Stirn als ein Halb-Marathon. Deshalb joggt

oder radelt er täglich, verzichtet auf Zucker, Weiß-
mehl und all die anderen leckeren Dinge, mit denen sich die anderen das süße Leben verkürzen. Er
will so alt werden wie eine Galapagos-Schildkröte
und dabei so aussehen wie Ken.

Die Frau des Sportlers könnte sich eigentlich
freuen, schon wegen der neidischen Blicke der anderen Frauen. Aber ihre Begeisterung ist durchaus
zweigeteilt, weil man mit seinem an sich ganz manierlichen Körper neben so einem volltrainierten
Body optisch leicht den Kürzeren zieht. Auch
greift man beim Essen nur noch halb so beherzt
nach dem Schnitzel, wenn der Gatte einen dabei
anschaut, als hätte man sich gerade einen Schier-
lingsbecher einverleibt. Und dass jede neue Falte,
jeder erhöhte Ruhepuls wie ein Damoklesschwert
über dem Sportler hängt, trägt auch nicht gerade
zur Verbesserung der häuslichen Atmosphäre bei.

Glücklicherweise ist der Sportler fast nie daheim oder zu müde, um noch lange Vorträge über
die Vorteile der Körperertüchtigung zu halten. Leider auch dazu, etwas für zwei Körperteile zu tun,
die in seinem mehrseitigen Trainingsplan nicht vorgesehen sind: Herz und Kopf. So könnte es zu einer gewissen Entfremdung kommen, würde der
Sportler nicht regelmäßig eine treusorgende
Krankenschwester benötigen, die seine zahllosen
Sportunfälle mit Trost und einer gut sortierten
Hausapotheke begleitet, eine, die ihm versichert,
dass es ein Leben nach der vierten Meniskusopera-
tion gibt, und glaubhaft verschweigt, dass darin
nicht mal mehr Seniorensport vorkommen wird.

Der Sammler

Wer jemals das Gerücht in die Welt gesetzt hat, der Mann sei Jäger, der hat noch weniger Nadeln an der Tanne als ein Weihnachtsbaum im März. Der Mann hat nämlich das Sammeln geradezu erfunden. Und je älter er wird, umso größer ist das Risiko, dass er – je nach räumlichen und finanziellen Möglichkeiten – größere Vorräte an Briefmarken, Schmetterlingen, Schrauben, Aktien, Büchern oder auch Kunst anlegt. Es ist die Hoffnung, sich mit 35000 Bierdeckeln aus aller Welt ein Stückchen Ewigkeit zu ergattern, die Illusion, dass spätere Generationen voller Ehrfurcht mit offenem Mund im holzgetäfelten Hobbykeller stehen, der dann nicht mehr Hobbykeller ist, sondern etwa »Klaus-Schmidt-Museum« heißt und wegen seiner kulturellen Bedeutung zum Unesco-Welterbe zählt. Möglich auch, dass es ums »Habenwollen« geht, der Sammler also angesichts der Flüchtigkeit von Jugend wenigstens an der größten DVD-Sammlung von Hessen festhalten will. Kann auch sein, dass wie meist beim Mann, ein gewisser Größenwahn mit im Spiel ist. Ein Sammler sei nämlich, schrieb Johann Wolfgang von Goethe in dem Dialog »Der Sammler und die Seinigen«, ein Beherrscher, der »die Welt nach seiner Idee« modelliert. Goethe selbst soll eine Kunstsammlung mit über 25000 Einzelstücken besessen haben und vermutlich genug Personal. Womit wir beim Kernproblem wären: Wer staubt eigentlich den ganzen Größenwahn ab? Deshalb sollten wir ein Auge auf den Mann ab 35 haben. Hat er bereits vier Streichholzschachteln in der Schublade? Will er sich partout nicht von alten Schnürsenkeln trennen? Seien Sie wachsam! Es könnte der Anfang einer großen Sammelleidenschaft sein.

Der einsame Wolf

Früher war er sexy. Er war Großstadtcowboy, also der legitime Erbe von Gary Cooper, James Dean und Marlon Brando. Tapfer widerstand er jedem weiblichen Domestizierungsversuch mit Charme und Unverbindlichkeit. Und am Ende seiner zahllosen kurzen, aber umso leidenschaftlicheren Affären zog er immer wieder einsam in die Nacht, um die eine zu suchen, die er eigentlich gar nicht finden wollte. Früher oder später entwickelten nämlich alle Frauen diesen grauenhaften Drang nach Kindern noch vor ihrem 50sten Geburtstag, wollten über Lebensversicherung bis zum regelmäßigen Einkommen und einer Familienkutsche alles in einer für ihn unerträglichen Vorhersehbarkeit einfrieren. Dann verabschiedete er sich. Beneidet von seinen gebundenen Kumpels, begehrt von den Frauen, die in einer seltsamen Anwandlung von Selbsthass im einsamen Wolf lange eine unwiderstehliche Mischung aus Prärie und Poesie sahen. Er war cool, solange er noch genug Ausdauer besaß, regelmäßig um die Häuser zu ziehen und am Türsteher der In-Bar einfach so vorbeikam, ohne sich fragen lassen zu müssen: »Ist hoffentlich nicht zu laut für Sie?« Seit er 40 ist, merkt er jedoch, dass was dran ist an der These, dass der Single den wenigsten Sex mit dem größten Aufwand hat. Schleichend mutiert er nun vom interessanten Fall zum schlichten Alt-Single, der mangels Freundeskreis immer öfter allein daheim hockt, wo er wahlweise seine Plattensammlung reorganisiert oder sich in Internet-Partner-Börsen herumtreibt. Aus rein gesundheitlichen Gründen. Die heilsame Wirkung von Frauen und regelmäßigen Mahlzeiten auf Männer, die ein Dr. Ichiro Kawachi von der Harvard Medical School herausgefunden haben will,[57] kommt ihm nun – nach Jahren der Tiefkühlkost und der Restaurantbesuche – doch plausibel vor. Er macht sich Sorgen, wer ihm, wenn er mal nicht mehr so kann, eigentlich die Unterhosen wäscht. Tröstet sich aber dann mit der Aussicht auf Kaffeefahrten und einem gewissen Frauenüberhang ab 70 und wird irgendwann zu jenen gehören, von denen Frauen sich zuraunen: »Nimm dich vor dem in acht, der sucht nur eine billige Haushaltskraft.«

Der Aufreißer

Man muss Mitleid mit ihm haben. Weil er wie Flavio Briatore in seinen »scheinjuvenilen Operetten-Outfits«[58] doch bloß so viril wirkt wie eine Flasche Klosterfrau Melissengeist. Warum sonst sollte einer immer stärkere Reize suchen, wenn nicht aus Furcht um die schwindende Fähigkeit, Mädels zu betören? Eine These, die auch das Billy-Regal des deutschen Aufreißer-Jet-Sets Rolf Eden bestätigt, wenn er sagt: »Ich bin einfach nur wirklich potent, wenn ich eben verschiedene junge Damen habe.«[59] Deshalb arrangieren die Aufreißer Mädels um sich herum, als würde es sich um Stofftiere auf einem Sofa handeln. Und weil sie bisweilen einen guten Draht zur örtlichen Klatschpresse und/oder ein wenig Geld haben, findet sich tatsächlich immer noch eine, die sich gern mit ihm ablichten lässt und die schon deshalb schlank sein muss, damit auch die Tränensäcke und das XXL-Ego noch mit aufs Bild passen. Das an sich wäre schon erbärmlich genug. Doch was den Aufreißer anbelangt, so geht es immer noch tiefer. Er jammert nämlich noch darüber, dass all die Beautys um ihn herum der Öffentlichkeit den Blick auf den wahren, guten, schönen Charakter des Mannes verstellen. »Weil ihr mich immer mit schönen Frauen zeigt, aber nicht so, wie ich wirklich bin«, so Briatore. Ja, der Aufreißer ist eigentlich ganz anders. Er kommt nur zu selten dazu. Weil er hauptberuflich viel zu beschäftigt damit ist, immer wieder das gleiche langweilige Schauspiel aufzuführen: sich eine knapp Volljährige zu angeln und mit ihr durch die Klatschseiten der Regenbogenpresse zu ziehen. Womit wir schlussendlich beim größten Manko des Aufreißers wären: Seine Bonsai-Phantasie.

Der Berufsjugendliche

Jürgen Drews beweist: Es gibt keine Altersbeschränkung fürs Kindischsein. Ein Mann kann noch im Alter von 60 herumlaufen, als sei er von einem Dreijährigen bei Oilily eingekleidet worden, und es witzig finden, wenn seine Barbie in aller Öffentlichkeit Milch aus ihren Brüsten spritzen lässt. Bloß Männer können sich mit Sätzen wie

»Ich kann nicht mal Spiegeleier« oder »Wo sind eigentlich meine Socken?« auf den Entwicklungsstand eines Zehnjährigen zurückkatapultieren, ohne gleich als sozial auffällig zu gelten. Lange findet man es irgendwie niedlich, dass er Verantwortung für Folter hält und man sich mit ihm auch ohne Nachwuchs nicht kinderlos zu fühlen braucht.

Er ist halt ein ewiger Junge. Aber ewig ist manchmal schon eine sehr lange Zeit. Besonders, wenn man sich im Nahkontakt mit solch einem Buben im fortgeschrittenen Alter befindet, dessen Devise »We don't need no education!« lautet, und der sich für Peter Pan hält. Das kann ganz schön anstrengend sein. Trotzdem erhält man für all die Belastungen, die so ein Zusammenleben mit einem Halbwüchsigen mit sich bringt, weder Kinder- noch Pflegegeld, weil es bei Männern als ganz normal gilt, dass sie nicht erwachsen werden wollen und noch im Seniorenalter mental in kurzen Hosen herumlaufen. Logisch, dass der Junggebliebene die wunderbaren Begleiterscheinungen des Alterns wie Vernunft, Ausgeglichenheit, regelmäßigen Schlaf und ein stabiles Einkommen ebenso als nicht altersadäquat verschmäht wie bisweilen die Vaterschaft: »Jetzt fühle ich mich noch nicht reif dazu!« So kann seine Weigerung, älter als 16 zu werden, spätestens ab 40 von großem Verzicht begleitet sein. Vor allem, weil die Pubertät nahtlos in den Altersstarrsinn übergeht und man mit ihm ständig lange Diskussionen darüber führen muss, warum das Leben kein Ikea-Bälleparadies ist und etwa die Nachbarn ab ein Uhr nachts nicht mehr »Star

Wars« im Surround-Sound hören wollen. Der Berufsjugendliche eignet sich deshalb besonders für Frauen mit eigenem Haus und Einkommen. Ausgenommen, ihm gelingt es, aus seinem Zustand eine Karriere zu machen. Dann ist er Jürgen Drews, Mick Jagger oder Campino von den Toten Hosen – ein sehr großes, sehr faltiges Kind mit einem eigenen Bankkonto und ohne Erziehungsberechtigten. Eine ziemlich brisante Mischung.

Der Hundefreund

Erst wollte er ja nicht. Seine Frau hat den Köter angeschafft. Das würde ihnen beiden guttun, hat sie gesagt. Jetzt, nach ein paar Jahren, glaubt er ihr und fragt sich sogar: Wozu eigentlich eine Frau, wo es doch Hunde gibt? Ein Hund begrüßt ihn auch nach zehn Jahren noch so enthusiastisch, als sei es ihre erste Verabredung. Der meckert nicht, wenn Herrchen vom Frühstücksfernsehen bis zu den Tagesthemen schweigt, gibt keine Widerworte und will nicht darüber diskutieren, wieso er noch ein drittes Bier braucht. Ein Hund blickt immer zu seinem Gebieter auf und ihm ist es egal, ob der dabei Jogginghosen und Sweatshirt trägt. Gekuschelt wird nur, wenn Herrchen Lust dazu hat. Seltsamerweise kommt das viel häufiger vor als bei seiner Frau. Fast bedauert er, dass er nicht zuerst den Hund kennengelernt hat, bevor die Frau in sein Leben trat. Wie viel ruhiger und entspannter hätte sein Leben verlaufen können. Ganz ohne Diskussionen um den Haushalt, um Weihnachtsgeschenke und Geschwindigkeitsbegrenzungen auf der Autobahn. Anders als die Frau strengt der Hund den Mann auch nach mehreren Jahren nicht an.

So liebt der Mann den Hund zunehmend, nicht nur als treuesten Freund, sondern als seine private Beziehungs-Utopie: als Bestätigung, dass es im Leben eines Mannes auch eine Partnerschaft geben kann, die stressfrei, anspruchslos und dennoch liebevoll und spannend ist. Letzteres besonders, wenn es bei der Trennung darum geht, wer das Sorgerecht für den Hund bekommt. Denn auch für Frauen kann so ein Hund – jedenfalls im Vergleich zum Hundefreund – die weitaus angenehmere Alternative sein. Ein Hund jedenfalls sagt nie: »Du bist zu dick!« Und der Sex? Das ist kein Problem, weil es ja irgendwie egal ist, ob man nun mit dem Mann oder dem Hund keinen hat.

Der Connaisseur

An ihm zeigt sich: Es ist wohl etwas dran, wenn der Volksmund behauptet, Essen sei der Sex des Alters. So gesehen hat er viel Sex. Eigentlich ständig. Und in aller Öffentlichkeit. Ganze Tage treibt er sich in Delikatessenläden herum, ersteht Käse zum Preis von Manolo-Blahnik-Schuhen und ein Glas Gran Reserva von 1982 kann ihn in einen Zustand versetzen, der jedem Sektenbeauftragten die Sorgenfalten ins Gesicht treiben würde. Das stellt einen als liebende Gattin vor die Frage, ob man jetzt schon mit Wein oder einem Damhirschrücken in der Haselnusskruste konkurrieren muss und wann der Mann eigentlich das letzte Mal so in

Ekstase war, ohne dass Nahrung im Spiel gewesen wäre.

Würde der Connaisseur still für sich allein genießen, wäre selbst das weiter kein Problem. Aber leider will er bloß das Beste für die von ihm liebevoll ausgewählten und in stundenlanger Arbeit zubereiteten Speisen. Also mindestens eine Andacht. Deshalb verbietet er sich ein Schwätzen oder Kichern, ein banales »Ganz lecker!« bei Tisch. Moses hat ja schließlich auch nicht in der Nase gebohrt oder gesagt: »Ich brauch mal das Salz«, als er von Gott die Zehn Gebote empfing. Nichts Geringeres ist schließlich auch im Gange, wenn ein Connaisseur einen Schatz wie einen Jamon Iberico von schwarzen iberischen Landschweinen – Kilopreis 120 Euro – serviert. Man muss ihn verstehen. Der Mann hat einen Lehrauftrag, eine Mission. Das macht ihn wichtig. Ein Zustand, von dem er fürchtet, ihn jenseits von Käsetheke, Esstisch und Weinhandlung kaum noch erreichen zu können.

Der Aussteiger

In seinem anderen Leben war er mal Spitzenverdiener, Verantwortungsträger, Macher, Mitglied der Leisure Class. Doch gerade weil er alles erreicht hat, glaubt er nun, dass das nicht alles gewesen sein kann. Er will mehr: mehr Sinn, mehr Natur, mehr als den inneren Stillstand voller Karibik-Urlaube, Maßanzüge, Sportwagen und Manager-Magazine. Die Vision, der wilden Toskana und der italienischen Bürokratie noch einmal Neuland abzutrotzen, statt mit dem Finanzamt um Steuernachlass zu zocken. Er will eine eigene Scholle. Nochmal ganz von vorne anfangen. Etwas mit der eigenen Hände Arbeit aufbauen. Im wahrsten Sinne des Wortes, also irgendwo auf dem Land.

Was es auch immer ist, es folgt der Devise von der Vorfreude, die bekanntlich die schönste Freude ist. Da sieht sich der Quereinsteiger schon irgendwo im Süden inmitten von Zypressen, gutem, deftigem Essen in sonniger Atmosphäre und im Glas den edlen Tropfen funkeln, den er mit eigener Hände Arbeit selbst hergestellt hat oder auf dem Tisch einen Salat, der aus dem eigenen Garten kommt. Es können natürlich auch Pferde auf der Koppel sein, die er selbst gezüchtet hat. Egal. Hauptsache drumherum findet sich ein staunendes Publikum aus Freunden, Verwandten und Ex-Kollegen, die den frisch gebackenen Landwirt wie den ersten Mann auf dem Mond bewundern. Kein Wort von Hornissenplagen, Hitze, Holzwürmern, von den täglichen Anstrengungen, wie man im Winter ständig in klammer Wäsche herumläuft, weil der malerische Bauernhof kaum besser gedämmt ist als eine Pralinenschachtel.

»Nie wieder fremdbestimmt!«, glaubt der Aussteiger in spe. »Nie wieder Urlaub, nie wieder ausschlafen«, ist die Realität. Und die Frauen? Die sind natürlich klug genug, ihren Männern beim Aufbruch in die Schollen-Idylle nicht im Weg zu stehen. Erstens ist es immer gut zu wissen, dass der Gatte gerade mit harter Arbeit und nicht mit einer 20-Jährigen beschäftigt ist, und zweitens können wir, während sich die Städte leeren, weil der alternde Mann eine neue Aufgabe auf dem Land sucht, endlich in aller Ruhe dafür sorgen, dass der Anteil der Frauenparkplätze auf 98 Prozent erhöht wird und man sich in den Fußballstadien des Landes in den Halbzeitpausen die Nägel machen lassen kann.

Die Couch-Potatoe

Er verlässt sich auf bleibende Werte, denn er weiß: Schönheit geht, Phlegma bleibt. Gut, er war noch nie der Lebhafteste. »Theater, Konzert, Lesen, Reisen« hatte er damals nur deshalb in die Kontaktanzeige geschrieben, weil der Single-Markt eben noch nicht reif ist für »Fernsehen, Essen, Lotto«. Und es hat ja auch Vorteile für eine Frau, immer zu wissen, wo ein Mann ist. Nämlich daheim, auf dem Sofa. Mit den Jahren jedoch können sich gewisse Probleme ergeben, nicht obwohl, sondern gerade weil die Couch-Potatoe sich nichts aus dem Altern macht und seine Begleiterscheinungen einfach wie ein Naturereignis ungebremst über sich ergehen lässt. Im Gegenteil. Er begrüßt das Älterwerden als hochwillkommenen Vorwand, letzte Reste von Engagement für Frau und Freunde einzustellen. Er jedenfalls wird sich nicht gegen das Unvermeidliche stemmen und Bier und Chips, Schweinebraten und Schwarzwälder Kirsch daran hindern, ihr teuflisches Werk zu tun, ohne auch nur einmal mit Sit-ups oder wenigstens Spaziergängen dagegen anzukämpfen, dass er einem Tamagotchi figürlich immer ähnlicher wird. Wozu? Ihm macht es nichts aus, dass er mittlerweile nicht mal mehr sein Gemächt sieht. Solange er weiß, dass es da ist.

Ähnlich geht es ihm mit seiner Frau. Auch da genügt es ihm eigentlich, zu wissen, dass sie da ist. Das Aussehen spielt nach so vielen gemeinsamen Jahren für ihn keine Rolle mehr. Außerdem hat er nicht sein Leben lang für einen Full HD-LCD-Fernseher und den de-luxe-DVD-Player gearbeitet, um ständig seine Frau anzuschauen, ihr den Unterhaltungsminister oder gar den Traumprinzen geben zu müssen. Wozu gibt es Thomas Gottschalk und Kai Pflaume? Kein Wunder, wenn er kaum Falten hat. Erstens sorgt der Speck dafür. Zweitens ist er mit seinem Leben vollauf zufrieden. Er braucht keine Abenteuer. Jedenfalls nicht mehr, als RTL und Sat1 ihm direkt ins Wohnzimmer bringen. Und sollte seine Frau ihre Drohung wahr machen und ihn wegen »Desinteresse« und »Langeweile« verlassen, obwohl er mit ihr letzte Weihnachten zur »Hitparade der Volksmusik« gereist ist, dann wird er ihrer Maßlosigkeit keine Sekunde nachtrauern und sagen: Er braucht sie nicht. Er hat jetzt nämlich selbst Brüste.

Der Idealfall

Manchmal glaubt man, einer dieser Raritäten begegnet zu sein. Am Strand mit seiner Frau, der er die Hand hält, statt so zu tun, als gehöre diese Alte eigentlich nicht zu ihm und habe sich nur zufällig unter denselben Sonnenschirm verirrt. Man trifft ihn bei Essenseinladungen in der Küche, wo er das schmutzige Geschirr in die Spülmaschine einsortiert, obwohl keine Kameras diese Großtat filmen, um sie in den Tagesthemen gleich nach den Auslandsmeldungen zu senden. Dann fragt er, wie es einem geht, gratuliert herzlichst zu den beruflichen Erfolgen und belegt, dass es auch bei Männern neidlose Anerkennung und Aufmerksamkeitsspannen gibt, die nicht gleich Alzheimer befürchten lassen. Ja, es gibt Männer, die wunderbar albern sind und die trotzdem wissen, wann es Zeit ist, erwachsen zu sein. Die ihre Jeans nicht mit einem Personalausweis verwechseln und die ihr Ego nicht mit Kerben am Bettpfosten aufpäppeln müssen. Natürlich können die einen auch nerven. Schließlich wäre es ja nicht nur langweilig, sondern auch ziemlich anstrengend, mit einem perfekten Mann zusammenzusein. Weil man mindestens ebenso perfekt sein müsste, um nicht ständig Minderwertigkeitskomplexe zu haben. Nein, man kann sich mit dem Idealfall genauso herrlich über mit Zahnpasta vollgespritzte Badezimmerspiegel und schmutzige Wäsche im Wohnzimmer streiten und unter seiner zeitweiligen Verstocktheit leiden. Das ist nicht der Punkt. Der Punkt, der den Idealfall von allen anderen unterscheidet, ist Respekt. Der ist der Anfang von allem – in der Liebe und damit auch beim gemeinsamen Älterwerden. Sollten Sie gerade keinen Idealfall zu Hause haben, trösten Sie sich: Der kommt in seiner reinsten Form so selten vor wie der chinesische Flussdelphin. Aber es gibt durchaus höchst zufriedenstellende Abstufungen – also sagen wir mal wenigstens 60 von 100 möglichen Punkten –, mit denen

322

man bis ins hohe Alter sehr viel Freude haben kann.

Vermissen Sie etwas? Ja – sie fehlt noch, diese eine, diese eigentlich schlimmste aller männlichen Alterserscheinungen, sozusagen der Freddy Krüger unter den Runzel-Ich-Zumutungen: die ewige männliche Sehnsucht nach der jungen Frau, diese Landmine des Beziehungslebens, ausgestattet mit Waffen, die eigentlich international geächtet gehören: samtweiche Haut, cellulitefreie Schenkel, Brüste, die auch ohne BH wissen, wo sie hingehören, und die Bereitschaft, einem Mann auch dann noch Kinder zu schenken, wenn der aller Voraussicht nach nicht mal mehr deren Abitur erlebt.

Mit ständig wechselnden männlichen Hauptdarstellern erfährt die Geschichte »Der alte Mann und die Mädchen« beinahe wöchentlich eine Neuauflage. So bei Christian Wulff, Luciano Pavarotti, Franz Beckenbauer, Horst Seehofer, Dieter Bohlen, Ralph Siegel, Tony Curtis, Woody Allen, Günter Grass, Gerhard Schröder, Thomas Klestil, Hilmar Kopper, Michael Douglas (sollten einige der Herren bereits verstorben sein, wenn dieses Buch erscheint, dann liegt das in der Natur der Sache …). Natürlich, sagen Frauen, sind es die straffe Haut und das pralle Dekolleté, die bei Männern für vermehrten Speichelfluss sorgen und sie zwangsläufig in die Arme von Bravo-Leserinnen treiben, so sich die Gelegenheit ergibt. Auch das ein Grund, weshalb wir viel zu viel Zeit in Badezimmern, Fitness-Centern, bei der Kosmetikerin und beim Friseur verbringen, um dann irgendwann erkennen zu müssen: Man kann nicht ewig 20 sein. Dabei geht es gar nicht so sehr um die körperlichen Vorzüge der Jüngeren. Meist lockt den Mann noch ganz anderes als »Schenkel ohne Cellulitenarben und Brüste, die hochstehen wie bettelnde Hunde«, wie der britische Schriftsteller und Schauspieler Stephen Fry die Ängste der Frauen ab 40 zusammenfasst:[60]

Johannistrieb

So nennt der Volksmund den zweiten Blattaustrieb bei Bäumen während eines Jahres. Und so ist es auch reine Biologie, wenn beim Mann plötzlich noch einmal die Säfte steigen und er somit eine tiefe Seelenverwandtschaft mit der Eiche oder Rotbuche verspürt. Nur dass der Mann keine Blätter bekommt, sondern plötzlich ähnlich hektische Aktivitäten wie der Bonobo an den Tag legt. Wäre das Leben ein Kneipenbesuch, dann wäre das, was der Mann jetzt erlebt, die »aber wirklich allerletzte Runde«, also der Punkt kurz vor Schluss – erotisch betrachtet. Glaubt der Mann. Und weil er sich nicht gern trennt, weder von seinem Lieblingspullover noch von seinen Ansichten und also auch nicht von der Überzeugung, ein toller Hecht zu sein, will er nun wie das Eichhörnchen Bestätigungs-, also Begattungsvorräte anlegen.

Jennifer-Syndrom

So bezeichnen es Psychologen, wenn der Mann sich seiner Vergänglichkeit bewusst wird. Ein Schock, den er nun mit Frauen bewältigt, die eben noch für ein Autogramm von Tokio Hotel Schlange standen. Der Grund: Die eigene Frau erinnert ihn an den eigenen Alterungsprozess und das findet er ziemlich unerträglich. Die jüngere Frau benutzt er wie den Spiegel im Märchen von Schneewittchen.

Nur dass der nach Kräften lügt, wenn er sagt: »Du bist der Begehrenswerteste im Land! Nur Prinz William hinter den sieben Bergen bei den sieben Zwergen ist noch begehrenswerter als du!« Als vernunftbegabte Frau fragt man sich natürlich, wie Männer so naiv sein und diesen Quatsch glauben können. Aber wir sprechen hier von einem Geschlecht, das sich bekanntlich noch ganz andere Dinge erfolgreich einzureden vermag. Zum Beispiel, dass sie der Prostituierten, der sie gerade 50 Euro auf den Tisch legten (nicht ohne sie vorher noch um 20 herunterzuhandeln), ein unvergessliches Erlebnis beschert haben. Und das in nur drei Minuten.

Bewunderungslücke

Nach bis zu 30 gemeinsamen Jahren gibt es nicht mehr allzu viel, das man sich vormachen kann. Beide Partner hatten mehr als ausreichend Gelegenheit, sich gründlich kennenzulernen, und dabei ist den wichtigsten Förderern der Liebe – Zauber, Illusion, Leidenschaft – ein wenig die Luft ausgegangen. Die Energie, sich gegenseitig ein wenig zu verzuckern ist ebenso verbraucht wie die Bereitschaft, im Mann wenigstens gelegentlich einen wunderbaren und hinreißenden Menschen zu sehen. Achtung und Respekt? Die müssen sich etwa 1998 verabschiedet haben, als er gerade mal wieder von seinem genialen Auftritt im Ortsverein erzählte, den eigentlich seine Sekretärin vorbereitet hatte. Dass er kurz danach eine Affäre mit ihr anfing, trug dann auch nicht gerade zur Steigerung seines Ansehens in den eigenen vier Wänden bei.

Man müsste also schon hauptberuflich als Fee arbeiten, um dem Gatten nach der silbernen Hochzeit noch Spurenelemente vom Traumprinzen einhauchen zu können. So entsteht eine Bewunderungslücke, bisweilen so groß wie das Rentenloch, die der Mann – sofern sich die Gelegenheit bietet – nur zu gern mit einer Frau schließt, deren Nerven er noch nicht verschlissen hat. Einer, die weniger anstrengend ist und auch nicht vom Ehrgeiz getrieben, ihn ständig zu hinterfragen. Eine, die ihn bewundert, statt ihn abwechselnd auf den Prüfstand oder an den Pranger zu stellen. Eine, die ihn und vor allem seinen Status zu schätzen weiß. Eine, »lieber schön und blöd als klug und hässlich«, so Franz Xaver Kroetz, der kürzlich – vielleicht auch wegen seines Suchprofils – von seiner Jahre jüngeren Frau verlassen wurde.[61]

Mutterkomplex

Alternder Mann – jüngere Frau: da stimmt sie wieder, die traditionelle Rollenaufteilung. Er ist vermutlich prominent oder Wirtschaftslenker, also ein prima Versorger und Ernährer. Sie kümmert sich um sein Wohl. Kocht, hätschelt, begleitet, verwöhnt, freut sich, an seiner Seite glänzen zu können. Ganz klassisch und so, dass der Verdacht nahe liegt: hier will der alternde Kerl nicht bloß nochmal zum Jungmann, er will zum Buben mutieren, zurückkehren an den mütterlichen Schürzenzipfel. Dass die neue Mutti gar nicht wie eine Mutti aussieht, sondern eher Barbie ähnelt – umso besser. So kann man sie wenigstens mitnehmen und der staunenden Menge vorführen, die natürlich glaubt, was für ein Mordskerl das sein muss, der so eine junge Frau noch befriedigen kann. Besser haben sich Muttersöhnchen seit Norman Bates nicht mehr getarnt.

Die Trophäen-Frau

»Die hab ich mir verdient!« Nach dieser Devise gönnt sich der alternde Macher die junge Frau wie die Mitgliedschaft im Golf-Club, die Luxus-Uhr und den Alpharüden-Thron »1A« in der Lufthansa-Business-Class als Leistungsnachweis. Sie ist das Facelift des erfolgreichen Mannes. In den USA nennt man diese Pokale mit den langen Beinen, mit denen sich die älteren Herren gern selbst für außerordentliche Verdienste auszeichnen, deshalb auch »Trophy Wife«. Kaum noch ein Politiker oder Wirtschaftsboss, der ohne dieses Accessoire auskommt. »Rolf Breuer, Herbert Henzler, Ferdinand Piëch, Wolfgang Reitzle, Hans Peter Stihl, Helmut Thoma, Ernst Welteke, Wendelin Wiedeking, Frank Wössner« zählt das Manager-Magazin die Vertreter der deutschen Wirtschaftselite auf, die nach dem Prinzip »Nimm 2« verfuhren.

Natürlich wird auch in der Politik und in der

Kultur ebenso gewechselt wie in Forschung und Lehre. Die Muster gleichen sich und lesen sich alle wie die Ehegeschichte von Christian Wulff: Man heiratet, bekommt Kinder, findet, dass es wesentlich besser funktioniert, wenn die Frau auf ihren Beruf verzichtet, statt den anspruchsvollen Job des Gatten mit eigenen Karriere-Ansprüchen zu torpedieren. Das macht sich gut in der Presse. Außerdem zeigt es den anderen Frauen da draußen, wie erfüllt so ein Leben als »Frau an der Seite eines bedeutenden Mannes« sein kann. Dann lebt man sich auseinander, jeder zieht sich zurück in seine Welt. Ihre ist so wunderbar bunt, ausgefüllt mit den Tennisterminen der Kinder, mit Elternabenden und gelegentlichen Essen mit den Gattinnen anderer Spitzenmänner. In seiner Welt dagegen herrschen Einsamkeit und Entfremdung – wie man immer liest, wenn so ein Macher diesen trostlosen Zustand gerade eben noch rechtzeitig mit einer jüngeren Frau beendet hat.

Wir sind froh darüber. Es wäre schon sehr betrüblich, die gesamte deutsche Wirtschaftselite am Rande eines Hochhausdaches stehen zu sehen, nur weil es dem Land an Praktikantinnen oder Assistentinnen mangelte. Und wir freuen uns, dass diese Männer trotz ihrer schweren Leiden nicht ihre Sensibilität verloren haben und wie Christian Wulff laut *Bild-T-Online* auch an die denken, die es nicht so gut haben: »Und wenn er an seine Ehefrau denkt, dann wünscht er sich, dass auch sie bald ein neues Glück findet.« Ist das nicht total generös von ihm?

Gatterjagd

Was würden Sie tun, wenn man Ihnen so einen flotten Jungmann praktisch wie ein neues Ikea-Sofa anliefern würde? Nur dass Sie ihn nicht mal selbst zusammenbauen müssten? Einen, der Sie unglaublich interessant und wahnsinnig faszinierend findet? Einen, der täglich da ist, um Ihnen bei der Hausarbeit zu helfen, Ihnen nach Kräften unter die Arme zu greifen und vor Ihnen zu wissen, wann Sie mal wieder eine Tasse Kaffee oder eine ruhige halbe Stunde gebrauchen könnten? Dem würden Sie vermutlich auch erliegen. Ähnlich verhält es sich mit den jüngeren Frauen. Die sitzen oft bereits seit Jahren im Vorzimmer ihrer zukünftigen Männer oder bewegen sich zumindest in deren Dunstkreis. Sind also Pressereferentinnen, Assistentinnen, Sekretärinnen. Der Spitzenmann muss also nicht mal das Haus verlassen, um sich neu zu binden. Ein ziemliches Plus bei Männern, denen ja oft schon der Weg zum Tankstellenblumenstrauß zu weit ist.

In Jägerkreisen nennt man es »Gatterjagd«, wenn die Beute praktisch im Gehege gehalten, gefüttert und dann erlegt wird. Ein ähnlich aufregendes Unterfangen wie das Fangen eines Goldhamsters, der in Vollnarkose in seinem Käfig liegt. Das zeugt nicht gerade von jener Risikofreude, die uns Manager immer predigen. Von der Lust an der Herausforderung und der Bereitschaft, über den Tellerrand zu schauen, die sie bei Hartz-IV-Empfängern immer so schmerzlich vermissten, wenn sie bei Sabine Christiansen saßen.

Vergangenheitsbewältigung

Das kann die junge Frau für den älteren Mann auch sein: die Reset-Taste. Einfach drauf drücken und dann noch einmal alles auf »Anfang« stellen. Seine zweite Chance, die Möglichkeit, die Fehler der Vergangenheit auszuradieren. Beziehungen, die aus dem Ruder liefen, Frauen, die er unglücklich gemacht hat, Kinder, die nicht so geraten sind, wie er es sich erhoffte und wie es seiner Bedeutsamkeit angemessen wäre – das alles lässt sich wenigstens für Männer rückgängig machen. Mit einer neuen Frau. Am besten mit einer jüngeren Ausgabe des alten Modells. Dann kann er sich umso besser einbilden, es sei eigentlich gar keine Zeit vergangen, und er selbst sei genauso jung wie damals, als seine Ehefrau sich noch im gleichen Zustand jugendlicher Frische befand wie ihre Nachfolgerin. Das erklärt, weshalb manche neue Gattin der alten so verdammt ähnlich sieht. Mit ihr hat er nochmal Kinder, parliert über die Freuden der Vaterschaft und tut, als habe er gerade das Meer geteilt und nicht bloß seinen Samen verstreut.

So wie Karel Gott, der mit einer fast 40 Jahre jüngeren Frau noch einmal ein Kind bekam: »Für mich fängt jetzt ein neuer Lebensabschnitt an. Ich bin älter und reifer geworden und kann mir eine Ehe inzwischen durchaus vorstellen. Mit Ivana möchte ich eine richtige Familie gründen.«[62] Natürlich fragt man sich, was ein Mann, der sich mit 66 Jahren endlich reif für die Ehe fühlt, für seinen 80sten Geburtstag plant: einen Auftritt nackt im Fernsehgarten? Es war übrigens nicht das erste

Kind für Karel Gott. Er hatte bereits zwei erwachsene Töchter aus anderen Verbindungen (damals 32 und 17 Jahre alt). Wie überhaupt die meisten späten Väter bereits erwachsene Kinder haben. Die werden nur selten erwähnt. Fast so, als wolle man sie als Mitwisser des tatsächlichen Alters des Vaters am liebsten aus seiner astreinen Erfolgs-Biographie eliminieren. Leider können die sich nicht einfach so eine neue Vergangenheit zurechtlegen. Und müssen sich angesichts der Ekstase, die der neue Nachwuchs bei ihren Vätern auslöst, wie Montagsproduktionen, Trainingseinheiten, Erziehungs-Dummys fühlen. Wenn der Sohn aus Franz Beckenbauers erster Ehe in einem Interview erklärt, wie er es seinem Vater als Fußballspieler nie recht machen konnte, dann gibt es allerdings noch eine weitere verführerische Komponente der späten Vaterschaft: Dass man nicht mehr alt genug wird, diese Kinder bei ihrem möglichen Scheitern zu begleiten. Der späte Vater wird kaum noch erleben, ob er seinem frisch gezeugten Nachkommen als Vorbild vielleicht nicht so eine Glanznummer war. Diese Schlappe brauchen Väter wie Anthony Quinn, Michael Douglas, Jack White oder Paul McCartney kaum einzustecken, weil sie sie schlicht nicht mehr erleben werden.

Kurz: Man kann dem Runzel-Ich ja vieles vorwerfen – aber nicht, dass es die alleinige Schuld daran trägt, wenn man gegen eine Jüngere ausgetauscht wird. Dann hat man nicht das falsche Alter, sondern den falschen Mann. Einen, der seine Frauen wie Tomaten nach Hautwiderstand und

Verfallsdatum beurteilt. Nach Gebrauch ablegt wie seine Anzüge und nach Baujahr einkauft wie seine Autos. Einen also, der – gäbe es eine Wesensprüfung für Männer – nicht von der Leine dürfte und um den man die jüngere Frau wahrlich nicht beneiden muss. Für die gilt oft, was eine amerikanische Schauspielerin einmal sagte: An dem, was manche Frauen heiraten, kann man sehen, wie sie es hassen müssen zu arbeiten. Deshalb wäre es geradezu hirnrissig, die vermeintlich oder tatsächlich drohende Gatten-Flucht durch Verbesserungen an Aussehen und/oder häuslichem Service aufhalten zu wollen. Eher würde es sich lohnen, sein Leben ohnehin so zu führen, dass einem noch etwas mehr übrig bleibt als Depressionen, wenn der Mann geht: einen einigermaßen erfreulichen Job zu haben, Freunde und Freundinnen, Dinge, die einem Spaß machen. Andernfalls würde man zu viel an zu wenig Charakter hängen. Beachtet man diese einzige wirklich nützliche Vorsorgemaßnahme, dann kann man sich eigentlich mindestens so locker machen wie das Bindegewebe ab 40.

Woran ein Mann merkt, dass die Frau ein wenig zu jung für ihn ist

- Ihre Eltern sind jünger als er.
- Ihre Großeltern sind jünger als er.
- Der Sicherheitsgurt im Auto ist auf Kindergröße 156 eingestellt.
- Sie hat die Konzerttermine von Tokio-Hotel im Kalender stehen.
- Ihr Klingel-Ton stammt aus den Jamba-Charts.
- Sie kennt weder Humphrey Bogart noch Bob Dylan.
- Sie will zum Casting von »Deutschland sucht den Superstar«.
- Beim Casting finden es alle total süß, dass ihr Vater sie begleitet.
- Sie weckt ihn mitten in der Nacht, weil sie was ganz Tolles geträumt hat.
- Sie weiß nicht, was eine Bügelfalte ist. Wird aber sofort in der Parfümerie eine Creme dagegen besorgen.

Du und dein Runzel-Ich
Fragen an prominente
Schicksalsgenossinnen

Andrea Kiewel
Moderatorin, Bestsellerautorin
(»Mama, du bist nicht der Bestimmer«),
das Gesicht des »ZDF-Fernsehgartens«
und vom MDR-»Riverboat«

Alt ist man, wenn:
man so wie ich morgens von seinem kleinen Sohn beim Blick auf die Stirn gefragt wird: »Mama, was hast du da für Dellen?«

Ich fühle mich alt, wenn:
ich nachts viermal ins Kinderzimmer rennen muss und höchstens drei Stunden am Stück schlafen kann.

Ultimativer Schönheitstipp:
Nachts mindestens neun Stunden Schlaf am Stück; einmal in der Woche 60 Minuten Ganzkörpermassage.

Wie viel Zeit im Bad?
Morgens zehn Minuten, abends zehn Minuten. Wenn wir essen gehen, zusätzlich fünf Minuten zum Wimpern Tuschen und Pudern.

Ich kann nicht leben ohne: Meinen Pickelabdeckstift von YSL: Touche Éclat.

Die schlimmste Schönheitssünde?
Meine Dauerwellen (ja, es waren mehrere) und einmal zu schwarz gefärbte Augenbrauen.

Deine bislang beste Zeit?
Zurzeit?

Die größte Fehlinvestition in Pflege und Kleidung?
Die sündhaft teure goldene Glitzerhose von Missoni, in der ich auch mit Größe 38 aussehe wie ein sehr unglücklicher Hotdog!

Wenn ich etwas ändern wollte, dann:
Dann hätte ich gern das »Ich kann viel und alles essen ohne dick zu werden«-Gen.

Wenn ich es mir leisten könnte, würde ich:
mir eine eigene Masseurin engagieren.

Die größte Lüge auf dem Beauty-Sektor?
Meine Haut ist so glatt, weil ich jeden Tag drei Liter Wasser trinke …

Das zweifelhafteste Kompliment des letzten Jahres?
Sie sehen viel jünger aus als im Fernsehen!

Wann und welche ersten Anzeichen der Alterung?

Am Silvesterabend vor vier Jahren (also mit 37), als ich um Viertel nach elf auf die Uhr schaute und dachte – hoffentlich ist es bald Mitternacht, dann kann ich endlich ins Bett!

Jemand, der einem Hoffnung macht, dass mit 70 noch nicht alles vorbei ist:

Maria Hellwig, wird im Februar 87, ist nicht nur geistig und körperlich fit, sondern wird von ihrer Urenkelin »Mami« genannt.

Das Schönste an mir ist:

Ist meine Haut im Sommer, denn ich gehe in die Sonne – jawohl. Besser rot als gar keine Farbe!

Dein Inbegriff von Schönheit?

Romy Schneider / George Clooney

Dein Inbegriff von Hässlichkeit?

...

Gibt es etwas im Bereich Schönheit, von dem du sagen würdest: Mit mir auf keinen Fall!

Diese dicken Würstchenlippen, niemals!

Was gefällt dir an anderen besonders? Worauf achtest du?

Auf die Zähne! Weiße, kerzengerade Zähne sind für mich der Inbegriff von Schönheit. Ich erkenne sofort, ob einer Kronen hat oder nicht!

Thomas Anders hat die schönsten Zähne Deutschlands!

Machst du da Unterschiede bei Männern und Frauen?
Bei beiden die Zähne, und eine gepflegte Haut. Wenn ich im Supermarkt an der Kasse stehe und die Frau vor mir hat einen dicken Pickel am Kinn, dann würde ich am liebsten sofort meinen Abdeckstift rausholen. Der ist, wie der Name schon sagt, zum Abdecken von solchen Dingen erfunden worden.

Désirée Nick
Schauspielerin und Bestseller-Autorin.
Ihr jüngstes Werk: »Eva go home!«

Alt ist man, wenn:
Bequemlichkeit über Mode siegt.

Ich fühle mich alt, wenn:
ich mich fürs Foto neben eine 18-Jährige stelle.

Ultimativer Schönheitstipp:
Bauch rein, Brust raus, Kinn hoch!

Wie viel Zeit im Bad?
Dafür hab ich die Nick-Formel entwickelt: Alter mal zwei in Minuten. Beispiel: mit 20 Jahren braucht man 40 Minuten vorm Spiegel! Mit 30 Jahren 60 Minuten …

Kann nicht leben ohne:
Wonderbra und Tanga. Darin lebt es sich ganz anders als im Feinrippschlüpfer mit Pantyline!

Die schlimmste Schönheitssünde?
Schlechte Haltung und Mundgeruch.

Deine bislang beste Zeit?
Heute.

Die größte Fehlinvestition in Pflege und Kleidung?
Teure Cremes. Um die Unterschiede zwischen

mir und Barbie zu vertuschen bedarf es mehr als eine Tube Salbe.

Wenn ich etwas ändern wollte, dann:
Ich will meinen alten Busen wiederhaben! Meine Brüste waren echt geil – jetzt sind sie nur noch echt!

Wenn ich es mir leisten könnte, würde ich:
Nie wieder arbeiten – das Wesentliche im Leben beginnt nämlich jenseits des Broterwerbs!

Die größte Lüge auf dem Beauty-Sektor?
Kosmetikreklame! Ich meine, die Models, die für Anti-Aging werben, sind alle jung, schön und faltenfrei. Dass die toll aussehen liegt an Mutter Natur, nicht an der Creme.

Das zweifelhafteste Kompliment des letzten Jahres?
»Für Ihr Alter sehen Sie sehr gut aus!«

Wann und welche ersten Zeichen der Alterung?
Ich sehe genauso aus wie früher, nur dass jetzt alles ein bisschen tiefer hängt.

Jemand, der einem Hoffnung macht, dass mit 70 doch nicht alles vorbei ist:
Johannes Heesters – mit 70 hat er sich doch gerade an Simone herangemacht, oder?

Das Schönste an mir ist:

Etwas, was bis heute kaum jemals richtig fotografiert wurde, weil es jeden herkömmlichen Rahmen sprengt, und das sind meine konkurrenzlos perfekten Beine! Aber auch meine Proportionen sind unschlagbar: Mund, Nase, Augen, Hals – alles sitzt an der richtigen Stelle, das ist die halbe Miete!

Dein Inbegriff von Schönheit?

Die ästhetischen Ideale des klassischen Balletts und jede offizielle Ballerina, besser: Primaballerina dieser Welt!

Dein Inbegriff von Hässlichkeit?

Olivia Jones!

Gibt es etwas im Bereich Schönheit, von dem du sagen würdest: Mit mir auf keinen Fall!

Nasenoperation! Ich behalte meinen Zinken, weil ich damit verdammt gut riechen kann!

Was gefällt dir an anderen besonders? Worauf achtest du?

Persönlichkeit, Humor und Individualität.

Machst du da Unterschiede bei Männern und Frauen?

Beim Sex schon ... und eigentlich auch bei der Kleidung. Ich würde einem Mann nicht unbedingt mein persönliches Schuhwerk zur Verfügung stellen – die Dinger, die ich trage, sehen in Größe 48 ja eher wie Geräte aus!

Gabi Decker
Kabarettistin, »Comedy-Königin«,
Sängerin – wie Désirée Nick
auch bekannt und berüchtigt als regelmäßiges
Mitglied von »Blond am Freitag« im ZDF

Alt ist man:
wenn man kein Interesse mehr hat.

Ich fühle mich alt, wenn:
    wenn ich morgens aufstehe und meine Haut
bleibt im Bett.

Ultimativer Schönheitstipp:
    Lachen!

Wie viel Zeit im Bad?
    15 Minuten

Kann nicht leben ohne:
    Nivea-Hautmilch.

Die schlimmste Schönheitssünde?
    Kette rauchen, übermäßig Alkohol, dumm
schwätzen.

Deine bislang beste Zeit?
    Jeder Tag.

Die größte Fehlinvestition?
    Eine Wasserenthärtungsanlage.

Die größte Lüge auf dem Beauty-Sektor?
»Mir macht das Älterwerden nichts aus.«

Das zweifelhafteste Kompliment des letzten Jahres?
»Gabi, du bist echt ein alter scharfer Braten!«

Wann und welche ersten Zeichen der Alterung?
Mit 42 war das Mädchenhafte weg und wich dem eher Fraulichen.

Jemand, der einem Hoffnung macht, dass mit 70 doch nicht alles vorbei ist:
ist ein realistischer Mensch.

Das Schönste an mir ist:
mein Humor bleibt in allen Lebenslagen.

Dein Inbegriff von Schönheit?
Ingrid Bergman

Dein Inbegriff von Hässlichkeit?
Jeder Mensch hat was Schönes.

Gibt es etwas im Bereich Schönheit, von dem du sagen würdest: Mit mir auf keinen Fall!
Lifting

Steffi von Wolff
Redakteurin, Moderatorin, Sprecherin,
freie Autorin, schreibt laufend Bestseller
(»Fremd küssen«, »Die Knebel von Mavelon«)
und auch Comedy

Alt ist man, wenn:
einem im Restaurant unaufgefordert gesagt wird: »Wir bieten übrigens auch Seniorenteller an!«

Ich fühle mich alt, wenn:
mir jemand im Bus seinen Sitzplatz freiwillig überlassen will.

Ultimativer Schönheitstipp:
Hämorrhoidencreme auf die Augenfältchen schmieren. Wirkt echt!

Wie viel Zeit im Bad?
Pro Lebensjahr fünf Minuten mehr. Da ich jetzt 40 bin, kann man sich das ausrechnen …

Kann nicht leben ohne:
Bübchen Körperlotion. Zieht schnell ein, klebt nicht, riecht lecker!

Die schlimmste Schönheitssünde?
Die Frisuren in den 70er Jahren waren einfach nur entsetzlich. Und die Achselbehaarung, die quasi gekultet wurde, auch! Bei mir selbst war es die Frisur in den 70er Jahren und die Achselbehaarung, die ich quasi gekultet habe.

Deine bislang beste Zeit?

Anfang 20. Da konnte man die Nacht durchmachen und hat am nächsten Morgen ausgesehen wie das blühende Leben. Ist heute leider anders. Da hab ich das Gefühl, was ganz Verwegenes zu machen, wenn ich mal bis nach Mitternacht aufbleibe.

Die größte Fehlinvestition in Pflege und Kleidung?

Alles, wirklich *alles* von Avon! Furchtbares Zeug … Bei der Kleidung: Folkloreblüschen mit Puffärmeln und Stickerei. Warum gibt es so was heute immer noch?

Wenn ich etwas ändern wollte, dann:

würde ich, glaube ich, ziemlich viel ändern.

Wenn ich es mir leisten könnte, würde ich:

mir regelmäßig Fett absaugen lassen und ein Dauerhaarfärbemittel erfinden.

Die größte Lüge auf dem Beauty-Sektor?

»… auch tiefe Falten verschwinden wie von selbst. Erste sichtbare Erfolge nach gerade mal zwei Wochen!«

Das zweifelhafteste Kompliment des letzten Jahres?

»Sie sieht aber trotzdem irgendwie gut aus.« (Eine Dame über mich zu einer anderen Dame nach einer Lesung in Hannover.)

Wann und welche ersten Zeichen der Alterung?

Auf Altersflecken warte ich noch. Aber so langsam fängt das mit den Krähenfüßen an. Und graue Haare habe ich mit Sicherheit, aber wie viele, weiß ich nicht genau, da ich eigentlich ständig den Haaransatz nachfärbe.

Jemand, der einem Hoffnung macht, dass mit 70 doch nicht alles vorbei ist:

Miss Schlauchbootlippe Chiara Ohoven. Und natürlich Dieter Bohlen.

Das Schönste an mir ist:

ich glaube, meine Augen.

Dein Inbegriff von Schönheit?

Gregory Peck in »Ein Herz und eine Krone«. Dieser Dreitagebart!! Elizabeth Taylor in »Giganten«. Unglaublich! Helena Christensen – die wird immer *noch* schöner! Und allgemein: schöne, weiße Zähne, Naturlocken, perfekt manikürte bzw. pediküre Hände und Füße. Falten bei alten Menschen (ehrlich) – die erzählen eine lange Geschichte.

Dein Inbegriff von Hässlichkeit?

Ungepflegte Zähne, fettige Haare, Mundgeruch! Zuviel Parfum oder After Shave. Condoleezza Rice!

Gibt es etwas im Bereich Schönheit, von dem du sagen würdest: Mit mir auf keinen Fall!

Nein. Mit mir immer auf jeden Fall!

Was gefällt dir an anderen besonders? Worauf achtest du?

Eigentlich immer zuerst auf den Geruch. Es ist manchmal wirklich so, dass ich Menschen »nicht riechen« kann. Möglicherweise mag ich deswegen das Buch »Das Parfum« nicht …

Machst du da Unterschiede zwischen Männern und Frauen?

Nein. Warum auch?

Bärbel Schäfer
Produzentin, Moderatorin
(»Talk ohne Show« N24),
Autorin (»Ich wollte mein Leben zurück«)

Alt ist man, wenn:
man nicht mehr träumt und neugierig auf das Leben ist.

Ich fühle mich alt, wenn:
ich nach meinem täglichen Triathlon dann doch leichten Muskelkater im linken Oberschenkel verspüre.

Ultimativer Schönheitstipp:
Schlafen oder sich verlieben.

Wie viel Zeit im Bad?
Je älter ich werde, desto kürzer. Muss man sich ausdauernd im Spiegel betrachten?

Kann nicht leben ohne:
mein Chanel-Parfum.

Die schlimmste Schönheitssünde?
Ungepflegt sein!

Deine bislang beste Zeit?
Stets das »*Heute*«.

Die größte Fehlinvestition in Pflege und Kleidung?

Ayurveda-Gutschein in einem Autobahnhotel und ein Yoga-Kurs in Ostfriesland.

Wenn ich etwas ändern wollte, dann:

Meine Wimpernlänge, wer braucht schon Endlosbeine?!

Wenn ich es mir leisten könnte, würde ich:

Mir einen Personal Süßigkeitenbremser engagieren.

Die größte Lüge auf dem Beauty-Sektor?

Ist der Satz von Frauen: »Ich kann einfach alles essen, meine Haut braucht nur Wasser und Seife.« Ach ja, und »Stillen macht schlank …«

Das zweifelhafteste Kompliment des letzten Jahres?

»Du hast dich gar nicht verändert in den letzten 20 Jahren.«

Wann und welche ersten Zeichen der Alterung?

Als mich die Teenager-Kinder von Freunden vor der Disco fragten, ob ich jemanden abhole oder sogar selbst hineinwollte.

Jemand, der einem Hoffnung macht, dass mit 70 doch nicht alles vorbei ist:

ist ein charmanter Illusionist.

Das Schönste an mir:
   … liegt im Auge des Betrachters.
Dein Inbegriff von Schönheit?
   Intelligenz, Charme und Güte.

Dein Inbegriff von Hässlichkeit?
   Herzenskälte.

Gibt es etwas im Bereich Schönheit, von dem du
sagen würdest: Mit mir auf keinen Fall!
   Permanent Make-up und Extensions.

Was gefällt dir an anderen besonders? Worauf achtest du?
   Esprit.

Machst du da Unterschiede zwischen Männern
und Frauen?
   Esprit ist unisex.

Frances Schoenberger
Journalistin, Hollywood-Reporterin und
Autorin (»Mein Leben in Hollywood«)

Alt ist man, wenn:
man sich vom Job-Markt ausgeschlossen fühlt.

Ich fühle mich alt, wenn:
ich mich isoliert fühle, nicht gebraucht werde.

Ultimativer Schönheitstipp:
Schlaf.

Wie viel Zeit im Bad?
Eine Stunde.

Kann nicht leben ohne:
die Liebe meiner Tochter Daisy.

Die schlimmste Schönheitssünde?
Negative Gedanken.

Deine bislang beste Zeit?
Mein Leben war ein ständiges Auf und Ab, geprägt von Überlebenskünsten. Meine besten Zeiten waren und sind immer noch meine Reisen mit meiner Tochter Daisy und wertvolle Gespräche.

Die größte Fehlinvestition in Pflege und Kleidung?
Zu kleine Schuhe.

Wenn ich etwas ändern wollte, dann:
meine Beziehungsprobleme.

Wenn ich es mir leisten könnte, würde ich:
in meinem Haus, das ich vermietet habe, wohnen.

Die größte Lüge auf dem Beauty-Sektor?
...

Das zweifelhafteste Kompliment des letzten Jahres?
Ich freue mich über jedes Kompliment, stelle sie nicht infrage.

Wann und welche ersten Zeichen der Alterung?
Falten um die Augen mit 40.

Jemand, der einem Hoffnung macht, dass mit 70 noch nicht alles vorbei ist:
Aktive, lebensfrohe Freundinnen.

Das Schönste an mir ist:
Sind meine Hände.

Dein Inbegriff von Schönheit?
Natürliche Klasse.

Dein Inbegriff von Hässlichkeit?
Ungepflegtheit.

Gibt es etwas im Bereich der Schönheit, von dem du sagst würdest: Mit mir auf keinen Fall!
Liposuktion.

Was gefällt dir an anderen besonders? Worauf achtest du?
Freundlichkeit.

Machst du da Unterschiede bei Männern und Frauen?
Nein!

BARBARA SCHÖNEBERGER
MODERATORIN, SCHAUSPIELERIN, KOLUMNISTIN

Alt ist man, wenn:
   alle um einen herum jünger sind.

Ich fühle mich alt, wenn:
   man plötzlich versteht, worüber Eltern und Großeltern immer gesprochen haben (»Ich bin nicht mehr schön.« »Mir tut alles weh.« »Gehört dieses Bein wirklich zu meinem Körper?«)

Ultimativer Schönheitstipp:
   Bestätigung. Ich glaube, wer lebt, ohne das Gefühl zu haben gebraucht zu werden, verkümmert. Dazu gehört: »Das hast du aber schön gekocht« bis hin zu »Nice Shoes. Wanna Fuck?« Dazu gehört auch, in den Arm genommen zu werden und beruflich das zu tun, was einem einigermaßen sinnvoll und gewinnbringend erscheint. Cremes und Schlammbäder bringen nix, wenn keiner in deinem Umfeld bemerkt, dass deine Haut jetzt viel glatter ist.

Wie viel Zeit im Bad?
   15–20 Minuten. Vor jeder Fernsehsendung eine Stunde. Ich schmink mich selbst, das geht schneller. Haare wasche ich zweimal pro Woche, föhne aber nicht. Also alles in allem bin ich sehr schnell. Schminken im Taxi oder Flugzeug.

Kann nicht leben ohne:

Vanille-Essenzen in allen Variationen. Ob als Peeling, Creme oder Parfum. Riecht immer nach frisch gebackenen Vanillekipferln.

Die schlimmste Schönheitssünde?

Zu viel Schminke. Zu viel Farbe. Wer kein Tageslicht im Bad hat, sollte nochmal im Wohnzimmer in den Spiegel schauen oder eine gute Freundin fragen, ob »Chicogo Magic Colors« wirklich die richtige Schminkpalette ist. Das geht sonst einfach gar nicht. Und je älter desto weniger.

Deine bislang beste Zeit?

Immer dann, wenn neue Phasen beginnen. Ich liebe Veränderung. Umzug. Wechsel in eine andere Stadt. Neue Wohnung. Toll. Am schlimmsten sind für mich Phasen der totalen Kontemplation, in denen ich nix zu tun habe. Mag auch viel Arbeit und viel Rumfahren. Dann bin ich glücklich.

Die größte Fehlinvestition in Pflege und Kleidung?

Einmal im Monat kaufe ich völlig unnötige Kleidung oder dekorative Kosmetik, die ich schon habe, was mir aber entfallen ist. Zu Hause habe ich ein peinliches Gefühl, wie ich nur vergessen konnte, dass ich genau das schon habe, und benutze dann folgerichtig beide – also das neue und das alte – nie.

Wenn ich etwas ändern wollte, dann:

Hätte ich gerne die Beine von Naomi Campbell. Viele sagen, das würde gar nicht passen, weil es meinen Typ verändern würde, aber die verstehen gar nix. Muskulös und langgliedrig. Und mit diesen Campbell-Beinen würde ich sehr sehr schnell laufen können und Sport wäre mein Leben. Ich könnte endlich Sätze sagen wie »Ohne Sport fühle ich mich schlecht« und sie auch so meinen.

Wenn ich es mir leisten könnte, würde ich:

In Rom eine Wohnung kaufen. Das war aber nicht die Frage, oder?

Die größte Lüge auf dem Beauty-Sektor?

Sommerbeine! Wie Sie Orangenhaut in nur 3 Wochen sichtbar vermindern. Wir alle wissen: Diese Models, die uns ihre Beine für solch infame Lügenspots entgegenstrecken sind 13!

Das zweifelhafteste Kompliment des letzten Jahres?

Egal was die anderen sagen, ich find dich gut!

Wann und welche ersten Zeichen der Alterung?

Helmut Zerlett-Hängebäckchen und leicht vernehmbare Erschlaffung der Kinn-Halspartie.

Jemand, der einem Hoffnung macht, dass mit 70 doch nicht alles vorbei ist:

Nina Ruge.

Das Schönste an mir ist:
Sind meine Füße. Toll!

Dein Inbegriff von Schönheit?
Männlich Zinédine Zidane. Weiblich Monica Bellucci, Penélope Cruz, also alles, was eigentlich total anders aussieht als ich.

Dein Inbegriff von Hässlichkeit?
Das Lippen-aufgespritzte, seitlich gestraffte, lidkorrigierte Einheitsgesicht, das immer mehr Einzug hält. Habe Angst, dass wir uns an diese starre Botox-Mimik gewöhnen und unsere Gesichter ohne all das irgendwann ganz hässlich und indiskutabel finden.

Gibt es etwas im Bereich Schönheit, von dem du sagen würdest: Mit mir auf keinen Fall!
Aus meiner jetzigen Perspektive würde ich sagen, all das will ich nicht. Wir sprechen nochmal in 15 Jahren.

Was gefällt dir an anderen besonders? Worauf achtest du?
Wenn sie viel lachen. Große Münder haben und gute Knie. Ich bin Knie-Fetischist.

Machst du da Unterschiede bei Männern und Frauen?
Nein. Männer brauchen unbedingt gute Zähne, große Münder, schöne Hände und … ha! Humor.

Wer schön sein will ...
braucht Zeit und Geld

Je mehr man sich informiert, je mehr Frauenzeitschriften man durchblättert und je mehr Werbung man sieht, umso schwieriger wird es. Brauchte man nicht total dringend auch noch den neuen Falten-Filler, der bei 79 Prozent der Frauen 75 Prozent weniger Faltentiefe schafft, oder die spektakuläre Anti-Aging-Creme, die auch die Stars benutzen, oder das Haarshampoo für Haare ab 40? Kann man wirklich sorglos weiter die normale 1,90-Euro-Zahncreme benutzen oder bringt die für 16 Euro endlich die heiß ersehnten weißen Beißer? Gehört es nicht zum Pflichtprogramm einer Frau mit Schenkeln, die dicker sind als bei Hühnchen, ihre Oberschenkel täglich abzurollen und mit koffeinhaltigen Produkten einzuschmieren? Ist man schon wieder hoffnungslos hintan, im defizitären Bereich? Nie hat man genug, nie tut man genug und ständig wird man mit neuen angeblichen Must-Haves zugeballert.

Was kann man alles tun und was muss man eigentlich unbedingt tun? Was gehört zu den Basics und was ist Schnick-Schnack, der nicht schadet, aber auch nicht wirklich nötig ist? Werden wir es schaffen, das Elementarste zu tun, und weiterhin trotz allem einer geregelten Arbeit nachgehen können? Haben wir überhaupt genug Zeit für all das, was gestrenge Beauty-Experten als absolutes Minimum bezeichnen? Müssen wir anbauen, einen eigenen Kosmetiktrakt errichten, oder reicht ein Fach im Allibert selbst mit über 40 noch aus?

Fragen über Fragen, für die wir kompetente Beratung brauchen. Wir gehen in unsere Lieblingsparfümerie (keine Kette!) und schnappen uns einen Fachmann auf dem Gebiet. Er verspricht uns, alles zu zeigen, was der Markt so bietet (ob man all das wirklich braucht, ist dann die nächste Frage, und das muss auch jede für sich selbst entscheiden).

Wir fangen mit dem Kopf an. Die Haare sind für viele Frauen eine never-ending Story. Gäbe es eine Chartshow im Fernsehen mit dem Titel: »Die 10 Top-Problemzonen bei Frauen«, wäre den Haaren garantiert eine Pole-Position sicher. Egal, ob sie viel oder wenig Haar haben, lockig oder aalglatt – trocken oder fettig, zufrieden sind die wenigsten, sagt der Fachmann. Außerdem neigen auch Haare dazu, sich zu verändern (klingt doch schöner als zu altern!). Werden strohig, borstig, weiß oder fallen sogar aus!

Klar brauchen wir ein Shampoo, so viel wissen wir selbst. Und einen Conditioner (früher noch schlicht als Spülung bekannt) und auf jeden Fall ab und an eine Kur, die von manchen Herstellern auch gerne als Haarmaske bezeichnet wird. Das ist das Grundprogramm für Frauen, die keine speziellen Probleme mit ihren Haaren haben. Dazu kommen Haarspitzenfluid (damit sie nicht so schnell abbrechen und so fisselig aussehen) und je nach Haarsituation diverse Stylingprodukte wie Festiger, Gel, Schaum, Haarspray, Farbprodukte, Glanzspray, Wachs, Glättflüssigkeiten, Locken-spray …

Eine vernachlässigte Zone sei ganz klar die Kopfhaut, erklärt der reizende Mann in der Parfü-merie weiter. »So lange, bis sie sich wehrt und Frauen plötzlich Juckreiz, Schuppen oder kreis-runden Haarausfall haben.« Wir bekommen es so-fort mit der Angst zu tun. Kreisrunder Haaraus-fall, welch eine Horrorvorstellung! Auch Schup-pen sind für Frauen wie uns, die ständig Schwarz tragen, keine schöne Vision. Und Juckreiz klingt auch nicht verlockend. Vorbeugen kann man mit einem Kopfhautserum. Wir haben uns bisher nie-mals Gedanken über Kopfhaut gemacht, verspre-chen aber sofort, über den Kauf eines Kopfhautse-rums nachzudenken. Er ist froh, denn schließlich ist »die Kopfhaut die Haut, die am stärksten ent-giftet«. Mit anderen Worten: Unsere Kopfhaut ist eine Art Sondermülldeponie. (Fängt Ihre Kopf-haut nicht auch sofort an leicht zu jucken?)

Natürlich braucht jedes Haar die passenden Bürsten, Kämme, einen Fön (je nach Haar-Lage mit verschiedenen Aufsätzen), Glätteisen oder Lo-ckenstab oder am allerbesten beides. Dazu Haar-gummis und Haarschmuck wie Kämmchen, Kläm-merchen und Ähnliches.

Kommen wir zum Gesicht. Wir alle wissen, dass es angeblich sträflich ist, sein Gesicht nicht zu reinigen. Morgens und abends! Wer sich nicht abschminkt, dem ist alles zuzutrauen! Heute nicht abgeschminkt – morgen einen Schul-Bus entführt. Faule Menschen nehmen dazu gerne ein feuchtes Tuch. Ratzfatz ist alles abgewischt und das Gewissen beinahe so rein wie das Gesicht. Für zwischendurch mal findet der Experte das vollkommen in Ordnung, aber die tägliche Reinigung sollte doch gründlicher sein. Wir sind einsichtig. Am allerbesten sind Reinigungsbürsten. Es gibt elektrische Bürsten, wie bei der Kosmetikerin, und ganz normale, die mit der Hand bewegt werden. Mit den Bürsten werden Reinigungsschaum, die Creme oder die Milch einmassiert und dann abgespült. Die Art der Reinigung, ob Schaum, Milch oder Creme ist Geschmackssache. Am besten, man wechselt immer mal, meint der Produktkenner. Danach wird mit Gesichtswasser (das heutzutage Behandlungslotion oder Toner heißt – weil es wichtiger klingt) gereinigt. Wer die Tuchvariante mag, für den gibt's auch sogenannte Mikrofasertücher, Reinigungstücher aus ähnlichen Materialien und ebenso schonend wie fürs Ceran-Kochfeld.

Wer meint, damit sei er schon fein raus, hat sich getäuscht. Zweimal täglich reinigen ist gut, aber regelmäßige Peelings sind ein weiteres Muss. Je nach Hauttyp natürlich. Bei Couperose (das sind diese fiesen kleinen roten Äderchen, die einen irgendwann wie eine laufende Landkarte aussehen lassen, in der nur die Flüsse eingezeichnet sind) darf nicht zu arg geschmirgelt werden, deshalb sind physikalische Peelings mit Schleifpartikeln bei empfindlicher Haut ungeeignet. Besser in diesem Fall sind chemische Peelings auf Enzym-Basis. Mittlerweile gibt es sogar ganze Schmirgelsets. Nennt sich Mikrodermabrasion und enthält drei Rubbel-Schwämme. Einen weichen fürs Gesicht, einen gröberen für den Körper und eine Art Akkupads für Ferse und Co. Ähnlich wie es Schleifpapier im Baumarkt ja auch in unterschiedlichen Stärken gibt. Leider ist der Preis nicht ähnlich. 230 Euro kostet der Spaß und man sollte es etwa einmal die Woche anwenden. Ob ein feines Schmirgelpapier einen ebensolchen Effekt hat, weiß der Experte nicht (wir werden es demnächst mal probieren). Könnte ein abendliches Wochen-Highlight werden: »Heinz stör mich nicht, ich bin mitten in der Mikrodermabrasion ...«

Hinterher darf man aber keinesfalls die passende Behandlungslotion vergessen: 126 Euro sind dafür nochmal fällig. Für die zartere Haut, die das Geschmirgel eventuell nicht überstehen würde, gibt es spezielle Peeling Powder. Einer enthält Pankreas- (Bauchspeicheldrüsen-) Enzyme und kann angeblich kleine Hornschüppchen auf der Haut fressen. Für diese phantastische Leistung sind 57 Euro durchaus verständlich. Würde er Fettzellen fressen, wären wir bereit, noch einiges draufzulegen.

Übrigens: Die meisten Frauen benutzen zu viel vom jeweiligen Produkt. Eine kleine Menge reicht durchaus aus. Wer das beherzigt, kommt mit den Reinigungsprodukten etwa zwei bis drei Monate aus. Augen-Make-up und Lippen-Make-up entfernt man, so der Profi, am besten mit Spezial-Produkten, weil man dann gerade in der empfindlichen Augenregion nicht so stark rubbeln muss und auch wasserfeste Tusche ohne rabiate Maßnahmen verschwindet.

Kommen wir zum Cremen. Die Haut braucht Pflege. Wer richtig klotzen will, kann durchaus für 40 ml 580 Euro ausgeben. Dafür bekommt man dann ein sehr kleines schwarzes Töpfchen (in einer viel größeren Verpackung), das sehr elegant und edel aussieht, etwa für zwei Monate langt und angeblich aufbauend aufs Stützgewebe wirkt. Besonders wichtig ist das nachts: Schließlich regeneriert sich dann unsere Haut. 580 Euro für 40 ml, das sind pro ml genau 14,50 Euro. Dagegen ist der Gigatopf einer sogenannten Kult-Creme der High Society für 1370 Euro fast schon ein Schnäppchen, denn er hat immerhin 500 ml, und damit einen ml-Preis von 2,74. Wer zu der schwarzen Supercreme gerne die passende Augenpflege hätte, kein Problem, für 15 ml sind nochmal 278 Euro fällig. Dafür kann man dann mit Fug und Recht behaupten, dass einem die Augen und das Gesicht echt was wert sind.

»Das Augenlid ist die am meisten bewegte Zone im Gesicht«, ermahnt uns der Fachmann. Etwa 15000 Mal am Tag geht es hoch und runter und schon mit ca. 18 Jahren beginnt die Augenpartie zu altern, ist dem Rest des Gesichts also um 10 bis 15 Jahre voraus. Normalerweise ist es ja eine tolle Sache, voraus zu sein, in diesem Fall könnten wir gut darauf verzichten. Schon deshalb ist eine spezielle Augenpflege quasi Pflicht. Es gibt Hersteller, die bis zu sechs verschiedene Augencremes im Sortiment haben. Je nach Bedürfnislage: abschwellend, faltenglättend, pflegend, fettend … Zum Glück gibt es aber für Menschen wie uns, die eigentlich all das brauchten, auch Kombiprodukte. Bisher haben wir Gesichtscreme auch für die Augenregion benutzt, sind aber nach dem kleinen Vortrag durchaus im Zweifel, ob das weiterhin ausreicht.

Eine kleine Info für den Augencreme-Dschungel bekommen wir auch noch: Gels sind fast immer abschwellend und Cremes pflegend. Wieder was gelernt.

Reinigen, cremen und peelen sind Basissäulen der Gesichtspflege. Da kommt man, wenn man gepflegt sein will, nicht drum herum. Natürlich gibt es diese Produkte in allen möglichen Preisklassen. Wer aufs Geld achten muss, meint der Fachmann, sollte Schwerpunkte setzen und lieber mehr für die Creme und weniger für die Reinigungsprodukte ausgeben. Bei Letzteren kann man ruhig auch mal die Marke wechseln, bei Creme rät der Experte zu einer gewissen Treue. »Und natürlich braucht man Masken.« Wie oft? So oft man will, ist die Antwort. Ob tiefenreinigend, klärend, straffend, befeuchtend oder nur nährend – das Angebot ist riesig. Man könnte seinem Gesicht einen Monat lang jeden Tag eine andere Maske gönnen. Selbst Kaviarmasken gibt es. Der Rolls-Royce unter den Masken ist eine relativ neue Vlies-Maske. Eine sogenannte Ausstrahlungsmaske mit Weißalge. Man trägt ein kleines Fläschchen Essence auf, pattert es in die gercinigte Haut (das meint einklopfen) und pappt dann ein Vlies drüber. Genauer gesagt zwei Vliese. Eins für die upper und eins für die lower zone. Also die obere und untere Gesichtshälfte. Acht Minuten wirkt die ganze Sache dann ein. In dieser Zeit sollte man sich tunlichst von der Haustür und jeglicher Öffentlichkeit fernhalten. Auch Kinder könnten sich erschrecken. In der ersten Behandlungswoche macht man es zweimal, danach sechs Wochen lang je einmal. 360 Euro kostet die Vlies-Weißalgen-Maske und angeblich verringert sie die Faltentiefe. War ein äußerst beliebtes Weihnachtsgeschenk, erzählt mir mein Fachmann. Will man das wirklich? Eine Faltenverringerungsmaske unterm Baum? Möchte man ausgerechnet an Weihnachten daran erinnert werden, dass man da ein klitzekleines Problem hat? Und vor allem: Was ist der nächste Schritt? Inkontinenztabletten oder ein Treppenlift auf dem Gabentisch?

Wer noch mehr tun will, kann es mit Ampullen oder anderen Konzentraten versuchen. Ob mit Kaviar oder Aprikosenextrakt, es gibt eigentlich nichts, was es nicht gibt. »Ein- bis zweimal im Jahr ist so eine Ampullenkur schon sinnvoll, am besten dann, wenn die Haut sich umstellt – von Sommer auf Winter oder umgekehrt«, meint der Fachmann. Viele Frauen würden auch vor Schönheits-OPs nochmal eine Spezialkur für ihre Haut machen. Ist das nicht die komplette Geldverschwendung? Wenn eh hinterher geschnippelt wird, dann muss man das, was bald in der Tonne im OP liegt, ja vorher nicht noch mit Hunderten von Euros samtweich pflegen, oder? »Man kann besser schneiden, wenn das Gewebe schön geschmeidig ist«, erklärt der Beauty-Experte das Ganze. Aha. Es gibt angeblich sogar Frauen, die sich die kostbaren Konzentrate vor einer Hüft-OP auf die Hüften schmieren, einfach nur, damit das Skalpell besser gleitet.

Neu auf dem Markt sind auch sogenannte Doktor Brands. Cosmozenticals. Mischungen aus Kosmetik und Pharmazie. Sie sollen hauptsächlich vor Licht und Austrocknung schützen.

Auch ein Renner im hohen Preissegment: eine Recreation-Creme für 1000 Euro. Wie rechtfertigen Hersteller solch immense Preise? In der Creme soll Spezialwasser sein. Meerwasser aus 800 Meter Tiefe. Meeresbiologen nennen diese Tiefe angeblich Regenerationstiefe. Wenn man sich in Filmen oder auch in Büchern anschaut, welche Art Kreatur in diesen Tiefen lebt, ist man erstaunt. Arg schön sind die wenigsten von ihnen. In der 1000-Euro-Creme ist angeblich das Wasser einer japanischen Insel, auf der alle 100 Jahre alt werden. Solche Mythen muss man mögen und vor allem glauben und natürlich auch bezahlen. Ganz neu und sehr hip ist eine neue Kosmetiklinie, die Cremes und Drinks kombiniert. Leider kein Caipi oder Gin-Tonic, sondern Vitaminsäfte. Man schmiert sich mit vitaminangereicherten Cremes ein und trinkt morgens und abends je 50 ml gelben oder roten Saft. Eine aufwendige Sache, schließlich müssen die Säfte im Kühlschrank aufbewahrt werden. Ob man stattdessen auch eine Paprika essen kann oder einen Apfel oder eine Vitamintablette nehmen? Oder gilt der Saft auch gleich als Nahrungsersatz?

Ein großes Thema heutzutage sind Pigmentstörungen. »Schatten und Pigmentstörungen im Gesicht machen älter«, sagt der Fachmann, also ist schon deshalb Farbausgleich wichtig. Dafür hat die Kosmetikindustrie sogenannte Whitening-Produkte entwickelt. Zum Beispiel einen Age Spot Corrector (106 Euro), täglich aufgetragen sollen die uncharmant Altersflecken genannten dunkleren Stellen nach vier bis sechs Wochen verblassen.

Eine weitere Gesichts-Problemzone nach den Augen sind die Lippen. Vor fünf bis acht Jahren war die Cellulite das Horrorthema Nummer eins für Frauen, heute sind es die Lippen. Sie sind vielen Frauen zu schmal und werden deshalb mit allem beschmiert, was mehr Volumen verspricht. Sehr im Trend sind sogenannte Pump-Lips-Produkte, die Lippen quasi aufpumpen sollen. Niemand will Lippen wie Chiara Ohoven (außer Chiara Ohoven), aber ein bisschen mehr wäre schon fein. Angeblich soll die Lippenpaste da Abhilfe schaffen und für mehr Durchblutung sorgen. Wir bekommen von unserem Lieblingsverkäufer eine Probeportion und schmieren sie sofort drauf. Es prickelt, die Durchblutung steigt, sie sind ein wenig röter als sonst, aber eine wirkliche Veränderung in Größe und Form lässt sich leider nicht feststellen. Wahrscheinlich ist der Effekt ähnlich, wenn man sich eine Chilischote auf den Mund legt.

Neben ihrer Lippenform haben viele Frauen Probleme mit den miesen kleinen, feinen Fältchen, die sich wahnsinnig gerne rund um den Mund ansiedeln. Mit Vorliebe übrigens bei Raucherinnen. Als wären diese Fältchen (und all die anderen) nicht auf dem Rücken oder der Hüfte wesentlich besser aufgehoben. Oder auf den Fußsohlen.

Gegen dieses Plissee am Mund gibt es spezielle Lippenpflege. Nein, natürlich nicht die schnöden Fettstifte, sondern Spezialprodukte, die allerdings auch preislich weit vom Pflegestift entfernt sind, denn für 50 Euro könnte man sicherlich lange fetten.

Nun verlassen wir Kopf und Gesicht und widmen uns dem Körper. Eine absolut verwahrloste Zone ist der Hals. Er wird, laut Fachmann, oft stiefmütterlich behandelt, ist also quasi die Tundra des Körpers. Braches Land. Emotional verelendet. Und das, obwohl die Haut – die Halshaut – bis zu achtmal dicker ist als die Gesichtshaut, und schon deshalb sollte man, so lernen wir heute, auch andere Produkte für den Hals verwenden. Zu unserem Glück gibt es Hersteller, die das wissen und extra Hals- und Dekolleté-Pflege anbieten. 100 ml für 98 Euro. Langt für circa zwei Monate. Also etwa 50 Euro im Monat für den Hals und das Dekolleté. Für die unter uns, die noch Original-Brüste tragen, bietet sich eine Büstenemulsion an. Ein gängiges Produkt ist für etwa 146,50 Euro zu haben. Hilft generell gegen Hauterschlaffung, man kann und darf also gerne auch eine Ladung auf die Oberarme oder andere schlaffe Teile geben. Wer es besonders gut mit seinen Brüsten meint, gönnt ihnen eine 14-tägige Ampullenkur, die nochmal 102 Euro kostet. Und vielleicht auch noch den Spezial-Büstenschaum, der weicher und sanfter pflegen soll.

Sie merken es sicherlich schon, komplette perfekte Luxuspflege ist wesentlich teurer als der TÜV eines Mittelklassewagens und das, obwohl wir noch nicht mal bei der Körpermitte angelangt sind.

Was Vernachlässigung angeht, steht der Hals in steter Konkurrenz mit den armen Ellenbogen. Ellenbogen sind ein Nebenschauplatz, auf den Frauen oft nicht genug achten. In unserem Fall ist das absolut richtig, wir können uns nicht mal genau erinnern, wie unsere Ellenbogen aussehen. Würden wir sie unter verschiedenen Ellenbogen erkennen? Könnten wir uns selbst anhand unserer Ellenbogen identifizieren? Nein. Definitiv nicht. Ellenbogen, so unsere Fachberatung, verraten das Alter. Auch das noch. Am besten behandelt man sie mit starken Konzentraten und schmirgelt und cremt. Sogar für die Unterarme gibt es Hilfe. Sollten sie einen etwas welken, schlappen Eindruck machen, kein Problem, für 72 Euro bekommen sie den Armlifter, nicht nur eine Spezial-Unterarm-Creme, sondern auch noch passende Stulpen, die über die Creme gezogen werden.

Auch mechanisch kann man durchaus einiges tun. Die Französinnen zum Beispiel rollern gerne.

Sind geradezu verrückt darauf, sowohl Gesicht als auch Körper mit unterschiedlichen kleinen Rollgeräten zu bearbeiten. Der Fachmann findet das schlau. Besonders im Gesicht. Das Rollern fördert die Durchblutung, und wenn die Haut schön durchblutet ist, sieht sie gleich viel besser aus. Constanze ist überzeugt und investiert 26 Euro für den kleinen weißen Gesichtsroller. »Ab jetzt werde ich abends vor dem Fernseher das Gesicht rollern«, beschließt sie ekstatisch. (Heute, zwei Monate nach dem Besuch der Parfümerie, hat sie allerdings noch nicht gerollert ... Es verhält sich ähnlich wie mit Susannes Plan, während des Fernsehens Sit-Ups zu machen ...)

Selbstredend gibt es zahlreiche Bürsten in unterschiedlichen Größen, um den gesamten Körper zu bearbeiten, sogar einen Spezialrollstift für die Nasolabialfalten (41 Euro). Sollten Sie unter akuter Langeweile leiden oder zu wenig Hobbies haben, könnten Sie also demnächst das Rollern für sich entdecken. Mit den verschiedenen Rollern und Bürsten den kompletten Körper und die unterschiedlichen Rollerzonen durchzuwalken kann einen schon mal eine gute Stunde beschäftigen. Wenn Ihr Hinterteil Ihre persönliche Achillesferse ist und Sie schon häufiger überlegt haben, wann es so weit sein wird, dass Ihr Po persönlichen Kontakt mit den Kniekehlen aufnehmen wird, dann könnte ein Po-Serum beruhigend für Sie sein. Für 72 Euro soll das Hinterteil geliftet werden. Also gestrafft und angehoben.

Pragmatikerinnen wie wir teilen den Körper

nur in zwei Zonen auf. Kopf und Rest. Der Kopf und das Gesicht haben das Recht auf mehrere Produkte, der Rest wird großflächig mit ein und derselben Creme eingeschmiert. Bodylotion ist heutzutage Standard, selbst Männer benutzen sie, sagt der Fachmann. Preislich ist hier die Spanne wieder mal riesig: Es gibt Bodylotions für unter 5 Euro und auch für 326 Euro. Die Inhaltsstoffe machen schon einen Unterschied, verteidigt der Fachverkäufer die hohen Preise. Auch die Verpackung natürlich. Kundinnen legen Wert auf schöne Verpackungen, obwohl das meiste ja am Ende im Müll landet.

Ganz wichtig im Pflegemarathon sind Hände und Füße. Die Hände stehen schließlich im Zentrum der Öffentlichkeit. Schon deshalb gibt es ganze Pflegelinien nur für Hände und Fingernägel. Ungefähr 20 verschiedene Produkte nennt die Beratung. Handreinigungsschaum, Handpeeling, verjüngendes Handkonzentrat, Antifaltenkur für die Hände, Feuchtigkeitsmasken, Intensivkuren mit passenden Handschuhen für die Nacht sind nur einige aus der Produktpalette. Dazu kommen selbstverständlich diverse Nagelpflegeprodukte. Nagelnährcreme, Nagelglätter, Nagelverstärker, Nagelöl, Nagelhautstift, Nagelwachstumscreme und Nagelhautentferner. Dass ein dermaßen kleiner Teil des Gesamtkörpers wie die Nägel ein solches Equipment hervorbringt – erstaunlich. Von Nagellacken, Feilen und Entfernern mal gar nicht gesprochen. Für die Füße gibt es eine annähernd so große Auswahl an Cremes und Co. wie für die Hände. Dazu

kommen Spezialprodukte wie Fußspray und aller-
lei Gerät zur Bekämpfung der Hornhaut. An dieser
Stelle eine kleine weitere Beichte: Wir benutzen
Handcreme auch mal für die Füße!

An sich gibt es nur einen Körperteil, der von
den Herstellern mit Verachtung gestraft wird, einfach nicht wahrgenommen wird. Es handelt sich
um das Knie. Es wird nicht lange dauern, bis jemand diese eklatante Marktlücke geschlossen hat.

An sich bräuchte man – selbst wenn man nur ein
Drittel all dieser angeblichen Pflege-Must-Haves
besitzt – eine Art heimischen Lagerverwalter. Einen Disponenten und dazu passende Software für
die Logistik, Warn-und Blinksignale, wenn beispielsweise der Nagellackentferner zur Neige geht
oder das Kopfhaut-Serum leer ist. Außerdem gehört zu einer solchen Ausstattung ein eigenes
Badezimmer oder ein eigenes Pflegeproduktzim-
mer. Wenn man Besucher durch die Wohnung
führt, heißt es dann: Ja, hier wohnen meine Peelings und meine Creme. Wird es demnächst Bau-
sparverträge nur für den Anbau solcher Kosme-
tiktrakte geben?

Klar könnte man über all den Wahnsinn einfach müde lächeln, sich an den Kopf greifen und
mit Kernseife waschen und mit einer Allzweck-
Creme einschmieren. Man könnte. Aber die wenigsten schaffen es. Produkte versprechen herrli-
che Zustände und allein der Gedanke, dass vielleicht doch was dran sein könnte an den diversen
Versprechungen, treibt uns wie Lemminge immer

wieder in Parfümerien, um dann doch noch den ultimativen Concealer zu kaufen. (Eine Anschaffung, die durchaus erwogen werden sollte. Der Concealer hellt die Partie rund um die Augen ein wenig auf – man sieht also frischer und wacher aus. Dunkle Ringe sind nun mal – jedenfalls in Mitteleuropa – kein Schönheitsideal.) Zu all den Pflegeprodukten kommen natürlich noch mannigfache Mal-Utensilien. Make-up, Puder, Rouge, Lidschatten (ein Vorteil bei sehr starken Schlupflidern: man kann sich diese Anschaffung sparen), Kajal, Augenbrauenstift oder Puder, Mascara, Lipgloss, Lippenstift und Konturenstift.

Dazu eine Batterie an Haarentfernungsmittelchen. Denn Haare hat man leider nicht nur auf dem Kopf, sondern auch am restlichen Körper. 70 Prozent aller Europäerinnen entfernen regelmäßig unerwünschte Haare. Erstaunlicherweise liegen die Österreicherinnen und die Deutschen an diesem Punkt des Körperbewusstseins an letzter Stelle. Aber diese 70 Prozent kämpfen mit den unterschiedlichsten Strategien. Rasierer oder Epilierer, Klingen und Schaum oder Wachs. Auch das ist wie bei den Pflegeprodukten nur ein Auszug aus einem nahezu unerschöpflichen Angebot. Wie soll man sich da entscheiden? Schwerpunkte setzen? Wie kann man das zeitlich überhaupt schaffen?

Ein Programm mit annähernd so vielen Komponenten wie oben beschrieben erfordert diszipliniertes Verhalten und einen äußerst straffen Zeitplan. Wenn man das hochrechnet (reinigen, pflegen, bürsten, lackieren, restaurieren, wachsen und zupfen), dann hat man kaum mehr Zeit für Langeweile oder für Kinder – vom Haushalt und dem Arbeiten außer Haus mal abgesehen. Schließlich gehen viele Frauen nicht nur regelmäßig zum Friseur, sondern auch noch zur Pediküre, Maniküre oder zur Kosmetikerin. In Amerika ist es mittlerweile sogar üblich, in spezielle Augenbrauenstudios zu fahren. All das will natürlich auch bezahlt sein. Aufwändige Pflege mit allem Drum und Dran kann im Monat locker 500 Euro verschlingen. Der Fachmann versucht, die aufkommende Panik zu beruhigen. Gesichtsreinigung und Pflege sowie Bodylotion für den Körper reichen als Basis durchaus. Wer mehr tun will kann das. Ob der Aufwand (finanziell und zeitlich) allerdings im adäquaten Verhältnis zum Ergebnis steht, ist anzuzweifeln. Man wird nicht automatisch schöner, nur weil man teurere Creme benutzt.

»Es gibt tatsächlich Frauen, die sich solche Luxus-Produkte vom Mund absparen«, erzählt der Verkäufer. Sich zu verschulden, um eine Luxus-Creme zu kaufen, ist Quatsch. Was soll das auch bringen? Wer soll die schöne Haut dann sehen, wenn man nicht mal mehr das Geld hat, um sich einen Latte Macchiato im nächsten Café zu leisten? Oder einen schönen Kinobesuch mit den Freundinnen? Nur weil Madonna ihre Schenkel mit einer bestimmten Creme einreibt, heißt das noch lange nicht, dass uns diese Creme dieselben Schenkel beschert, außer Madonnas Personal Trainer wird serienmäßig mitgeliefert.

Entspannung heißt das Zauberwort. Wer das

tägliche, wöchentliche und monatliche Programm wirklich eisenhart durchziehen will, bekommt auf die Dauer Stress, außer es ist die einzige Aufgabe. Komplette und perfekte Pflege benötigt einen Zeitaufwand, den normale Frauen nicht leisten können. Erstaunlich ist, wie früh der Affenzirkus anfängt. Ab 16, sagt der Fachmann, beginnt der Faltenkampf. Mal ehrlich: Haben Sie sich mit 16 Gedanken über Falten gemacht? Der Wahn und der verzweifelte Kampf, schön und jung sein zu wollen und vor allem, immerzu zu bleiben, hat sich eindeutig verschärft. Der Experte erzählt von Teenagern, die regelrechte Angstkäufe tätigen, die ängstlicher sind als Frauen, die Grund dazu hätten. Geradezu faltenphobisch sind. 17-Jährige kaufen heutzutage Pflegeserien für die reife Haut. Wenn die ihre Haut für reif halten, was ist dann unsere? Überreif – oder gar schon kurz vor der Verwesung? Gegen all den Stress kauft sich Susanne noch eine neue Maske. Constanze hat ja schon den Roller.

Dreizehn Beauty-Gebote und warum man nicht alle immer einzuhalten braucht

1. Du sollst niemals unabgeschminkt ins Bett gehen!

Weil sonst was passiert? Wird sich die Erde öffnen und uns verschlingen? Kommt dann die Schönheitspolizei und macht zur Strafe eine Heißwachsintimzonenenthaarung ohne Vollnarkose? Wird unser Kosmetik-Schrank für zehn Tage versiegelt oder müssen wir als Buße alle Beipackzettel runterbeten? Andererseits: Einen Kater haben und so aussehen, als hätte man die letzten zehn Tage gemeinsam mit Courtney Love verbracht, ist vielleicht doch etwas zu hart. Deshalb: sich ein paar All-in-one-Abschminktücher in den Nachttischschrank legen. Wenn man sogar dafür zu betrunken ist, muss man sich leider ein paar Gedanken über seinen Alkoholkonsum machen.

2. Du sollst niemals ohne Sonnenschutzfaktor an den Strand gehen!

Tja, da gibt es leider kein Pardon: Schlimmer als alles andere ist Sonne. Sie ist sozusagen der Oliver Pocher der Dermatologie. Da kommt selbst Nikotin kaum mit. Was Sonne anbelangt, ist Haut nachtragender als ein Pitbull, dem man das Essen weggenommen hat. Und deshalb wird in diesem Fall nicht verhandelt. Nein, auch nicht über Kokosöl ohne Lichtschutzfaktor!

3. Du sollst dir auf keinen Fall selbst einen Pickel ausdrücken!

Na ja. Aber wenn der Pickel sozusagen schon Transparente aufgestellt hat? Wenn er Leuchtzeichen gibt? Wenn er regelrecht bettelt? Und wenn es nur dieses eine Mal vorkommt und danach bestimmt niemals wieder? Ja, dann kann man sich mal einen Pickel ausdrücken, unter den gleichen sterilen Bedingungen, unter denen Sie auch einen Blinddarm operieren oder ein Herz transplantieren würden. Wenigstens also mit Hilfe eines Kleenex. Außerdem: Sie hätten es ja sowieso gemacht.

4. Du sollst dir deinen Pony niemals selbst kürzen!

Der Pony ist die denkbar schlechteste Stelle, um das zu trainieren, was bei Frauen ohnehin nicht sonderlich stark ausgeprägt ist: das räumliche Denken. Die Unfähigkeit, einen dreidimensionalen Gegenstand in Gedanken zu drehen, könnte schlimme Folgen für die Frisur haben. Dafür haben Frauen zwar das bessere Sprachvermögen – aber leider kann man einen Pony nicht beschwatzen, sich etwas zusammenzunehmen. Deshalb: Finger weg!

5. Du sollst weder an den Nägeln kauen, noch dir den Nagellack abkratzen!

Dass es Nicole Kidman und Michelle Pfeiffer tun, zeigt schon, dass man Nägelkauer und gleichzeitig wahnsinnig berühmt, richtig gut aussehend und total reich sein kann. Allerdings muss man als jemand, der ständig an sich selbst nagt, auch in Kauf nehmen, dass jeder erkennt, wo genau man seine haltlose Stelle im Charakter hat. Es sei denn, man trägt ganzjährig Handschuhe, was dann aber auch wieder Anlass zu Spekulationen gibt. Etwa zu der, ob man sich als Serienmörder vielleicht keine Fingerabdrücke leisten kann. Kurz: Nägelkauen ist reine Nervensache.

6. Trag niemals einen String-Tanga unter weißen Hosen!

Aber wirklich niemals! Über Sinn und Unsinn eines Stücks Zahnseide (in Brasilien nennt man die Dinge gleich beim Namen, da heißt das Ding genauso wie es aussieht: fio dental) dort, wo andere Menschen Unterwäsche tragen, kann man streiten. Nicht aber über das, was er unter weißen Hosen anrichtet: dass er Dinge offenbart, die besser noch unter einer zweiten Schicht Stoff – idealerweise mit dem Elastananteil eines Stützstrumpfs – verborgen geblieben wären, weil sonst alle Welt erfährt, dass es Cellulite-Kraterlandschaften auf Schenkel und Pobacken gibt, auf denen die Amerikaner die Mondlandung glatt noch einmal drehen könnten.

7. Du sollst Haltung bewahren!

Man kann gern total gemütlich zusammengesackt auf seinem Stuhl sitzen oder sich so bequem hinstellen, dass man praktisch einschlafen könnte. Wenn es einem nichts ausmacht, ungefähr doppelt so schwer, aber nur halb so groß auszusehen und damit innerhalb von Sekunden zu den Problemzonen Doppelkinn, Wampe, Hängebäckchen und Hängebusen zu kommen, für die andere Jahrzehnte brauchen. Haltung ist also praktisch die billigste und vor allem schnellste Beauty-OP – Risiken und Nebenwirkungen ausgeschlossen. Es sei denn, man wird nicht gern angesprochen.

8. Du sollst dir nicht die Lippen schwarz umranden!

Selbst, wenn Brad Pitt jetzt vergeben ist, Dieter Bohlen doch schon wieder im Fernsehen auftritt und Robbie Williams Depressionen haben soll – egal, wie groß Ihr Mitgefühl ist – der Mund ist ein denkbar schlechter Platz für einen Trauerrand. Harte Konturen wirken maskenhaft und auch ein bisschen trostlos. Es gibt nur eine Ausnahme: Sie sind 14 und Gruftie.

9. Du sollst dir Achseln und Beine rasieren sowie die Kinnhaare zupfen!

Na schön, im Winter, wenn sowieso keiner guckt – dann kann man mal ausprobieren, wie lang die Haare an den Beinen oder unter den Achseln werden können, ohne dass man die Stiefel nicht mehr zubekommt oder unter den Armen aussieht, als würde man dort Meerschweinchen halten. Reicht es für einen Dutt? Für süße kleine Zöpfchen? Als Ersatz für kuschelige Wadenwärmer? Sieht man danach aus, als würde man Fransen an den Knien tragen – wie der Indianer von Village People? Kurz: Es lassen sich hübsche Experimente machen. Wenn keiner guckt. Ansonsten sind großflächig unrasierte Bereiche sowie einzelne Borsten am Kinn (und an anderen Körperstellen) heikel und können bei Männern ähnliche Schockreaktionen auslösen wie damals, als sie erfahren haben, dass nicht das Christkind die Geschenke bringt. Männer denken nämlich, Frauen hätten nur Haare auf dem Kopf und im sogenannten Intimbereich. Deshalb sind unrasierte Beine etwa nur bei ersten Dates als Sex-Sperre zu empfehlen, um nur gar nicht erst in Versuchung zu kommen, gleich mit dem Typen ins Bett zu gehen. Egal, wie viel man getrunken hat. Übrigens: Die kleinen fiesen drahtigen Haare am Kinn tauchen oft wie aus dem Nichts auf. Morgens vor dem Spiegel ist noch alles in Ordnung und auf dem Weg zur Arbeit beim Blick in den Rückspiegel ist es da. Ein kleines widerborstiges Etwas, schwarz und auffällig. Deshalb: Ab einem bestimmten Alter gehört eine Pinzette in die Handtasche. Wir wissen, wovon wir sprechen: Versuchen Sie mal so ein böses Hexenhaar mit den Fingern auszureißen!

10. Du sollst dir die Zähne putzen und sie außerdem noch mit Zahnseide pflegen!

Eigentlich sollte man darüber ja kein Wort mehr verlieren müssen – aber gut: Gepflegte Zähne sind sozusagen Stellvertreter für alle anderen Körperteile. Meint: Wenn schon das Gebiss ungepflegt ist, wie sieht es dann erst an den anderen Stellen aus? Gerade an jenen, die man nicht sieht? Will man andere auf solche Gedanken bringen? Allerdings kann man auch zu viel des Guten tun, etwa seine Zähne so alpin-weiß bleichen, dass selbst ein Schneehuhn davon blind würde und man als Betrachter quasi gebannt wie ein Reh im Scheinwerferlicht steht, das außer diesem tödlichen Gleißen gar nichts anderes mehr wahrnimmt.

11. Du sollst dich schminken (aber dezent)!

Zu viel ist nicht gut. Es sieht nach übertünchen aus und ein bisschen nach Verzweiflung. Gar nichts aber ist fast noch schlimmer. Auch wenn die eine oder andere naturbelassene Frau weiterhin tapfer die Theorie vertritt: »Soll er doch gleich die ganze, ungeschminkte Wahrheit sehen – besser jetzt als morgens im Bett!« Oder: »Jetzt ist es auch egal. Guckt ja sowieso keiner!« Wer darauf verzichtet, wenigstens den Haut-Ton zu glätten, Mascara und Lippgloss anzuwenden, der schlägt wichtige Wettbewerbsvorteile aus. Das bestätigte gerade wieder eine Studie. Psychologen der Buckinghamshire Chilterns University zeigten über 300 Testpersonen Fotos von vier Frauen mit und ohne Makeup[63]. Die Geschminkten wurden für selbstbewusster, wohlhabender und erfolgreicher gehalten als jene, die sich der dekorativen Kosmetik etwa aus ideologischen Gründen – »Ich bin doch kein Geschenkpaket!« – verweigerten. Die hielten vor allem Männer entweder für Putzfrauen oder für andere Beschäftigte aus dem Service-Bereich. Und übrigens: Weniger ist mit fortschreitendem Alter mehr. Also Finger weg von Knallfarben und harten Kontrasten, lieber in eine gute Kosmetikerin investieren, die Augenbrauen regelmäßig in Form zupfen lassen, Wimpern färben und öfter mal eine Feuchtigkeitsmaske auftragen.

12. Du sollst einen guten Friseur haben!

Gemessen an den Preisen, die mancher Friseur erhebt, sollte man sich als Mädchen die Sache mit den Berufswünschen vielleicht nochmal überlegen und statt »Bankdirektorin« vielleicht besser »Friseur-Ehefrau« werden wollen. Andererseits sind die Haare ein so zentrales Element in der Gesamterscheinung, dass es dumm wäre, ausgerechnet hier wegen ein paar Euro zu knausern. Wer sein Handwerk versteht und also das Optimum aus den Haaren und dem Typ herausholt, der ist es allemal wert. Während umgekehrt viele Schnäppchenangebote in diesem Bereich eigentlich der totale Luxus sind. Denn was tut man anderes, als jemanden für etwas zu bezahlen, was er gar nicht kann? Das ist, als würde man Edmund Stoiber Geld dafür geben, über die Geschicke unseres Landes zu entscheiden. Ein guter Friseur schneidet einem die Haare außerdem so, dass man sich bis zum nächsten Besuch ruhig ein wenig mehr Zeit lassen kann. Der vermeintlich hohe Preis ist also relativ.

Natürlich gibt es auch exzellente Friseure, die nicht teuer sind, und umgekehrt lebt mancher hochpreisige Coiffeur vor allem von seinem Ruf und weniger von seinen Qualitäten. Das muss man herausfinden. Hier schon mal ein paar Tipps, woran Sie einen guten Friseur erkennen: Zum Beispiel daran, dass er sich weigert, Ihren Kopf in ein Chemie-Zwischenlager zu verwandeln, selbst wenn Sie sich schreiend auf den Boden werfen, um doch noch Dauerwelle *und* Strähnen zu bekommen. Ein guter Friseur sagt Ihnen auch mal Bitteres – zum Beispiel, dass man aus dünnem Haar leider keine Barbara-Schöneberger-Mähne, aber einen perfekten Bob machen kann, und er sorgt dafür, dass die Frisur nicht nur gut aussieht, solange Sie sich im Salon aufhalten, um sofort, nachdem Sie ihn verlassen haben, in sich zusammenzufallen wie ein missglücktes Soufflé.

13. Du sollst an schlechten Tagen einen Bogen um den Vergrößerungsspiegel machen!

Ein Vergrößerungsspiegel ist mit Sicherheit ein praktisches Utensil. Man sieht, wo Pflege und Farbe angebracht ist, und da ab einem gewissen Alter leider auch die Sehkraft ein wenig nachlässt, leistet der Vergrößerungsspiegel nützliche Dienste. Aber natürlich springt einen jede Form des Elends nochmal größer an, und wenn man eh schon schlecht drauf ist, sollte man einen Bogen um diese Gerätschaften machen. Niemand sieht Ihre Poren so riesig und übergroß wie Sie selbst.

Zum guten Schluss:
Was wirklich hilft

Was die Schwimmweste für den Ertrinkenden, das sind die folgenden zehn Hilfsmittel für das Leben mit dem Runzel-Ich – sie ändern nichts daran, dass das Boot kentert, aber es kann mit Ihrer Hilfe doch noch ein schönes Leben werden:

– Freunde. Jede Menge Freunde, die so nett sind, mit einem zu altern und einem damit immer wieder zu beweisen: Man ist nicht allein mit dem Runzel-Ich.

– Wenigstens eine Freundin, die einem ehrlich sagt: Ja, tu es, lass dir die Lider straffen!

– Eine Sonnenbrille. Sieht cool aus und ist – außer bei einem Pony – das schnellste und effektivste Lifting für Tage, an denen das Runzel-Ich gerade mal wieder seine exhibitionistische Ader auslebt.

– Gut sitzende Unterwäsche. Zu enge BHs sehen immer aus, als würde man den deutschen Butterberg beidseitig unter den Armen tragen. Ein BH, der sitzt, lässt dagegen locker gleich vier Paar Speckfalten verschwinden. Dasselbe gilt für Bauchweghöschen. Damit hätten Sie sich dann schon mindestens einmal Fettabsaugen gespart.

– Eine gute Pinzette und ein Vergrößerungsspiegel.

– Klassische Kleidung. Vermeiden Sie Rüschen und niedliche Häschen auf Pullovern. Sie sind doch kein Kinderparadies mit Bällebad! Eine Überdosis »Deko« lenkt weder vom Gesicht ab noch macht es jung, sich am Ausstattungswahn von 14-Jährigen ein Beispiel zu nehmen.

– Geld. Sparen Sie sich noch das 13te Fruchtsäurepeeling und die zehnte Augencreme. Investieren Sie lieber in eine vernünftige Altersvorsorge. Das ist noch immer das beste Mittel für ein sorgenfreieres Altern. Besser jedenfalls als die meisten Mittelchen, die Entfaltung versprechen – oder machen Sie sich einfach häufiger einen flotten Lenz.

– Produkttreue. An dieser Stelle werden alle Werber Deutschlands lautlos an ihren Designer-Schreibtischen zusammenbrechen. Aber: Mit Kosmetik- und Pflegeprodukten verhält es sich wie mit Männern. Wenn Sie mal etwas Gutes gefunden haben, bleiben Sie ihm treu. Das spart Zeit und Nerven. Die Wahrscheinlichkeit, dass da draußen etwas existiert, das Wunder vollbringt, tendiert gegen Null.

Quellen

Ansichtssachen:

1 *Stern,* 4. 9. 2004: »Die Macht der Schönheit«
2 *Psychologie Heute* 9/2006
3 Alex Kuczynski: Beauty-Junkies, New York 2006, S. 113
4 *Psychologie Heute* 4/2001, S. 60
5 *Psychologie Heute* 9/2006
6 *Psychologie Heute* 9/2006
7 Lydia Haustein, Petra Stegmann: Schönheit, Vorstellungen in Kunst, Medien und Alltagskultur, Göttingen 2006, S. 122

Wir sind eine Baustelle:

8 *Brigitte,* 20. 4. 2004: »Busen: größer, straffer, schöner?«
9 Stefan Raab in: www.netzzeitung.de vom 1.4.2005
10 Desmond Morris: Die nackte Eva, München 2004

11   Quelle: www.portal-der-schoenheit.de/-News
     /Schoenheitsoperation-Einkommen-Gering-
     verdiener.php

12   Quelle: www.wdr.de/themen/gesundheit/
     koerper/schoenheitsoperationen/

13   Alex Kuczynski: Beauty Junkies, New York
     2006, S. 3

14   *Welt am Sonntag,* 27.11.2005: »Lauter ge-
     schönte Zahlen«

15   Quelle: www.schoenheit-und-medizin.de-
     /schoenheitsoperationen/schoenheitsopera-
     tionen.htm

16   Alle Kostenangaben aus: *Elle,* November
     2006, Supplement: »Der große Anti-Aging-
     Guide«

17   Quelle: www.schoenheit-chirurgie-nuern-
     berg.de/plastische_chirurgie/aesthetische_chi-
     rurgie/35.html)

18   *Elle,* November 2006, Supplement: »Der gro-
     ße Anti-Aging-Guide«

19   *Stern,* 21. 9. 2006: »Busen – größer, kleiner,
     schöner«

20   www.Wikipedia.de

21   Steve Martin: Shopgirl, München 2004

22   *Brigitte,* 20. 4. 2004

23   Prof. Dr. med. Dr. habil. Werner L. Mang:
     Mein Schönheitsbuch, Stuttgart 2006

24   *Welt am Sonntag,* 14. 5. 2006: »Ein ganz gro-
     ßer Aufschneider«

25   Quelle: ww.schlaganfallnuernberg.de/Schlag-

zeilen/Beauty-OPs/Beauty-Ops_2/beauty-ops_2.html

26 Desmond Morris: Die nackte Eva, München 2004

27 www.cindyjackson.com

Der Single und das Runzel-Ich

28 www.focus.de/schule/gesundheit/medizinentwicklungspsychologie_nid_34012.html

29 *Welt*, 27. 7. 2003: »Haben Frauen ein Verfallsdatum?«

30 Umberto Eco: Das Lendendenken. In: Wolkenkratzer Nr. 4 September/Oktober 1986

31 Sabine Horst in: Zeit, 30. 3. 2006: »Automaten statt Granaten«

Wie viel Schönheit braucht der Sex?

32 Quelle: www.members.aol.com/akupp/mfs/m_ue_mf.htm

33 *PM*-Magazin Fragen & Antworten 12/2006

Von Graugänsen, Silberzwiebeln
und den besten Imitationen
einer 40-Jährigen
Oder: Wie Frauen altern

34 *Myself*, Oktober 2006

35 Tilman Held: Heute weiß ich, was ich will. Frauen über 50 erzählen. München 2006

36 *Stern* 25. 4. 2006: »Die reiche Haut ab 50«

37 www.vitanet.de

38 www.annaschoch.de

39 *NZZ-Folio* 8/2006: »Lügen wir uns glücklich!«

40 Sabine Jansen-Noellenburg: Frauenkatzen – Katzenfrauen. Eine Seelenverwandtschaft. München 2005

41 Zitate aus: www.blancheonline.net

42 Altersrente aus: www.ihre-vorsorge.de

Das Runzel-Ich im Mann

43 Hannelore Schlaffer: Das Alter – ein Traum von Jugend, Frankfurt 2003

44 *Berliner Morgenpost*, 18. 3. 2006: »Mitten im Leben«

45 Welt, 14. 5. 2006: »Großbaustelle Mann«

46 Vivien Marx, Das Samenbuch, Frankfurt 1999

47 *Stern*, 4. 3. 2003: »Was den Mann zum Mann macht«

48 Dudley Seth Danoff: Superpotenz, München 1996

49 Harold Robbins in: *Stern* 4. 3. 2003: «Die Last mit der Lust«

50 Statistisches Bundesamt, Mikrozensus 2005

51 Focus-Marktanalyse

52 Alphons Silbermann und Michael Brüning in ihrer soziologischen Studie »Der Deutschen

Badezimmer«

53 Quelle: www.openpr.de/news/47627/Es-
trifft-nicht-nur-MrBean-Die-Probleme-der-
Maenner-in-den-besten-Jahren.html
54 Men's Health/Durex
55 www.ikw.org
56 www.trendbuero.de
57 Kawachi I., S.V. Subramanian und N. Almei-
da-Filho: A Glossary for Health Inequalities.
In: *Journal of Epidemiology and Community
Health* 2002
58 *Welt am Sonntag*, 22.5.2005
59 Deutschlandradio 13. 2. 2003: »Riviera-
Nichtstuer – Geschichte des Playboy
60 *Stern*, 20. 7. 1998
61 *Zeit*, 8. 6. 2006
62 *Bunte*, 6.7.2006

Wer schön sein will … braucht Zeit und Geld

63 Schmink-Studie

Dank

Im Kampf gegen das Runzel-Ich braucht man eine Menge Verbündete. Allein ist das Elend einfach zu groß. Für all die Unterstützung wollen wir uns hiermit bedanken. Bei Dr. Marianne Wolters, Steff Wilkenloh und Dirk Usener von der Parfümerie Kobberger für ihre fachliche Kompetenz, ihre Geduld und ihre Zeit. Bei Barbara, Gaby, Désirée, Sarah, Steffi, Kiwi, Frances und Bärbel für ihre mitfühlende und tätige Teilnahme. Bei Birgit, Steff, Hubsi, Gaby, Eva, Puce, Ebba, Ingrid, Christel, Bettina, Angelika, Kathrin, Julia, Patricia, Sven, Charlotte, Claudi, Katja, Christa, Heike, Tamara, Sabine, Barbara und Irmi dafür, dass das Runzel-Ich längst nicht unser einziges Thema ist. Bei unseren Müttern Charlotte und Irmtraud und unseren Vätern Egbert und Günther neben vielen anderen auch dafür, dass wir für sie wenigstens manchmal noch höchstens 17 Jahre alt sind. Bei Gert und Ulli für den manchmal sogar erfolgreichen Versuch uns einzureden, es gebe gar kein Runzel-Ich (oder nur manchmal). Und natürlich bei Karin – der weltbesten Lektorin.